U0838018

教育部人文社会科学重点研究基地——中国西部经济发展研究中心建设项目
陕西省哲学社会科学重点研究基地——陕西宏观经济与增长质量协同创新中心建设项目
陕西省宏观经济研究院建设项目
陕西省普通高校优势学科建设项目
长江学者研究团队建设项目

中国经济增长质量发展报告 2018

新时代背景下的中国经济增长质量

任保平　魏婕　郭晗◎等著

REPORT ON CHINA'S ECONOMIC GROWTH QUALITY 2018

China's Economic Growth Quality in the New Era

中国经济出版社
CHINA ECONOMIC PUBLISHING HOUSE
北京

图书在版编目（CIP）数据

中国经济增长质量发展报告.2018：新时代背景下的中国经济增长质量/任保平等著.
北京：中国经济出版社，2018.6
ISBN 978-7-5136-5232-2
Ⅰ.①中… Ⅱ.①任… Ⅲ.①中国经济—经济增长质量—研究报告—2018 Ⅳ.①F124

中国版本图书馆 CIP 数据核字（2018）第 112019 号

责任编辑 贺 静
责任印制 巢新强
封面设计 华子设计

出版发行 中国经济出版社
印 刷 者 北京力信诚印刷有限公司
经 销 者 各地新华书店
开 本 710mm×1000mm 1/16
印 张 18.25
字 数 290 千字
版 次 2018 年 6 月第 1 版
印 次 2018 年 6 月第 1 次
定 价 69.00 元
广告经营许可证 京西工商广字第 8179 号

中国经济出版社 **网址** www.economyph.com **社址** 北京市西城区百万庄北街 3 号 **邮编** 100037
本版图书如存在印装质量问题，请与本社发行中心联系调换（联系电话：010-68330607）

目　录

0 2015年中国各省、自治区、直辖市经济增长质量总体排序（QEGI）

2015年中国正处于经济增长新常态阶段，在这一背景下，我国经济发展迈入了新的历史起点，经济增长进入了新的阶段。在新阶段里，中国经济增长速度由“高速”转向“平稳”，2015年是“十二五”规划的最后一年，也是即将开启“十三五”新征程的新起点，在党的十八届五中全会上，关于“十三五”规划的建议提出“在新常态下，要以提高发展质量和效益为中心，着力优化经济结构、增强动力”。因此，提高地区经济增长质量，是实现“创新、协调、绿色、开放、共享”发展理念的必由之路。基于此，我们延续地区经济增长质量测算的理论逻辑，探索2015年地区经济增长质量的带动因素以及制约束缚，以打破地区发展现状桎梏，旨在为未来地区经济增长质量的提高和发展提供破解思路以及相适宜的路径选择。

0.1 指数的形成方法、数据说明和权重的生成

0.1.1 指标处理与数据说明

根据《中国经济增长质量报告（2012）》所构建的理论框架，我们从经济增长的效率、经济增长的结构、经济增长的稳定性、福利变化与成果分配、资源利用和生态环境代价以及国民经济素质6个维度（见表0-1），对2015年中国各省、自治区、直辖市的经济增长质量状态进行考察。本章采用的数据来自《中国统计年鉴（2016）》《中国城市统计年鉴（2016）》《中国劳动统计年鉴（2016）》《中国城乡建设统计年鉴（2016）》、各省2016年统计年鉴、统计汇编以及统计公报，由于数据标准的原因，暂未包括港澳台地区；同时由于相关统计数据的缺失和特殊性，西藏虽被列入统

计但未进入排序。

表 0-1　中国经济增长质量指数构成一览

方面指数	分项指标	基础指标	计量单位	指标属性		
				正指标	逆指标	适度指标
经济增长的效率		全要素生产率增长率	—	√		
		技术变动	—	√		
		技术效率变动	—	√		
		资本生产率	—	√		
		劳动生产率	—	√		
经济增长的结构	产业结构	工业化率	%	√		
		第一产业比较劳动生产率	—	√		
		第二产业比较劳动生产率	—	√		
		第三产业比较劳动生产率	—	√		
	投资消费结构	投资率	%			√
		消费率	%			√
	金融结构	存款余额/GDP	—	√		
		贷款余额/GDP	—	√		
	国际收支	进出口总额/GDP	—	√		
	城乡二元结构	二元对比系数	—	√		
		二元反差指数	—		√	
经济增长的稳定性	产出波动	经济波动率	%		√	
	价格波动	消费者物价指数	—		√	
		生产者物价指数	—		√	
	就业波动	城镇登记失业率	%		√	
福利变化与成果分配	福利变化	人均 GDP	元	√		
		城市人均住宅建筑面积	平方米	√		
		农村人均住房面积	平方米	√		
		城镇居民家庭恩格尔系数	%		√	
		农村居民家庭恩格尔系数	%		√	
		社区福利机构覆盖率	%	√		
	成果分配	泰尔指数	—		√	
		劳动者报酬占比	—	√		
资源利用和生态环境代价	资源消耗	单位地区生产总值能耗			√	
		单位地区生产总值电耗			√	
	环境污染	单位产出大气污染程度	倍数		√	
		单位产出污水排放数	倍数		√	
		单位产出固体废弃物排放数	倍数		√	

续表

方面指数	分项指标	基础指标	计量单位	指标属性		
				正指标	逆指标	适度指标
国民经济素质	基础素质	公路里程/人口数	万千米/万人	√		
		铁路里程/人口数	万千米/万人	√		
	能力素质	科学技术支出占财政支出比重	%	√		
	创新素质	技术市场成交额占比	—	√		
	信息化素质	邮电业务总量占比	—	√		
	协调素质	一般公共服务支出占财政支出比重	%		√	
		公共安全支出占财政支出比重	%	√		

在基础指标计算方面，个别数据需要具体说明：在经济增长的效率指数中，全要素生产率、技术变动、技术效率变动和资本生产率4个指标都涉及资本存量的计算，参考张军等（2014）的研究成果，我们选择目前被普遍采用的永续盘存法来计算2000—2015年各地区的物质资本存量。另外，使用潜在产出法中比较常用的DEA法，对全国各省（自治区、直辖市）2000—2015年的全要素生产率、技术变动、技术效率进行估算，在此我们只根据需要，选择测算出的各地区2015年全要素生产率、技术变动和技术效率、资本存量来进一步计算资本生产率。在经济增长的结构指数中，存款余额和贷款余额数据采用中国人民银行货币政策分析小组2015年发布的《2015中国区域金融运行报告》中各省份的数据。在经济增长的稳定性指数中，有关经济波动率的计算，我们分别算出各地区2014年和2015年经济增长的增长率，进而计算2015年各地区的经济波动率。

各省、自治区以及直辖市经济增长质量指数基于《中国经济增长质量报告（2012）》所构建的理论框架，依旧从经济增长的效率、经济增长的结构、经济增长的稳定性、福利变化与成果分配、资源利用和生态环境代价以及国民经济素质6个维度构建中国经济增长质量指标体系，基于原有的37个指标，作了略微的调整，在福利变化与成果分配维度，增加了社区福利机构覆盖率基础指标，在国民经济素质维度中，根据数据的可获得性，将原有指标体系中的行政费用支出占财政支出比重调整为一般公共服务支出占财政支出比重。与此同时，在原有基础素质、能力素质和协调素质的基础上，增加了创新素质和信息化素质，分别用技术市场成交额占比和邮电业务总量占比基础指标来表示，共同反映一个国家长期有效地开发和利用各种资源创造国民财富的基本条件和能力，是一国经济增长质量的综合表现。因此，构建包含6个维度40个基础指标的中国经济增长质量指标体系。由于选取的测算数据是截面数据，数据缺失不多，整体上数据集质量较高，根据此数据集得出的增长质量指数的可信度和现实符合度也相对较好。

本书涉及的具体数据的处理方法和计算指标的公式如下：

（一）正向、逆向、适度指标的处理方法

对于逆向指标的处理，采用求倒数的方法，适度指标的处理方法参考项俊波《中国经济结构失衡的测度与分析》(2008）的成果，即 $X = -|原始值-适度值|$，其中，投资率<38%；消费率≥60%。

（二）基期、真实GDP测算

对于真实GDP的测算，我们以2000年作为基期，根据《中国统计年鉴》中的国内生产总值指数（上年=100）来计算定基GDP指数，即计算各个时期环比指数的连乘之积来求得以2000年为基年的定基指数。用名义GDP除以GDP平减指数（2000年=100）得到真实GDP的值，其中，GDP平减指数的环比指数公式为：$GDPD_t = \frac{GDP_t}{GDP_{t-1} \cdot GDPI_t}$

（三）各维度具体指标的测算

(1）经济增长的效率

1）全要素生产率、技术变动、技术效率变动——DEA法

选择使用潜在产出法中比较常用的Dea-Malmquist指数法，对全国各省、市、自治区2014—2015年的全要素生产率进行估算，我们利用缩放因子之比构造消费数量指数，以GDP作为产出指标，以资本和劳动作为投入指标，具体使用资本存量和就业人数为基础指标，使用DEAP软件进行编程，由此求得各地区的全要素生产率增长率。

2）资本生产率

对于资本存量的估算采用永续盘存法，具体估算公式为：$K_{it}=K_{it-1}(1-\delta_{it})+I_{it}$，其中$i$指第$i$个地区，$t$指第$t$年；采用固定资本形成总额来度量当年投资$I$；对于固定资本价格指数，直接采用《中国统计年鉴》中公布的数据，在此基础上求得2000年为基年的不变价格表示的真实固定资本形成总价格。基期的资本存量我们按照国际常用方法计算：$K_0=\dfrac{I_0}{g+\delta}$，其中，$K_0$是基期资本存量，$I_0$是基期投资额，$g$是样本期真实投资的年平均增长率，经济折旧率$\delta$采用张军等（2004）的研究成果，为9.6%。

资本生产率＝GDP（2000年不变价格）/资本存量

3）劳动生产率

劳动生产率＝GDP（2000年不变价格）/从业人数

（2）经济增长的结构维度

1）产业结构

工业化率：非农产业就业比重，即非农产业就业人数/总就业人数。

第一（二、三）产业比较劳动生产率：第一（二、三）产业产值比重/第一（二、三）产业就业比重。

2）投资消费结构

投资率：资本形成总额/GDP。

消费率：最终消费支出/GDP。

3）城乡二元结构

二元对比系数：农业比较劳动生产率/非农业比较劳动生产率。

二元反差指数：非农业产值比重与劳动力比重之差的绝对值，即｜非农业的产值比重－非农就业比重｜，其中，非农产业＝第二产业＋第三产业。

（3）经济增长的稳定性

经济波动率：经济增长率变动幅度的绝对值（其中经济增长率为真实GDP的增长率）。

（4）福利变化与成果分配

泰尔指数的计算公式为

$$dis_t=\sum_{i=1}^{2}\left(\frac{p_{it}}{p_t}\right)\ln\left(\frac{p_{it}}{p_t}\bigg/\frac{z_{it}}{z_t}\right)$$

其中，dis_t 代表 t 时期的泰尔指数，$i=1$，2 分别表示城镇和农村地区，z_{it} 表示 t 时期城镇或农村的人口数量，z_t 表示 t 时期的总人口，p_{it} 表示城镇和农村的总收入（用相应的人口和人均收入之积表示），p_t 表示 t 时期的总收入。

劳动者报酬占比：劳动者报酬/GDP。

（5）资源利用和生态环境代价

1）资源消耗

单位地区生产总值能耗：能源消费总量/GDP。

单位地区生产总值电耗：电力消费总量/GDP。

2）环境污染

单位产出大气污染程度：工业二氧化硫排放总量/GDP。

单位产出污水排放数：工业废水排放总量/GDP。

单位产出固体废弃物排放数：工业废弃物产生量/GDP。

（6）国民经济素质

科学技术支出占财政支出比重 = 科学技术支出/财政总支出

一般公共服务支出占财政支出比重 = 一般公共服务支出/财政总支出

公共安全支出占财政支出比重 = 公共安全支出/财政总支出

0.1.2 基础指标与方面指数权重的确定

在进行主成分分析之前，我们采用均值化的方法对原始数据进行无量纲化处理，并以协方差矩阵作为主成分分析的输入。当主成分的累计贡献率达到80%以上时，才包含了综合原始数据的大部分信息能力。因此，将主成分系数除以相对应的特征值开根后得到初始特征向量，再使用每一部分主成分系数所占总贡献度的百分比作为权重，对初始特征向量进行赋权加总得到单位特征向量即作为基础指标的权重（见表0－2、表0－3），由此求得各方面指数，再以同样的方法计算各方面指数的权重（见表0－3），最终获得经济增长质量指数。

表0－2　各级指标的统计特征

维　度	成分	特征根	方差贡献率	累计方差贡献率（%）
经济增长的效率	1	0.296	65.423	65.423
	2	0.134	29.648	95.072

续表

维　度	成分	特征根	方差贡献率	累计方差贡献率（%）
经济增长的结构	1	10.654	61.766	61.766
	2	3.46	20.06	81.825
	3	2.176	12.616	94.442
经济增长的稳定性	1	3.472	97.566	97.566
福利变化与成果分配	1	0.994	56.335	56.335
	2	0.539	30.589	86.924
资源利用和生态环境代价	1	3.093	92.773	92.773
国民经济素质	1	4.679	74.819	74.819
	2	1.175	18.78	93.6
中国经济增长质量	1	8.598	61.978	61.978
	2	3.414	24.612	86.59

注：由于篇幅限制，表中只列出了所选择的主成分特征值和贡献率。

由表0－2可见，经济增长质量6个方面指数的累计贡献率都大于80%，即主成分分析反映原始数据信息的能力较强，包含了大部分原始数据的综合信息。因此，运用SPSS 23.0进行基于协方差为输入的主成分分析，得到各基础指标的变量系数以及各级主成分特征根信息，同时，我们采用各级主成分系数除以其特征根的开方，并且使用各级主成分系数占总贡献率的百分比作为权重，赋权相加得到各基础指标相应的权重。在各基础指标的权重确定之后，求得各方面指数值，进而采用主成分分析获得各方面指数的权重（见表0－3）。

表0－3　各基础指标、方面指数的主成分权重

基础指标	综合主成分权重	基础指标	综合主成分权重
全要素生产率增长率	0.271	人均GDP	0.310
技术变动	0.155	城市人均住宅建筑面积	0.017
技术效率变动	0.0901	农村人均住房面积	0.072
资本生产率	0.658	城镇居民家庭恩格尔系数	0.025
劳动生产率	－0.177	农村居民家庭恩格尔系数	0.014
工业化率	0.003	社区福利机构覆盖率	0.315
第一产业比较劳动生产率	0.013	泰尔指数	0.586

续表

基础指标	综合主成分权重	基础指标	综合主成分权重
第二产业比较劳动生产率	-0.014	劳动者报酬占比	-0.021
第三产业比较劳动生产率	0.016	单位地区生产总值能耗	0.182
投资率	0.484	单位地区生产总值电耗	0.135
消费率	0.018	单位产出大气污染程度	0.614
存款余额/GDP	0.093	单位产出污水排放数	0.050
贷款余额/GDP	0.041	单位产出固体废弃物排放数	0.755
进出口总额/GDP	0.214	公路里程/人口数	0.035
二元对比系数	0.013	铁路里程/人口数	0.049
二元反差指数	0.360	科学技术支出占财政支出比重	0.082
经济波动率	0.100	技术市场成交额占比	0.040
消费者物价指数	0.001	邮电业务总量占比	-0.008
生产者物价指数	0.007	一般公共服务支出占财政支出比重	0.816
城镇登记失业率	-0.016	公共安全支出占财政支出比重	0.024
方面指数	综合主成分权重	方面指数	综合主成分权重
经济增长的效率	0.024	福利变化与成果分配	0.118
经济增长的结构	0.460	资源利用和生态环境代价	0.408
经济增长的稳定性	0.191	国民经济素质	0.406

由表0-3可见，首先，经济增长的结构在综合主成分权重中的数值最高，为0.460，这意味着2015年各省份经济增长质量的差异更多地源于经济结构的效果，即产业结构、投资消费结构、金融结构、国际收支结构以及城乡二元结构等方面因素，经济增长的结构性差异造就了各省份之间地方经济增长质量的显著不同。其次，资源利用和生态环境代价层面的权重也较高，达到了0.408，这意味着2015年各地区经济增长质量的高低水平很大一部分也受到了地方能源利用情况、污染物排放程度以及环境治理和保护措施的影响。之后是国民经济素质、经济增长的稳定性、福利变化与成果分配、经济增长的效率，权重分别为0.406、0.191、0.118和0.024。其中，6个维度，即经济增长的结构、资源利用和生态环境代价、经济增长的稳定性和福利变化与成果分配、国民经济素质、经济增长的效率的权重均大于0，这意味着经济增长质量的6个方面维度指标都对经济增长质量的提高具有积极意义。

0.2 2015 年各省份经济增长质量总指数及排序

我们首先根据所得到的各基础指标的相应权重求得各方面指数值（见表0-3），然后采用同样的方法获得各方面指数的权重，合成经济增长质量指数值，对各省份经济增长质量进行综合评价，得到的测度结果如表0-4所示。

表0-4 2015 年中国各省份经济增长质量指数及排序

省份	经济增长质量指数	排名	省份	经济增长质量指数	排名
北京	11.603	1	四川	1.223	16
上海	6.793	2	安徽	1.215	17
天津	3.16	3	湖南	1.183	18
广东	2.787	4	甘肃	1.173	19
山西	2.697	5	青海	1.138	20
浙江	2.192	6	吉林	1.103	21
江苏	2.057	7	江西	1.043	22
陕西	1.846	8	广西	0.995	23
湖北	1.823	9	河南	0.965	24
海南	1.816	10	内蒙古	0.935	25
福建	1.528	11	河北	0.931	26
辽宁	1.379	12	云南	0.793	27
重庆	1.351	13	贵州	0.791	28
黑龙江	1.282	14	宁夏	0.673	29
山东	1.27	15	新疆	0.63	30

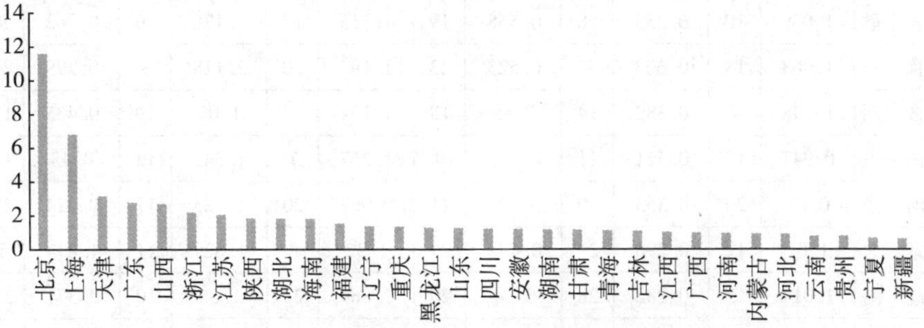

图0-1 2015 年中国各省份经济增长质量指数排序

2015年经济增长质量指数排在前10位的省份依次是北京、上海、天津、广东、山西、浙江、江苏、陕西、湖北、海南，都是相对发达的省份，排名前10位省份的经济增长质量指数平均值为3.677。排在后10位的省份依次是吉林、江西、广西、河南、内蒙古、河北、云南、贵州、宁夏、新疆，除吉林、广西、河北以外，均属于中西部内陆地区，排名后10位省份的经济增长质量指数平均值为0.886。排在前10位省份的经济增长质量指数平均值是排名后10位的4.15倍，表明东部地区的经济增长质量显著优于中西部地区。

表0-5　2015年中国各省份经济增长质量各分项指数及排序

省份	经济增长的效率	排名	经济增长的结构	排名	经济增长的稳定性	排名	福利变化与成果分配	排名	资源利用和生态环境代价	排名	国民经济素质	排名
北京	1.268	4	7.534	2	0.54	21	2.691	3	9.261	1	9.645	1
天津	0.832	24	1.114	4	0.579	16	2.904	1	3.304	4	2.038	3
河北	0.897	18	0.317	25	1.194	3	1.284	9	0.719	22	0.224	27
山西	0.866	23	0.385	13	10.75	1	0.854	23	0.39	28	0.464	14
内蒙古	0.659	27	0.618	7	0.926	5	0.955	21	0.555	26	0.295	26
辽宁	0.877	21	0.548	10	1.737	2	1.181	11	0.834	21	0.726	11
吉林	0.766	26	0.266	29	0.825	6	1.078	18	1.357	12	0.307	23
黑龙江	0.949	16	0.381	15	1.093	4	1.151	14	1.099	18	0.72	13
上海	1.221	6	8.304	1	0.562	17	2.896	2	4.226	2	1.91	4
江苏	1.096	9	0.791	6	0.51	25	2.431	5	2.423	7	0.725	12
浙江	1.126	8	0.902	5	0.688	8	2.639	4	2.827	6	0.38	20
安徽	1.089	10	0.353	18	0.558	19	1.115	17	1.176	16	0.763	9
福建	1.068	13	0.602	9	0.523	23	1.194	10	2.118	8	0.299	24
江西	1.148	7	0.382	14	0.56	18	1.154	13	1.03	19	0.435	17
山东	0.947	17	0.511	11	0.633	9	1.367	7	1.343	13	0.45	15
河南	0.88	20	0.353	19	0.621	11	0.962	20	1.125	17	0.224	28
湖北	1.07	12	0.296	27	0.488	27	1.32	8	1.629	11	1.844	5
湖南	1.014	15	0.282	28	0.54	20	0.869	22	1.65	10	0.371	21
广东	1.27	3	1.242	3	0.535	22	2.041	6	3.691	3	0.833	8
广西	0.869	22	0.347	20	0.583	15	1.145	15	1.183	15	0.212	30

续表

省份	经济增长的效率	排名	经济增长的结构	排名	经济增长的稳定性	排名	福利变化和成果分配	排名	资源利用和生态环境代价	排名	国民经济素质	排名
海南	0.883	19	0.475	12	0.47	28	1.162	12	3.095	5	0.214	29
重庆	1.229	5	0.605	8	0.392	29	1.128	16	1.663	9	0.389	19
四川	1.07	11	0.379	16	0.628	10	0.822	24	1.237	14	0.744	10
贵州	1.062	14	0.37	17	0.319	30	1.072	19	0.608	24	0.396	18
云南	0.821	25	0.3	26	0.508	26	0.595	30	0.704	23	0.446	16
陕西	2.344	1	0.342	22	0.597	13	0.74	26	1.001	20	2.524	2
甘肃	1.664	2	0.343	21	0.6	12	0.648	28	0.572	25	1.36	7
青海	0.58	28	0.339	23	0.583	14	0.648	29	0.364	30	1.557	6
宁夏	0.379	29	0.323	24	0.695	7	0.804	25	0.368	29	0.34	22
新疆	0.011	30	0.248	30	0.516	24	0.696	27	0.528	27	0.295	25

经济增长的效率指数排在前10位的省份依次是陕西、甘肃、广东、北京、重庆、上海、江西、浙江、江苏、安徽，经济增长的效率指数平均值为1.345，说明这些地区在2015年经济增长的效率较高，然而经济增长的效率指数排在后10位的省份分别是新疆、宁夏、青海、内蒙古、吉林、云南、天津、山西、广西和辽宁，经济增长的效率指数平均值为0.666，排在前10位的经济增长的效率平均值是排在后10位的经济增长的效率平均值的2.02倍。可以看出，位于西部地区的陕西和甘肃的经济增长效率在2015年最高，经济较为发达的东部地区经济增长的效率指数排名也较为靠前，而大多数中西部地区以及东北地区经济增长的效率较低，尤其是新疆、宁夏和青海等地区，在未来经济增长中亟须考虑效率因素，通过提高区域发展的全要素生产率，促进经济增长质量的提高。

经济增长的结构指数排在前10位的省份依次是上海、北京、广东、天津、浙江、江苏、内蒙古、重庆、福建和辽宁，经济增长的结构指数平均值为2.226，这意味着2015年这些地区经济增长的结构发展水平较高，然而，经济增长的结构指数排在后10位的省份依次是新疆、吉林、湖南、湖北、云南、河北、宁夏、青海、陕西和甘肃，经济增长的结构指数平均值为0.306，排在前10位省份的经济增长的结构指数平均值是排在后10位的经济增长的结构平均值的7.27倍。经济增长结构的权重较高，说明结构维度对地区经济增长质量的发展测度有着重要影响，而结构层面发展较好的地区与发展落后的地区差异较大，两极分化显著，意味着我国区域之间结构发展不平衡的矛盾亟须得到重视。经济增长结构发展较好的地区普遍落入经济较为发达的地区，而中西部地区经济增长结构调整较为缓慢，调整地区经济增长结构，尤其是产业结构、投资消费结构以及城乡二元结构是中西部地区经济增长质量提高的当务之急。

经济增长的稳定性指数排在前10位的地区依次是山西、辽宁、河北、黑龙江、内蒙古、吉林、宁夏、浙江、山东、四川，经济增长的稳定性指数平均值为1.917，说明这些地区经济增长稳定性较高，受外界影响产生的波动性较小，经济增长的抗冲击能力较强，而经济增长的稳定性指数排在后10位的地区依次是贵州、重庆、海南、湖北、云南、江苏、新疆、福建、广东、北京，其经济增长的稳定性指数平均值为0.480，排在前10位的经济增长的稳定性指数平均值是排在后10位地区的将近4倍。从中可以看出，除浙江和山东以外，经济增长稳定性较高的地区多落入东北地区以及中西部内陆地区，而东部地区以及南部地区经济增长的稳定性较差。总体来看，东部地区、南部地区的经济发展速度虽然快，但波动性较大，经济发展易受外部环境、内部变动影响而大起大落。相对而言，西部地区、东北地区的稳定性较强。因此，要对东南部地区的经济短期波动进行调整，并且与长期趋势的影响相结合，以熨平经济增长的波动性，促进地方经济增长质量持续发展。

经济增长的福利变化与成果分配指数排在前10位的地区依次是天津、上海、北京、浙江、江苏、广东、山东、湖北、河北以及福建，经济增长的福利变化与成果分配指数平均值为2.077，经济增长的福利变化与成果分配指数较高的这些地区均是经济增长发展较快、经济增长质量程度较高的发达地区，意味着经济增长较为发达的地区更注重经济增长的福利分配以及人民生活的福利最大化，重视人民共享经济增长硕果，提高人民生活质量。而经济增长的福利变化与成果分配指数排在后10位的地区依次是云南、青海、甘肃、新疆、陕西、宁夏、四川、山西、湖南、内蒙古，其经济增长的福利变化与成果分配指数平均值为0.763，排在前10位的经济增长的福利变化与成果分配指数平均值是排在后10位地区的2.72倍。经济增长的福利变化与成果分配指数值较为落后的地区多处于中西部地区，与东部地区依然存在明显的差距。这说明落后地区对基本社会福利的关注程度较低，在民生方面相关制度政策不健全，亟须促进经济效益与社会效益的综合发展。

经济增长的资源利用和生态环境代价指数排在前10位的地区依次是北京、上海、广东、天津、海南、浙江、江苏、福建、重庆、湖南，经济增长的资源利用和生态环境代价指数平均值为3.426。总体来看，东部地区的生态环境代价相对其他几个地区较好，近年来大部分东部地区都在注重环境污染治理的改善，在向环境友好型社会不断推进，经济增长的资源利用和生态环境代价指数排在后10位的地区依次是青海、宁夏、山西、新疆、内蒙古、甘肃、贵州、云南、河北、辽宁，其经济增长的资源利用和生态环境代价指数平均值为0.564，排在前10位的经济增长的资源利用和生态环境代价指数平均值是排在后10位地区的6.074倍。这说明中西部地区和东北地区的生态环境代价偏高，且与东部发达地区差距较大，中西部地区传统工业基地密集，使得产业耗能严重。而东北地区是传统重工业基地，大量的能源消耗和污染排放使得该地区生态环境岌岌可危，在开发利用本地资源的同时，也要不断治理、改善并促进自然资源的良性循环。因此，资源利用和生态环境代价排名靠后的地区应当全面提高环境污染治理水平，推进节能化生产以及资源循环再利用生产体系，严格控制单位能耗和污染排放，改善城市环境卫生质量，以促进地区经济增长质量的提高。

经济增长的国民经济素质指数排在前10位的地区依次是北京、陕西、天津、上海、湖北、青海、甘肃、广东、安徽、四川，国民经济素质指数平均值为2.322，经济增长的国民经济素质指数排在后10位的地区依次是广西、海南、河南、河北、内蒙古、新疆、吉林、福建、宁夏以及湖南，其国民经济素质指数平均值为0.278，排在前10位的经济增长的国民经济素质指数平均值是排在后10位地区的8.35倍，差距较大，东部地区国民素质水平最高，尤其是北京、天津、上海这些地区的科学技术支出占比较高，对创新型经济的结构转型和新经济背景下新动力的转换起到了推动作用。然而，中西部地区以及东北地区的国民经济素质水平偏低，说明这些地区对于科学创新能力的培育及重视度并不高，科学技术支出占财政支出比重较弱，企业技术创新的主体地位不突出，且科技创新的社会文化意识薄弱。与此同时，社会服务水平不高，国民基本素质能力低下，要保持未来经济增长质量的持续、稳定增长，提高国民综合素质能力、大力支持科学创新事业、提高地方自主创新实力成为伟大而深刻的变革方向。

0.3 2015 年各省份经济增长质量与增长数量排序的对比

根据 2015 年各省、自治区和直辖市经济增长质量指数的排名，我们选择各省份的真实总量 GDP 作为经济增长数量指标的排名，这里列出 2015 年中国各省份经济增长质量和经济增长数量的排序及其差异，如表 0 – 6 所示。

表 0 – 6 2015 年中国各省份经济增长质量与经济增长数量的排序及其差异

省份	经济增长质量排名	经济增长数量排名	增长数量与质量之差	省份	经济增长质量排名	经济增长数量排名	增长数量与质量之差
北京	1	13	12	四川	16	7	–9
上海	2	12	10	安徽	17	14	–3
天津	3	17	14	湖南	18	10	–8
广东	4	1	–3	甘肃	19	27	8
山西	5	24	19	青海	20	30	10
浙江	6	4	–2	吉林	21	22	1
江苏	7	2	–5	江西	22	18	–4
陕西	8	16	8	广西	23	19	–4
湖北	9	8	–1	河南	24	5	–19
海南	10	28	18	内蒙古	25	15	–10
福建	11	11	0	河北	26	6	–20
辽宁	12	9	–3	云南	27	23	–4
重庆	13	21	8	贵州	28	25	–3
黑龙江	14	20	6	宁夏	29	29	0
山东	15	3	–12	新疆	30	26	–4

从表 0 – 6 中可以看出，在 2015 年各省份经济增长质量与经济增长数量排序对比中，经济增长质量排序显著高于数量排序的前 6 位分别是山西（高 19 位）、海南（高 18 位）、天津（高 14 位）、北京（高 12 位）、上海（高 10 位）以及青海（高 10 位），较地区经济增长数量而言，增长质量状

况更好的前 6 位省份中，海南、天津、北京以及上海与上年相同，即这 4 个地区都保持了极高的经济增长质量，持续实现了经济增长质量领跑经济增长数量的优势。经济增长质量排序显著低于数量排序的后 6 位省份分别为河北（低 20 位）、河南（低 19 位）、山东（低 12 位）、内蒙古（低 10 位）、四川（低 9 位）以及湖南（低 8 位），这些省份虽然经济增长总量较大，但是经济增长质量状况却不尽如人意，特别是河北、河南，连续多年位于经济增长质量排序显著低于经济增长数量排序的后 5 位排名之中。

0.4　2015 年与 2014 年各省份经济增长质量指数变动情况

我们根据 2015 年和 2014 年各省、自治区和直辖市经济增长质量的指数排名，列出这两年中国各省份经济增长质量指数排序变动及差异，借此考察全国各省份经济增长质量的总体发展变动态势，如表 0－7 所示。

表 0－7　2015 年与 2014 年中国各省份经济增长质量指数排序及差异

省份	2015 年经济增长质量指数排名	2014 年经济增长质量指数排名	进步名次	省份	2015 年经济增长质量指数排名	2014 年经济增长质量指数排名	进步名次
北京	1	1	0	四川	16	14	－2
上海	2	2	0	安徽	17	21	4
天津	3	4	1	湖南	18	11	－7
广东	4	3	－1	甘肃	19	25	6
山西	5	29	24	青海	20	28	8
浙江	6	8	2	吉林	21	15	－6
江苏	7	6	－1	江西	22	19	－3
陕西	8	24	16	广西	23	26	3
湖北	9	7	－2	河南	24	20	－4
海南	10	12	2	内蒙古	25	18	－7
福建	11	5	－6	河北	26	23	－3
辽宁	12	17	5	云南	27	9	－18
重庆	13	16	3	贵州	28	27	－1
黑龙江	14	10	－4	宁夏	29	30	1
山东	15	13	－2	新疆	30	22	－8

首先，由图0－2和表0－7可以发现，近5年来经济增长质量排名靠前的省份大部分相同，以东部发达省份为主，经济增长质量指数排名靠前的4个省份基本没有出现较大的变动和调整，即北京、上海、天津、广东。而浙江、江苏、湖北连续两年位居地方经济增长质量指数排名的前10位，意味着这些地区经济增长质量水平较高且保持着较好的稳定性。

其次，大部分省份都处于不断的调整和变动过程中，地方经济增长质量指数在2014—2015年表现出较大的差异和波动状态，较为突出的有山西、陕西以及云南地区，其中山西2015年经济增长质量排名进步了24位，从2014年的排名第29位，到2015年经济增长质量指数排名位列全国第5，说明山西在2015年经济增长质量发展状态优异。陕西的进步也十分显著，2014年排名为第24位，2015年进步了16名，经济增长质量指数排到了全国第8位。排名落后最明显的省份是云南，2014年经济增长质量指数排名第9位，而2015年则下滑到第27位，降低了18个名次。结合图0－2中的折线图，可以看出折线图尾部有所收敛，这意味着内蒙古、云南、贵州、宁夏以及新疆等省份，其经济增长质量长期趋势处于落后地位，这些省份多位于中西部地区，经济增长质量相对位置长期处于靠后状态，表明这些地区经济增长质量发展层次较低，应当引起足够的重视，加快地区经济结构调整，消除供给体制路径低迷，以增强地区经济增长质量的提升。

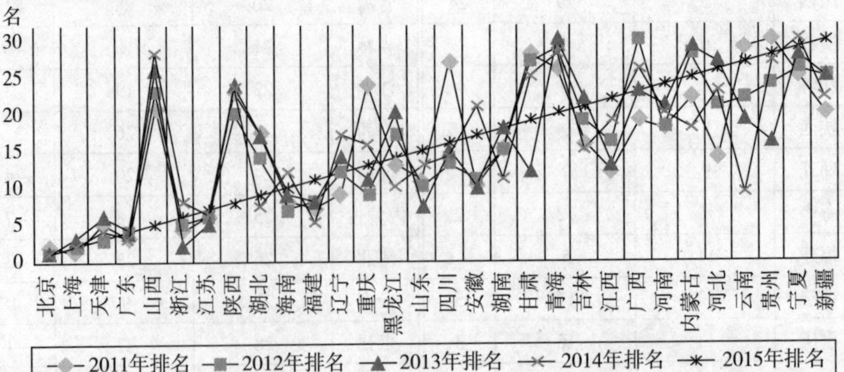

图0－2　2011—2015年中国各省份经济增长质量指数排名变动情况

（以2015年排序为基准）

最后，具体分析 2014—2015 年 6 个基本方面维度指数的调整变动情况，根据 2014 年和 2015 年各省份经济增长质量各方面的排名情况，列出两年内在经济增长质量方面排序变动较大的省份，具体情况如表 0－8 所示。

表 0－8　2014—2015 年中国各省份经济增长质量各分项指数排序变动情况

		退步最大的 5 个省份					进步最大的 5 个省份				
经济增长的效率	省份	天津	内蒙古	辽宁	吉林	新疆	甘肃	陕西	贵州	江西	重庆
	2015	24	27	21	26	30	2	1	14	7	5
	2014	3	8	6	12	17	27	21	30	20	14
	差值	－21	－19	－15	－14	－13	25	20	16	13	9
经济增长的结构	省份	新疆	河北	甘肃	黑龙江	湖北	内蒙古	山西	重庆	贵州	天津
	2015	30	25	21	15	27	29	13	8	17	4
	2014	15	10	7	5	19	7	30	21	27	12
	差值	－15	－15	－14	－10	－8	22	17	13	10	8
经济增长的稳定性	省份	湖北	福建	贵州	广东	新疆	山西	辽宁	河北	吉林	宁夏
	2015	27	23	30	22	24	1	2	3	6	7
	2014	2	1	8	3	6	30	27	28	24	23
	差值	－25	－22	－22	－19	－18	29	25	25	18	16
福利变化与成果分配	省份	吉林	内蒙古	湖南	黑龙江	新疆	贵州	广西	海南	河北	江西
	2015	18	21	22	14	27	19	15	12	9	13
	2014	10	13	14	9	22	30	25	19	16	18
	差值	－8	－8	－8	－5	－5	11	10	7	7	5
资源利用和生态环境代价	省份	云南	黑龙江	四川	内蒙古	甘肃	广西	湖北	福建	重庆	河北
	2015	23	18	14	26	25	15	11	8	9	22
	2014	2	10	9	21	22	24	17	13	14	26
	差值	－21	－8	－5	－5	－3	9	6	5	5	4
国民经济素质	省份	新疆	内蒙古	浙江	宁夏	广西	天津	四川	广东	陕西	云南
	2015	25	26	20	22	30	3	10	8	2	16
	2014	1	3	6	8	17	30	27	22	16	23
	差值	－24	－23	－14	－14	－13	27	17	14	14	7

从排名变动的角度分析，由表 0－7 中中国各省份经济增长质量指数排序可以看出，相比 2014 年，2015 年提升幅度最大的前 5 位省份分别是山

西（提升24名）、陕西（提升16名）、青海（提升8名）、甘肃（提升6名）、辽宁（提升5名），其中，最值得关注的是山西和陕西，分别提高了24名和16名，山西经济增长质量的提升归功于地方经济增长结构性的调整和优化，而陕西经济增长质量的提升主要是由于地方经济增长效率的提高以及国民经济素质优势，直接促进了陕西地区经济增长质量的巨大进步。

而相比2014年，2015年下降幅度最大的前6位省份分别是云南（下降18名）、新疆（下降8名）、湖南（下降7名）、内蒙古（下降7名）、福建（下降6名）、吉林（下降6名），其中，云南经济增长质量下降最为显著的原因在于地区资源利用与生态环境代价的落后，因此，云南应充分重视地区环境治理与资源循环利用的节能环保意识，以提高地区经济增长质量。而内蒙古地区，经济增长的效率、福利变化与成果分配、资源利用和生态环境代价以及国民经济素质4个维度都有明显的退步情况，这意味着内蒙古2015年经济增长质量的提高需要被充分关注，不仅要关注经济增长的投入产出效率，还要重视人民福利以及生态环境问题，以打破经济增长质量持续低迷落后的桎梏。

从表0-8中可以看出，各个维度省份进步和退步的调整幅度与变动情况较为显著，尤其是经济增长的效率维度、经济增长的结构维度、经济增长的稳定性维度以及国民经济素质维度。总体来说，自中国进入经济增长新常态新阶段，地区经济增长质量都在不断地进步和提高，对全国各省份2015年经济增长质量指数的测度以及分维度的测算评价结果显示，东部地区经济增长质量普遍优于中西部地区和东北地区，而未来地区经济增长质量的持续增长一方面需要优化产业供给，重视创新带来的结构转变效应；另一方面要大力推进各项民生工程的实施，扩大基本公共服务的覆盖面，化解城乡二元分化的差异，同时，需要提升地区人民全面财富水平，调整地区经济增长集约循环转型，着力生态补偿作用点，以实现地区经济增长质量的全面发展和进步。

1 新时代转向高质量发展阶段的发展方式创新

党的十九大报告作出中国特色社会主义进入了新时代的重大判断，深刻揭示了我国发展所处的新的历史方位。新时代是我国经济发展进入新阶段的特征。中国经济发展在进入新时代后呈现出来的特征是由高速发展转向中高速发展。同时，党的十九大报告指出，进入新时代，我国经济已由高速增长阶段转向高质量发展阶段，正处在转变发展方式、优化经济结构、转换增长动力的攻关期。

1.1 新时代反映经济发展的阶段性变化

新时代中国特色社会主义的发展提出了更高的要求，这意味着我们的发展不仅要在量的方面继续一如既往地下大功夫，把“蛋糕”不断做得更大，而且我们要把这块“蛋糕”的质量做得更好。经济从高速增长阶段转向高质量发展阶段，是划时代的变化。经济发展进入新时代，是我国经济发展阶段性特征的必然反映，呈现出速度变化、结构优化、动力转换等诸多新的特征。高质量发展要求的表现是：增长速度要从高速转向中高速，发展方式要从规模速度型转向质量效率型，经济结构调整要从增量扩能为主转向调整存量，发展动力要从主要依靠要素投入转向创新驱动。

（1）由低收入阶段转向中等收入发展阶段

经济发展是有阶段的，在不同的发展阶段，经济发展依赖的资源禀赋条件不同、目标不同、任务不同，进而呈现出了不同的发展特征。2015年，我国GDP达到676708元，远超日本，排名世界第2位，人均GDP为49351元（8280美元），已经超过了一般意义上的中等收入国家人均5000

美元的标准，进入中等收入国家行列。部分发达省份的经济总量和人均GDP已经超过世界中等发达国家水平。我们面对的是如何由一个经济大国向经济强国转变的问题，进入新的发展阶段，经济发展面临一些新的问题和新的发展任务，虽然已经成为世界经济大国，但还不是经济强国。目前人均收入仍然偏低，整体经济素质不高，科技创新能力不足，产业结构层次低，城市化发展滞后，金融体系不发达。步入中等收入国家行列之后，也面临“中等收入陷阱”的风险。过去较长时间经济快速发展过程中所积累的矛盾集中暴露出来，原有的增长机制和发展模式已无法有效应对由此形成的系统性风险，经济增长容易大幅波动或陷入停滞。

因此，进入中等收入发展阶段以后，我们需要从追求经济发展的数量向追求经济发展的质量转变。一方面，加强自主创新。借鉴一些国家成功跨越“中等收入陷阱”的经验，加大教育和研发投入，提高国民受教育程度和劳动力素质，提高自主创新能力，进而大幅提高劳动生产率。另一方面，要深化改革，消除资源有效配置的障碍。打破劳动力市场城乡分割，推动劳动力从生产率较低的农业部门转移到工业和服务业部门，实现工业化、城镇化和农业现代化的协调发展。通过产业升级促进中高级生产要素的开发和利用，全面提升人力资本质量，从而促进我国经济全面由数量追赶向质量追赶转型。

(2) 资源和环境条件的约束

经济增长的实质是财富的增长，而财富要用资源生产出来。因此，在经济增长过程中，资源环境代价越高，表明增长的质量就越低。我国持续多年的追赶战略，使得经济发展的人口、资源和环境条件发生了巨大的变化。

从人口增长来看，改革开放以来的30多年中，实行独生子女的计划生育政策，使得生育率下降、社会抚养比不断降低，大量的适龄劳动人口从农村流入城市，形成了经济增长的人口结构禀赋。充足的劳动力供给和低抚养比形成的高储蓄率极大地加速了中国的工业化进程。但人口红利只是人口转变过程中的一个短暂机遇期，随着中国逐渐步入老龄化社会，中国的人口结构禀赋出现了新变化，2011年，中国适龄劳动人口比重出现下降趋势，劳动力成本不断提升，整个经济进入人力要素成本上升阶段。

从自然资源供给来看，在经济增长的初期，廉价的自然资源供给为中国制造业的发展提供了强大的比较优势基础，但也导致了经济增长中的高能耗、高污染和低效率现象。到现在，自然资源禀赋出现了新变化：一是多数自然资源具有不可再生的特性，许多资源开采过度出现枯竭；二是资源开采对生态环境的破坏导致付出了过度的生态环境代价。

我国正处在工业化中期，由于过去导致高耗能、高污染、高投入的重化工业在第二产业中的比例相对较高，轻重工业比例不合理，不仅限制了战略性新兴产业的发展，也加剧了温室气体的排放，导致了生态环境的恶化。经济增长过程中伴有严重的环境污染和生态平衡的破坏，加之世界范围内的高碳排放造成全球气候异常，这表明以不断耗竭资源为代价的经济增长模式必将不可持续，人口、资源和环境的变化所造成的经济增长的极限也显现出来。

人口、资源和环境的变化所造成的经济增长的极限说明我国现有的资源容量难以支撑主要依靠物质要素投入的经济持续增长，必须要寻求经济增长新的驱动力。从提高可持续发展能力方面考虑，控制环境污染、减少碳排放以及修复被破坏的生态，需要依靠科技创新发展绿色技术，开发低碳技术、能源清洁化技术，发展循环经济，发展环保产业。人口、资源和环境的变化倒逼我国的经济发展要从数量向质量转型，实施创新驱动战略，创新经济发展方式。对现有的资本、劳动力、物质资源等有形要素进行重新组合，以创新的知识和技术改造物质资本、创新管理，提高物质资源的生产率，从而形成对物质资源的节省和替代。

（3）向质量效益型增长转型

长期以来，我国经济增长主要依靠外需和投资拉动，形成了高投入、高消耗、高污染、低产出的粗放型经济增长方式，不仅造成了资源的极大浪费和环境的严重污染，而且极易受到国际市场波动的影响。这就要求我们必须由数量型增长转向质量效益型增长。

世界银行2000年发展报告强调增长的质量和速度同样重要，增长的来源和模式影响着发展的效果。经济增长质量的要求是什么？它要求将促进经济增长的政策与普及教育、加强环保、增加公民自由、强化反腐败措施相结合，使人民生活水平得到显著提高。

十九大报告指出，新时代我国经济要由高速增长阶段转向高质量发展阶段。新时代背景下的经济发展与过去发展模式最大的区别就是要建立在质量效益的基础上。新的发展模式要实现经济结构在诸多领域的全面升级，同时，经济发展方式逐步由粗放的发展模式向集约的发展模式转变，最终提高经济发展的质量和效益。在这一转变过程中，经济结构将逐步改善，消费的贡献率逐步上升，环境规制强度会逐步增强，发展将从单纯的速度提升变为速度与质量效益的同步提升。新时代下，长期的持续快速增长才能使国民经济发生根本性变化，而保持较高的增长质量是经济长期持续增长的重要保障。经济增长不能仅靠以 GDP 为标准，更重要的是要提高居民的生活质量，让居民共同享受经济增长的成果，减少贫富差距和城乡差距。

转变发展方式的着力点在于摒弃单纯追求数量的增长，更多地强调经济发展质量，实现更高质量的发展。一是促进经济结构优化，通过新型工业化、城市化和破解市场分割等手段来实现经济结构的优化。促进资本、劳动力、土地和技术等生产要素从低附加值、低效率和高消耗的生产部门或产业链环节进入高附加值、高效率、低消耗的生产部门或产业链环节。大力推动制造业朝信息化、智能化、绿色化和服务化方向升级。二是要注重经济的稳定性。经济稳定是一个国家乃至全球经济社会发展的必要前提，也是经济增长质量的表现。没有稳定，发展就不会稳固，也不会持久。熨平经济周期，避免经济增长的大起大落，保持经济社会发展在合理区间内运行，更要将政策重点落在调结构和促进改革上。三是追求经济可持续发展。积极进行技术创新，促进自然、经济、社会复合系统的协调发展。降低能耗，保护生态，减少经济发展的生态环境代价。提高各种经济资源的使用效率，建立“资源节约型”和“环境友好型”的国民经济体系，减轻经济增长对资源和环境的压力。

（4）转向实现现代化

处于低收入发展阶段时，经济发展的主要任务是摆脱贫困，因此，经济发展过程中要把全部的资源集中配置到经济建设上来，以追赶战略为导向，以经济的数量型增长为目标，努力摆脱贫困。进入中等收入国家行列以后，经济发展的目标就要由摆脱贫困转向基本实现现代化。

基本实现现代化的内容包括人民幸福、高科技化、人的现代化、经济结构现代化和社会发展水平的现代化。一是人民幸福。基本实现现代化，突出满足人民的幸福感，强调人民的生活质量，涉及提高营养水平、健康水平和受教育程度。人民的幸福感不仅仅要看收入，还有文化、精神、健康等方面的需求，包括人民收入水平的提高；居民家庭财富明显增加，居民的财产性收入随之增加；公民享有的公共财富明显增加，城乡公共服务均等化。二是高科技化。现代化不是简单的数据，而是要有现代化的企业和产业。形成现代化新科技企业，形成现代化的产业体系，特别是要形成最新的技术，代表世界先进方向的新兴产业。三是人的现代化。现代化的核心在于人的现代化，没有人的现代化就没有真正意义上的现代化。实现人的现代化，就是推进人从传统向现代的转型，即推进包括人的思想观念、素质能力、行为方式、社会关系等方面的现代转型。要坚持推进思想解放、促进人的观念意识现代化，为改革攻坚提供新的精神动力。要坚持把人的全面发展摆在重要位置，全面推进公民素质能力方面的现代化，促进人的全面发展。四是经济结构现代化。经济结构现代化的核心问题是克服二元结构，包括城乡二元结构、工农业二元结构。解决二元结构的起步阶段路径是工业化和城市化，降低农业和农民比重。进一步是城市现代化，即城市在发展现代服务业的基础上，提升城市功能；在此基础上推进城乡一体化，促进城市发展要素进入农村，实现城市现代化。五是社会发展水平现代化。包括生态现代化，文化、教育和医疗卫生发展水平的现代化等。在生态现代化方面，现代化社会形态是资源节约型、环境友好型社会。环境和生态的国际标准就成为率先基本实现现代化的主要评价指标。文化、教育和医疗卫生发展水平的现代化，反映了一个国家的软实力，是人民幸福的主要标志，也是现代化的重要领域。

1.2 新时代提高经济发展质量的要求

进入新时代，意味着我们必须摒弃过去数量型的经济发展模式，探索质量型的发展路径。新时代下，经济发展要形成新竞争优势，必须以提高经济发展质量为核心，把质量当成基础性和关键性的变量。把转方式、调结构、创新发展放到更加重要的位置，把中国经济发展引入提高经济发展质量的轨道之中。

（1）提高供给的有效性

供给是否有效是相对于需求而言的。满足人民群众不断增长的物质和文化需求是社会主义条件下对供给有效性的基本要求。在低收入阶段，满足需求主要是数量问题。而进入中等收入阶段后，满足需求的供给主要是结构和质量问题。现实中存在的供给问题突出表现为有效供给不足和无效产能过剩。

有效供给不足，是供给侧的结构性问题，可以说是发展中国家的通病。进入中等收入阶段后，解决了温饱问题的居民的需求更为多元化和个性化，需求层次更高。而供给仍然采取低收入阶段的方式，只是追求数量，不追求质量，不注重技术进步，为生产而生产，势必会造成有效供给不足和无效产能过剩。显然，提高经济增长质量的关键是解决供给的有效性问题。中国经济增长要通过供给的改善来追求更加有质量的经济增长。主要有以下路径：

第一，加快产业和产品结构调整，改善产品供给。从社会供求的角度来看，当经济发展到一定程度时，社会需求结构就会发生变动，相应地就需要供给结构与之相适应。这时，就需要对产业结构进行及时调整，对资源在社会生产各部门、各行业重新进行更有效的配置，提高单位资源的产出效益来促进经济增长。除了产业结构调整，特别要重视产品结构的调整。实践中，适应需求多元化和个性化而创造的定制生产、体验性服务就能很好地解决供给的有效性问题。当然，供给结构不是被动地适应消费结构，供给也能创造消费者、引领消费结构的升级。

第二，推进科技和产业创新，改善技术供给。有效供给不足的一个重要原因是供给侧由于技术水平的限制不能适应进入中等收入阶段以后消费需求的新变化：解决了温饱问题后，居民的消费需求开始转型升级，更为关注供给的产品和服务的档次、质量、健康、安全、卫生等。要满足这些方面转型升级的消费需求，就需要推进科技和产业创新。这就要求：一要提高企业的自主创新能力，促进科技成果向现实生产力转化，同时应注重企业的人力资本积累，倡导科技、知识和技术在部门产出增长中发挥主导作用。二要加快传统部门改造，加大传统部门技术和人力资本投入，同时要促进产业结构升级，促使企业或整个行业从原先的资本驱动型或劳动驱动型增长向知识驱动型转变，产业结构从低层次向高层次过渡。三要促进科技和教育制度创新，为改善供给和提高经济增长质量提供知识、技术和人才支持。通过科技制度创新鼓励在经济发展的关键技术领域和前沿核心技术领域进行创新，努力形成一批拥有自主知识产权的关键技术。通过教育体制的创新，培养高素质的人才，优化教育结构，推行素质教育，扩大教育资源，加快创新人才的培养。

第三，发挥民间投资的作用，改善供给主体结构。民间投资完全受市场需求导向的影响。启动民间投资有利于优化投资主体结构和供给主体结构，改变供给过分依靠政府投资的状况，增强民间投资对经济增长的拉动力。启动民间投资，关键在于：一要进一步向民间投资开放更多的投资领域。按照产业政策规划、结构调整的要求，积极引导、推动民间企业对基础产业、支柱产业和高新技术产业领域投资，适当开放公共设施投资领域，吸引民间投资。二要加强对民间投资的服务管理。政府要帮助民间投资主体提高项目的技术含量，加强对民间投资的政策引导。鼓励社会中介组织设立专门的信息服务中心、技术创新中心、投资咨询中心等机构，在为民间投资提供信息等方面给予支持。三要为民间投资营造良好的投资环境。建立与国际惯例接轨的优质、高效、良好的投资环境，在人才培养、劳动、保险等方面为民间投资营造良好的投资环境。

（2）实现公平的发展

发展在本质上是一个效率不断提高、社会公平程度不断提高的过程。在低收入阶段强调效率优先，进入中等收入阶段后，发展的首要问题是促进公平正义。按照公平发展的要求，我国新阶段的经济发展突出需要推进收入分配体制的创新，完善各项社会保障制度。加强政府对收入分配的调节职能，调节差距过大的收入；规范分配秩序，合理调节少数垄断性行业的过高收入；扩大中等收入者比重，提高低收入者收入水平，保障城镇贫困阶层和农村贫困人口的基本生活。具体涉及以下 3 个方面：

一是在初次分配领域建立提高劳动报酬比重的机制。我们的收入分配不应只是市场调节，也需要其他方面的调节，其中包括维护劳动权益的法律调节、企业内部工资集体协商机制调整等。需要在初次分配领域建立提高劳动报酬比重的机制：一是坚持劳动者报酬增长与劳动生产率提高同步的原则，没有劳动生产率的提高，工资增长就成了“无源之水”；而工资不能与劳动生产率同步增长，最终也会伤害企业的创新力和竞争力。但是劳动力市场本身并不能解决要素之间合理分配的问题，劳动者报酬增长与劳动生产率两者之间并非自然而然地保持同步，需要建立以政府为主导坚持和落实劳动者报酬增长与劳动生产率提高同步的原则。二是健全扩大就业增加劳动收入的发展环境和制度条件，提高一线劳动者的报酬水平。逐步提高最低工资标准，推动工资集体协商，形成职工工资正常增长机制和支付保障机制，建立和谐的劳动关系。

二是在再分配领域强化公平分配的机制，建立以政府为主导的“先富帮后富”的机制。共同富裕是我国社会主义的根本原则，实现共同富裕有利于实现全面建设小康社会。因此，国家鼓励一部分人、一部分地区通过诚实合法劳动先富起来的同时，还要通过先富者带动后富者，逐步实现共同富裕。为此，要加强政府的再分配调节。政府要通过税收调节收入分配，提高基本公共服务均等化水平，缩小社会成员之间的收入和生活保障水平差异。提高低收入家庭收入和合理调节高收入。一方面，积极推进东西部扶贫协作。不仅贫困地区要加大投入，东部地区也要加大对西部地区的投入。另一方面，积极落实精准扶贫。习近平总书记的精准扶贫思想是中国政府当前和今后一个时期关于贫困治理的指导性思想，其理论基础是“共同富裕”的根本原则，现实基础是“全面建成小康社会”的宏伟目标，是落实公平发展的重要方面。精准扶贫包括精准识别、精准帮扶、精准管理和精准考核，其核心要义就是精准化理念，要求将精准化理念作为扶贫工作的基本理念，贯穿于扶贫工作的全过程。在精准扶贫中，要坚持开发式扶贫方针，把发展作为解决贫困的根本途径，既扶贫又扶志，调动扶贫对象的积极性，提高其发展能力，发挥其主体作用。

三是解决好财富公平的问题。现在收入分配不公平很大程度上源于财富占有的不公平，党的十八大以来的改革承认财产性收入，这是改革的一大进展。我们的改革不能走剥夺私人财产的老路，但是要解决财富公平的问题。一是在体制上提供增加居民财产从而增加居民财产性收入的途径，为居民提供更多的私人投资渠道。要鼓励私人创业，保护知识产权及其收入，要完善企业股权结构，允许员工持股，鼓励企业家持股和科技入股，农民可以通过土地流转来获取土地收入。在此基础上，扩大中等收入群体。二是发育生产要素市场，包括资本市场、技术市场、土地承包权和使用权流转市场、房产市场和经理人市场等，并保障这类市场的规范化。三是多渠道增加居民财产性收入，依法加强对公民财产权的保护，确保公民财产权利和财富增值权利不受侵犯。

(3) 走生态文明道路

生产力不仅包括人及其创造力、生产工具，而且包括生态环境。现代财富观明确了生态也是财富。"绿水青山"也是"金山银山"。这就是习近平总书记指出的："我们既要绿水青山，也要金山银山。宁要绿水青山，不要金山银山，而且绿水青山就是金山银山。"① 因此，生态环境也是生产力，坚持绿色发展也能提高生产力水平。提高经济发展质量，必须进行生态文明建设，构建生态经济发展新模式，走出一条经济发展与生态文明建设相协调的发展道路。具体包括以下内容：

第一，优化国土空间开发格局。按照人口资源环境相均衡、经济社会生态效益相统一的原则，统筹人口分布、经济布局、国土利用、生态环境保护，科学布局生产空间、生活空间、生态空间，给自然留下更多的修复空间。

第二，加快实施主体功能区战略。加快完善主体功能区政策体系，实行差异化绩效考核，推动各地区依据主体功能区定位发展，严格实施环境功能区划，构建科学合理的城镇化推进格局、农业发展格局、生态安全格局，保障国家和区域生态安全，提高生态服务功能。

第三，全面促进资源节约。从资源使用这个源头抓起，把节约资源作为根本之策。树立节约集约循环利用的资源观，推动资源利用方式根本转变，加强全过程节约管理，实行能源和水资源消耗、建设用地等总量和强度双控行动，大幅提高资源利用综合效益。

第四，建立严格的生态环境保护制度。建设生态文明，是一场涉及生产方式、生活方式、思维方式和价值观念的革命性变革。实现这样的变革，必须依靠制度和法治。构建产权清晰、多元参与、激励约束并重、系统完整的生态文明制度体系，把生态文明建设纳入法治化、制度化轨道。

第五，深度参与全球气候治理。在推进国内生态文明建设的同时，要深度参与全球气候治理，积极参与应对全球气候变化谈判。从全球视野加快推进生态文明建设，把绿色发展转化为新的综合国力和国际竞争新优势，为推动世界绿色发展、维护全球生态安全做出积极贡献。

（4）强调人的现代化

提高发展质量不仅表现为经济发展水平的进一步提升和人民生活水平的进一步提高，更加强调经济社会的协调发展，更加体现以人为本，强调

① 习近平．宁要绿水青山 不要金山银山［N］．人民日报，2013－09－07．

人的现代化。人的现代化是促进国家发展的精神动力，中国特色社会主义经济发展，不仅承载着现代化建设的时代重任，也承载着持续推进人的现代化、促进人的全面发展的历史使命。

人的现代化有一系列衡量指数，联合国开发计划署在《1990 年人文发展报告》中提出了人类发展指数。此后，联合国开发计划署每年都会发布世界各国的人类发展指数（HDI)，并在《人类发展报告》中使用它来衡量各个国家人类发展水平。实现人的现代化，就是推进人从传统向现代的转型。因此，在新时代提高经济发展质量的过程中，要重视人的现代化。

在提高经济发展质量的过程中，人的现代化包括：①提高人的思想观念的现代化。思想观念的现代化，是指人的思想观念和心理状态从传统向现代的转化，它主要包括人的价值观念、精神态度、思想意识、思维方式等方面的现代化。要通过树立科学的世界观、人生观、价值观，弘扬与时俱进、改革创新的时代精神，培育现代公民的主体意识、竞争意识、责任意识、法治意识、可持续发展意识等来实现人的思想观念的现代化，为改革攻坚和新时代的经济发展提供新的精神动力。②提高人的素质能力的现代化。国家治理的最终目的是人的自由全面发展，促进人的全面发展也是马克思主义的重要思想和目标追求。人的素质能力主要包括品质、体质、智能和潜能。通过发展各类教育、提高受教育年限、加强人力资源开放等多种方式提高人的素质，努力使我国由传统的人口大国转化为人才资源强国，把人口压力转化为人才优势，从人口红利向人力资本红利转变，实现人的素质能力的现代化。在推进全面小康社会建设中，又把人才提升到“第一资源”的战略高度，全力推进人才强国战略。③以制度创新为保证，实现人的现代化。制度创新则是人的现代化的保证。人的观念更新，人的能力提高，只有在现代制度条件下和制度创新过程中才能真正实现。只有制度创新才能有效消解旧的传统制度的强大惯性对人的发展的阻抗，才能规范人在新的经济、政治、文化生活领域的发展行为。以制度创新为人的现代化提供保证，以人的发展为中心，外接社会的经济、政治、文化制度，内连人的发展的各种行为，构建促进人的发展制度体系。

1.3 新时代提高发展质量的经济发展方式创新

经济发展的质量取决于经济发展方式。随着我国经济发展由数量型转向质量型，经济发展方式也需要相应地改变。改革开放以来，我国按照提高经济发展质量的思路，先后经历了从经济增长方式转变，到经济发展方式转变，再到创新经济发展方式的思路。在这些思路的转变过程中，通过创新发展方式来提高经济发展质量的思路被突出出来。

（1）创新发展方式

改革开放以来，我们试图通过经济体制改革来解决发展的质量问题，有明显的效果，但不能完全解决质量问题。1995 年，党的十四届五中全会提出提高经济发展质量要建立在“两个转变”的基础上：一是经济体制的转变；二是经济增长方式的转变。2007 年，党的十七大明确把转变经济增长方式改为转变经济发展方式，从转变发展方式的主要目标来看，除转变经济增长方式之外，还强调经济增长的内源性、可持续性和社会和谐，要求实现经济、社会、人与自然的全面可持续发展。2012 年召开的党的十八大在坚持经济发展方式转变的同时，进一步提出了创新驱动战略。2013 年召开的党的十八届三中全会把“加快转变经济发展方式”扩展到创新驱动战略，把创新驱动战略作为加快转变经济发展方式的途径。

现代经济增长理论认为，内生性经济增长的决定性因素是知识资本和人力资本。现在创新驱动经济发展已经成为世界性趋势，创新驱动发展方式已经成为新时代下我国提高经济发展质量的重要内容。这是中国化的马克思主义政治经济学的最新发展成果，对中国的发展具有重大而深远的指导意义。习近平同志指出，从全球范围来看，科学技术越来越成为推动经济社会发展的主要力量，创新驱动是大势所趋。他强调“科技创新是提高社会生产力和综合国力的战略支撑，必须把科技创新摆在国家发展全局的核心位置，坚持走中国特色自主创新道路，敢于走别人没有走过的路，不断在攻坚克难中追求卓越，加快向创新驱动发展转变”①。我国过去的经济增长主要依靠物质资源的投入，现在物质资源供给不足已成为经济增长的瓶颈。在此背景下，经济发展需要由要素和投资驱动转向创新驱动，创新驱动就成为转变经济发展方式的新动力。

---

① 习近平．在会见嫦娥三号任务参研参试人员代表时的讲话［N］．人民日报，2014－01－07.

（2）实现科学发展

习近平总书记指出："发展必须是遵循经济规律的科学发展，必须是遵循自然规律的可持续发展，必须是遵循社会规律的包容性发展。"这是对新时代下中国经济发展新特征、新趋势的科学把握，是对推动经济持续健康发展新思路、新目标的高度概括，对当前以至长期做好经济工作具有重要的指导意义。

第一，遵循经济规律，实现科学发展。习近平总书记指出："我们强调要以提高质量和效益为中心，不再简单以国内生产总值增长率论英雄。"发展中国家在发动经济增长的初期都会实施赶超战略，随着经济发展的全面推进、经济发展整体水平的提高，在新的发展阶段要实现经济发展的持续性，就不能单纯强调数量和速度，而要强调发展的质量和效益。一方面，要由过去的投资和进出口的带动向消费投资和出口协调发展转变，在强调投资需求和进出口需求对经济发展和经济增长拉动作用的同时，更加强调消费对经济发展的作用；另一方面，要由过去低成本的规模扩张向提高效率方面转变，推进技术进步，加快产业结构优化升级，在优化结构中加快发展、提高效益、降低能耗，走自主创新之路、新型工业化之路、农业现代化之路。

第二，遵循自然规律，实现可持续发展。人与自然的关系一开始是人类屈服于自然，后来提出人类征服自然，与此相应，发展方式产生了一系列不顾资源和环境有限性的约束而掠夺和破坏自然的行为。特别是在进入工业时代以后，人类利用工业化的文明成果——先进的技术对大自然加以索取和掠夺，对整个社会和自然都造成了巨大的威胁，导致了人口、资源、环境和经济增长系统的不可持续性。在新时代下，对环境、资源和生态问题要给予高度重视，在现代化建设中，不仅要求新的项目不能破坏生态，还要求治理因过去发展对生态所造成的破坏，实现人与自然的和谐发展。

第三，遵循社会规律，实现包容性发展。过去强调经济发展，而社会发展相对滞后，使得经济发展与社会发展不协调。所以，在发展方式转变中要强调经济和社会的协调发展。经济社会协调发展是社会文明进步的标志。经济发展和社会发展是相互作用的，经济发展是社会发展的基础，社会发展反作用于经济发展。和谐的社会能够调动劳动者的积极性，从而促进经济发展；反之，社会矛盾凸显则制约了经济发展的脚步。社会发展要遵循社会规律，最为重要的是公平性、全民参与共享发展成果的包容性发展。

(3) 转向中高速增长

进入新的发展阶段，体制转轨红利的逐步消退，形成了中国经济发展新阶段的制度供给约束；人口红利的逐步消退，形成了中国经济发展新阶段的要素供给约束；投资红利的逐步消退，形成了中国经济发展新阶段的增长动力约束；资源红利的逐步消退，形成了中国经济发展新阶段的资源环境约束；外资与外贸红利的逐步消退，形成了中国经济发展新阶段的外部约束。由于这些原因，我国经济增长速度放缓是不可避免的，但是仍然能够保持中高速增长却是可能的。中高速增长新时代是现阶段经济增长所要追求的目标，体现了经济发展质量的要求：首先，中高速增长不是自然形成的，而是需要经过努力才能达到的。在供给推动力消退的情况下，要达到长期可持续的中高速增长，需要寻求并尽快形成新的推动力。其次，中高速增长不是降低发展的要求，而是要求增长的速度不是建立在规模扩大的基础上，而是建立在提高发展的质量和效益的基础上。最后，中高速增长必须是可持续的，不仅要求增长速度在长期内稳定，防止大起大落，还要求与人口、资源、环境相协调，实现可持续发展。所有这些都涉及经济发展方式的转变。

(4) 迈向中高端结构

长期以来，我国的产业结构反映了低收入阶段和发展中大国的特征，处于中低端。中国制造的部分处于价值链低端，由此产生了高产值、低附加值等问题，而且我国高消耗、高污染行业偏多，产业绿色化程度低。我国在进入中等收入阶段后，产业水准必须实现中高端。其方向除了提高服务业尤其是现代服务业比重，在制造业领域的中高端方向突出表现在以下3个方面：

第一，前瞻性地培育战略性新型产业。发展战略性新型产业实际上是培育国际竞争中的产业优势。战略性新兴产业既代表着科技创新的方向，也代表着产业发展的方向，是科技创新和产业创新的深度融合。目前世界范围内建立在互联网、新材料、新能源相结合基础上的第三次产业革命正在兴起。国际金融危机爆发以来，许多国家纷纷着手进行规划，把新能源、新材料、信息技术等作为未来发展的重点，积极培育新的新型产业，力争在第三次产业革命中获得优势。依据世界产业发展的趋势，在新时代下我们要前瞻性地培育战略性新兴产业，加快新产业体系的培育。战略性新兴产业的一般特征是：以重大技术突破和重大发展需求为基础，对经济社会发展具有重大引领作用。同时，从战略性新兴产业的投入要素结构来看，主要表现为知识技术密集、物质资源消耗少。因此，基于战略性新兴产业的特征，立足于我国现有的科技基础和产业基础，现阶段应当重点发展节能环保、新信息技术、生物技术、高端装备制造、新能源、新材料、新能源汽车等战略性新兴产业。并坚持科技创新与实现产业化相结合，切实完善体制机制，大幅度提升自主创新能力，着力推进原始创新，大力增强集成创新和联合攻关，以促进战略性新兴产业快速成长。

第二，传统制造业向新兴产业转型。目前大部分新兴产业都不是在传统制造业企业中产生的，而是另起炉灶：有的是由科技创新所孵化的科技企业发展而成，有的是依靠新投资发展起来。传统产业企业有技术改造的动力，但没有创新产业的动力。究其原因，除了创新产业成本和风险大之外，主要是传统制造业企业阻碍对自身的替代性竞争，产生替代性新产业后形成的沉没成本成为其产业创新的阻力。实际上，传统产业创新产业是最为有效的：一方面，在技术上相通，技术转型方便；另一方面，市场渠道已经存在，市场转型的阻力小。因此，传统制造业向新兴产业转型的总体财务成本小、市场风险小，在新时代下我们要重视传统制造业向新兴产业的转型，特别是传统产业要采用现代最新技术，如“互联网＋”“智能化＋”、绿色化等进入中高端，改变高消耗、高污染、高产值、低收益的窘境。

第三，全球价值链分工进入中高端。在经济全球化背景下，国际竞争其实是全球价值链的竞争。目前我国参与全球价值链分工的现状是：高科技产品的中国制造部分处于价值链低端，核心技术和关键技术环节不在我国的居多，品牌也是用外国的多。所以我国现有依靠创新驱动的关键在于：攀升全球价值链中高端，重点是向“微笑曲线”的两端攀升。一方面，在已有的全球价值链上攀升价值链中高端，通过低端转移，转向高端制造。另一方面，建立以我为主导的价值链。使得原创性的有自主知识产权的核心技术和关键技术在我国，品牌也是中国的，生产环节“走出去”。

（5）走文明发展道路

提高经济发展质量必须坚持走文明发展道路，建设资源节约型、环境友好型社会，实现速度和结构质量效益相统一、经济发展与人口资源环境相协调，使人民群众在良好的生态环境中生产生活，实现经济社会永续发展。因此，文明发展的道路需要把生产、生活和生态联系起来，是人类社会发展规律的要求，也是人类文明进步的要求。具体来说，文明发展道路包括如下内容。

第一，走物质文明道路。物质文明是指人类物质生活的进步状况，在经济领域中创造的财富和成果，反映了物质生产和经济生活的进步。内容包括社会生产力的发展、生产工具和技术的改进、生产规模的扩大、社会财富的积累、人的物质生活水平的改善、衣食住行水平的提高、生活方式的变化等。它与社会生产力发展水平相一致，并受生产关系、地理条件和人口因素的制约和影响，科学技术的发展对物质文明的发展起决定作用。

第二，走精神文明道路。精神文明是人类在改造客观世界和主观世界的过程中所取得的精神成果的总和，是人类智慧、道德的进步状态。精神文明主要表现为两个方面：一是科学文化方面，包括社会的文化、知识、智慧的状况，教育、科学、文化、艺术、卫生、体育等事业的发展规模和发展水平。二是思想道德方面，包括社会的政治思想、道德面貌、社会风尚，和人们的世界观、理想、情操、觉悟、信念，以及组织性、纪律性的状况，其作用是为物质文明的发展提供思想保证、精神动力及政治保障、法律保障和智力支持。

第三，走政治文明道路。政治文明是指在政治领域中所取得的成果，主要表现为政治制度和政治生活的进步，主要包括政治制度和政治观念两个层面的内容。在政治制度层面，主要表现为由经济基础和阶级力量对比的变化所引起的国家管理形式、结构形式的进化发展。在政治观念层面，主要表现为政治价值观、政治信念和政治情感的更新变化。

第四，走生态文明道路。生态文明是协调人与自然关系的文明，是指人类遵循人、自然、社会协调发展的客观规律而取得的物质与精神成果的总和，是指以人与自然、人与人、人与社会和谐共生、良性循环、全面发展为基本宗旨的文明形态。物质文明的发展离不开生态文明的建设，生态文明建设和发展的好坏制约着物质文明的发展程度。生态文明建设的高度发展，会转变人对生态环境的态度，让人承认自然界的权利与价值，提高人们对环境保护和建设的认识。

第五，走社会文明发展道路。加强和创新社会治理，是我国社会主义社会发展规律的客观要求，是人民安居乐业、社会安定有序、国家长治久安的重要保障。一方面，完善政府主导、社会协同、公众参与、法治保障的社会治理体制，运用法治思维构建社会行为有预期、管理过程公开、责任界定明晰的社会治理制度体系，推进国家治理体系和治理能力现代化。另一方面，健全利益表达、利益协调、利益保护机制，统筹好群众的现实利益和长远利益，兼顾好个体利益和集体利益。

2 新时代中国经济增长质量：要素收入分配

2.1 引　言

早期增长理论认为要素收入分配份额保持不变是一个“典型事实”，而近期研究却发现，许多国家都呈现出资本收入份额明显增长而劳动收入份额持续下降的趋势（Blanchard，1997；Acemoglu，2002；Harrison，2005；Stockhammer，2013）。自 20 世纪 90 年代以来，我国要素收入分配格局发生了显著变化，劳动要素分配份额不断下滑，而资本要素分配份额却逐渐上升（李稻葵等，2009；白重恩、钱震杰，2009；罗长远、张军，2009；龚刚、杨光，2010；吕冰洋、郭庆旺，2012；范从来、张中锦，2012；徐蔼婷，2014）。吕冰洋、郭庆旺（2012）充分考虑了政府部门的分配状况，分别对我国税前要素收入分配与税后要素收入分配进行了测算，结果表明税前和税后的劳动收入份额均在 1983 年达到顶峰后呈现长期下降趋势。徐蔼婷（2014）采用两系统平行测算法发现全国层面的劳动收入份额从 1999 年开始下降，东、中、西部地区则分别从 2002 年、1997 年和 1999 年开始下降。谭晓鹏、钞小静（2016）使用 1992—2014 年中国资金流量表和省际收入法 GDP 的数据进行测算，发现全国整体的劳动收入份额处于较低水平的稳定状态，但各地区的波动幅度与变化趋势存在显著差异，其中辽宁、上海、江苏等地区的波动幅度小于 10%，而内蒙古、西藏、陕西等地区的波动幅度大于 20%；北京、上海等地区的劳动收入份额存在显著上升趋势，而陕西、四川等地区的劳动收入份额则出现明显下降趋势。

随着我国经济由高速增长阶段转向高质量发展阶段，深化供给侧结构性改革成为建设现代化经济体系、发展经济的重要着力点。供给侧改革是通过培育发展新动力、扩大生产可能性边界以及提高潜在经济增长率来达到促进经济增长数量与质量同步提升的宏观经济目标。这一改革过程要求要素供给从自然资源、劳动力、资本等低端要素转向人力资本、技术进步、产业升级等高端要素，而要素收入分配机制会对要素供给结构的调整发挥重要作用。中国在长期享受“人口红利”之后，适龄劳动人口规模正在不断下降，将“人口红利”转变为“人才红利”、将“低技能劳动”转变为“高技能劳动”不仅有利于科学技术的创新活动，而且有利于社会经济的长期稳定发展。提高劳动要素的收入份额、借助分配杠杆激活劳动力成为中国经济长期、持续、高质量增长的关键因素。那么，随着中国经济转向高质量发展阶段，提高劳动收入份额能否改善经济增长质量？其中的传导机制又是什么？本章试图从条件、过程、结果3个维度阐释劳动收入份额变化影响经济增长质量的人力资本机制、消费需求机制以及收入分配机制，使用主成分分析法测算1998—2015年中国30个省份的经济增长质量指数，采用核密度估计法精确描述经济增长质量的空间分布状态与动态演进趋势，进一步基于中国省级面板数据，利用LSDV估计、系统GMM估计、空间计量回归和中介因子检验等方法对劳动收入份额影响经济增长质量的理论假说进行经验检验。

2.2 文献综述

由于劳动收入份额提升的重要性和紧迫性，现有研究主要集中于劳动收入份额的演变趋势及其变化原因的分析，主要形成了5种观点：第一种观点从资本替代劳动视角，认为资本替代劳动是导致劳动收入份额下降的主要原因（Bentolina 和 Saint-Paul，2003；罗长远、张军，2009）。第二种观点从产业结构变迁的视角，认为三次产业劳动收入份额高低存在差异，随着产业结构转型会带来劳动收入份额的变化（Morel，2005；李稻葵等，2009；白重恩、钱震杰，2010；龚刚、杨光，2010；石涛、张磊，2012；姜磊、陈坚、郭玉清，2014；胡秋阳，2016）。第三种观点从技术进步偏向的角度，认为生产技术的高资本偏向性会导致劳动收入份额低位运行（Autor 和 David，2010；Romer，2012；黄先海、徐圣，2009；陈宇峰、贵斌威、陈启清，2013）。第四种观点从需求结构和技术效率视角，认为最终需求和技术进步会通过国民经济的生产体系对劳动报酬产生显著影响（孙文杰，2012）。第五种观点从开放经济视角，认为外商直接投资、对外贸易以及出口企业生产方式等因素会对劳动收入份额产生影响（Mezzetti 和 Dinopoulos，1991；肖文、周明海，2010；邵敏、黄玖立，2010；张杰、陈志远、周晓艳，2012；王雄元、黄玉菁，2017）。

那么，劳动收入份额下降是否会对经济增长产生影响？早期增长理论认为要素收入分配结构向资本倾斜是经济增长的关键，而 Bhaduri 和 Marglin（1990）的研究却发现，在不考虑政府活动的两部门经济中，究竟向资本还是向劳动要素倾斜将取决于驱动总需求的是投资需求还是消费需求。Stockhammer（2008）也认为劳动收入份额对经济增长的影响取决于劳动收入份额对投资和消费影响的比较。Bowles 和 Boyer（1995），Gordon（1995），Hein 和 Vogel（2009）等的经验研究发现，各国所处的经济发展阶段、采取的经济发展方式、开放程度不同，会使得要素收入分配结构变动对各自的经济增长产生不同的影响。

研究我国劳动收入份额变动对经济增长的影响，不仅对中国新常态下经济增长模式的选择具有重要意义，而且对深化收入分配制度改革、调整现有收入分配结构具有参考价值。目前对我国劳动收入份额与经济增长之间关系的研究相对较少，周明海等（2010）、黄乾和魏下海（2010）、刘盾等（2014）在这一方面进行了非常有益的尝试，重点讨论了劳动收入份额变化与经济增长数量的关系。周明海、肖文和姚先国（2010）将宏观经济增长与国民收入分配相结合，动态地讨论了经济增长过程中物质资本、人力资本和原始劳动三者的增长与分配之间的互动关系。但其研究的主要目的仍是寻找劳动收入份额下降的原因，研究认为中国农村剩余劳动力对经济增长的贡献与回报不匹配是理解国民收入分配向资本倾斜的关键。黄乾、魏下海（2010）以 1994—2007 年中国 29 个省份的面板数据为样本，使用单一方程估计法分别检验了劳动收入份额变动对消费和投资的影响，结果显示，在不考虑劳动收入份额对净出口的影响下，劳动收入份额提高对消费的扩张效应大于其对投资的抑制效应。刘盾、施祖麟、袁伦渠（2014）在对 Bhaduri - Marglin 模型进行扩展的基础上，以中国 1978—2012 年的时间序列数据为样本进行经验检验，结果表明劳动收入份额对经济增长的作用方向取决于消费需求促进作用与投资需求、净出口抑制作用的比较，现阶段在我国呈现出“工资拉动增长”的类型。

那么，我们究竟应当从何种角度来评价劳动收入份额对经济增长的作用？现有文献倾向于在经济增长数量框架下讨论劳动收入份额过低的影响。经济增长是数量与质量的统一，深化收入分配制度改革暗含着现有收入分配结构是否合理、应该以何作为调整依据等带有价值判断的命题，仅仅选择增长数量作为判断标准显然不能概括复杂的增长目标，质量视角为准确评价劳动收入份额的作用提供了新的思路。经济增长质量是相对于经济增长数量而言的一个具有规范性价值判断的复合概念。早期研究认为经济增长质量体现的是经济增长结果的优劣，从经济增长效率视角可以将其理解为要素投入产出比或全要素生产率（卡马耶夫，1983；王积业，2000；刘亚建，2002；康梅，2006）。由于世界各国的经济增长中均出现了大量问题，相关研究开始从更加宽泛的视角来看待经济增长的结果，认为经济增长质量涵盖了经济、政治、社会发展的不同方面，把受教育水平、预期寿命、健康状况、收入分配、环境资源以及法律和秩序发展的程度等问题都纳入经济增长质量的概念中（Hong，1994；Vinod，2001；Barro，2002）。随着经济增长质量研究的不断深入，相关文献进一步将其定义为经济增长内在的性质与规律，认为经济增长质量是一种全新的增长概念，它不仅涉及对经济增长结果优劣的认识，还应该关注经济增长过程的好坏，由此将经济增长的结构、稳定性、社会结果等内容纳入经济增长质量的内涵（Mlachila 等，2014；钞小静、任保平，2011；马轶群、史安娜，2012；随洪光、刘廷华，2014；李萍、冯梦黎，2016）。经济增长质量是从经济的内在性质上来刻画经济增长的，本章认为既要从增长过程中来考察，也涉及经济增长的初始条件与最终结果问题，需要从条件、过程、结果 3 个层面进行讨论。

上述文献对于我们认识和理解劳动收入份额与经济增长的关系具有重要的借鉴意义，本章将在以下 4 个方面对现有研究进行拓展：第一，已有文献往往立足于数量视角来研究劳动收入份额下降的原因及其对经济增长的影响，而完整的经济增长内容既包括经济增长数量也涵盖经济增长质量，本章选择从质量视角来研究劳动收入份额对经济增长的影响及其具体的作用机理。第二，已有文献往往集中从过程和结果两个维度界定经济增长质量的内涵，而没有充分考虑经济增长运行的基础条件，本章分别从条件、过程以及结果 3 个维度来定义和测度经济增长质量，并以此为基础进行劳动收入份额对经济增长质量影响的理论分析与经验检验。第三，现有文献往往只关注经济增长质量与其影响因素之间的相互作用，而忽略了经济增长质量本身所具有的空间依赖性。本章引入空间因素，充分考虑内生交互效应和外生交互效应的作用机理，分别在不同空间矩阵的视角下检验劳动收入份额对中国经济增长质量的影响。第四，现有文献往往倾向于单独考察劳动收入份额与消费需求、投资需求、净出口的作用关系，通过比较得出劳动收入份额对经济增长影响的最终方向，而没有直接检验劳动收入份额影响经济增长的作用机制，本章采用中介因子法检验劳动收入份额对中国经济增长质量影响的具体作用机制。

2.3 理论框架与研究假说

经济增长质量是指经济增长内在的性质与规律，是经济增长的一系列固有特性满足经济发展特定要求的程度，它的提高是经济增长数量扩张到一定阶段的背景下，经济增长的条件、过程、结果同时得以改善的产物，主要包含3个方面的内容：一是从经济增长的条件来看，经济增长质量表现为一个国家长期有效地开发和利用各种资源创造国民财富的基本条件和能力，高质量的经济增长必然要求以高质量的国民经济素质为基础，而国民经济整体素质的基本状况集中反映在人力资本积累、科技创新能力以及政府协调能力等方面。二是从经济增长的过程来看，经济增长质量表现为经济系统内部各要素之间的联结关系以及要素数量之间的比例关系，合理的经济结构是经济高质量增长的前提，产业结构、消费投资结构、金融结构以及国际收支结构的优化可以有效改变经济增长的动力机制。三是从经济增长的结果来看，经济增长质量表现为经济增长成果的有效性与包容性，其中有效性是指各种投入转化为产出有效性的高低，而包容性则主要指经济增长是否以可持续的方式来使用资源、是否使绝大多数人都分享到增长的成果。改善经济增长效率、降低资源环境代价以及缩小收入分配差距均可以增加经济增长的净收益，从而促进经济增长质量的提升。劳动收入份额降低不仅会通过人力资本投资渠道制约经济增长基础条件的改善，通过消费需求机制影响经济增长的过程，而且会通过居民收入分配差距机制对经济增长的结果产生影响。

2.3.1 劳动收入份额对经济增长条件的影响：人力资本机制

高质量的经济增长往往以高水平的人力资本为基础条件，劳动收入份额降低会通过影响人力资本投资进而影响经济增长质量的提高，这种影响包含两种效应：一是总量效应。人力资本的整体规模会对经济增长质量产生重要影响，问题在于，当国民收入分配中资本要素份额偏高而劳动要素份额过低时，不仅会对劳动者的人力资本投资决策产生负向激励，而且会制约以劳动收入为主要收入来源的低收入劳动者的人力资本投资能力，从而导致劳动者不愿也不能进行人力资本投资。De La Croix 等（2004）论证了在资本市场不完善的情况下，低收入劳动者倾向于较少投资于教育，并且无法进行人力资本投资。二是结构效应。高技能劳动作为重要的人力资本是推动创新增长的基本要素，接受过高等教育的高技能人力资本对经济增长质量的提升具有显著的促进作用。高技术人力资本在企业的产品—技术创新活动中扮演着关键角色，而人力资本含量次高的劳动者也在技术进步过程中发挥着重要的支撑作用。因此，劳动收入份额发生变动，有可能影响劳动者人力资本投资的决策从而带来增长质量的差异。如 Acemoglu（2010）的研究发现，在资本偏向型技术条件下，高工资水平会鼓励技术进步。Marouani 和 Nilsson（2014）认为技能偏向性技术进步可以在高技能劳动大幅增加的情况下，增加高技能劳动需求而不降低高技能劳动的工资溢价。我国的技术选择呈现出“资本偏向型技术”的逆资源禀赋趋势，过低的劳动要素收入份额会有损于劳动者选择接受高等教育的决策，造成人力资本结构的偏差，从而不利于创新活动，影响经济增长的质量（蔡昉、都阳、高文书，2004；陈宇峰、贵斌威、陈启清，2013；李静、楠玉、刘霞辉，2017）。上述分析显示出，劳动收入份额降低会通过人力资本的总量效应和结构效应影响经济增长质量的提升。

2.3.2 劳动收入份额对经济增长过程的影响：消费需求机制

经济增长的结构是从经济增长的过程上来反映经济增长质量的，均衡的经济增长结构将有助于各构成要素之间的协调发展，优化结构特别是扩大消费需求可以有效改变经济增长的动力机制，对经济增长质量发挥正的贡献。[①] 与之相反，如果经济结构失衡，则高质量的经济增长就很难实现。除人力资本机制之外，劳动收入份额也会通过消费需求机制的两种效应而对经济增长质量产生影响：一是宏观效应。增长理论与经验事实均表明，国民收入在劳动要素与资本要素之间的分配结构会影响消费需求，劳动收入份额过低时意味着资本收入份额较高，由于劳动收入用于消费的边际倾向远远高于资本收入，劳动收入份额降低会对消费需求产生抑制作用（Bhaduri 和 Marglin，1990；Bowles 和 Boyer，1995；Stockhammer，2008；方福前，2009；邹红、喻开志，2011）。Bhaduri 和 Marglin（1990）的研究显示，随着劳动收入份额上升，同等收入条件下的消费需求将随之提高。刘盾、施祖麟、袁伦渠（2014）的研究也发现，劳动收入的边际消费倾向高于资本收入，所以劳动收入份额提高会对消费产生扩张效应。二是微观效应。劳动要素收入分配份额过低将导致以劳动收入为主要收入来源的低收入居民的收入水平受到影响。根据凯恩斯的绝对收入假说以及相关经验事实，高收入者与低收入者之间的边际消费倾向存在巨大差异，边际消费倾向较低的高收入阶层往往偏爱高档消费品，劳动收入份额过低会制约边际消费倾向较高的低收入阶层的购买力，从而影响消费需求（吴江、周秀帅，2011；高帆、汪亚楠，2016）。上述研究表明，劳动收入份额降低会通过消费需求的宏观效应和微观效应阻碍经济增长质量的提升。

2.3.3 劳动收入份额对经济增长结果的影响：收入分配机制

经济增长终极价值判断的核心是人的发展，经济增长要实现人的福利最大化不仅涉及居民整体福利水平的改善，而且必须关注社会福利分配的包容性。只有当经济增长的成果能够被绝大多数人所分享时，才能够实现高质量的增长。经济学研究收入分配有两个层面，一是收入在生产要素之间的分配，二是收入在居民个人之间的分配。要素收入分配与居民收入分配之间存在密切的联系，劳动收入份额会通过收入分配机制的两种效应对经济增长质量产生影响：一是单向效应。赵俊康（2006）的研究显示，我

① 对于经济增长质量而言，消费需求是一个适度变量。低于适度消费率的经济体，劳动收入份额上升可以提升经济增长质量；相反，高于适度消费率的经济体，这一机制是反效应，而且综合效应难以确定。当然，对于当前中国问题的研究来说，这一假定是适用的。

国大量资本要素收入所得并未用于生产性投资和社会保险，而是流入消费领域，从而助长了居民收入差距的扩大。Atkinson（2000）的研究认为，个人收入来源于财产收入和劳动收入，收入分布中处于较高位置个体的收入来源主要是财产收入，而收入分布中处于较低位置个体的收入来源主要是劳动收入。劳动收入份额过低将导致以劳动收入为主要收入来源的低收入居民的收入水平受到影响。郭庆旺、吕冰洋（2012）的研究表明，在国民收入分配中，如果居民收入中劳动要素收入不平等程度低于资本要素收入的不平等程度，那么劳动收入份额相对于资本要素收入份额的上升将会缩小居民收入差距。二是交互效应。一方面，当要素收入分配发生不利于劳动要素的变化时，劳动要素分配份额过低将导致以劳动收入为主要收入来源的低收入居民的收入水平受到影响，居民收入分配差距扩大；另一方面，当居民收入分配发生不利于低收入者的变化时，低收入者收入水平过低将导致其人力资本积累受限，并进一步制约劳动收入份额的提升。上述分析表明，劳动收入份额降低会通过收入分配的单向效应和交互效应制约经济增长质量的提升。

上述逻辑推演可以用图 2－1 表示，劳动收入份额会通过人力资本机制、消费需求机制以及收入分配机制 3 个层次对经济增长质量产生影响，提高劳动收入份额可以通过鼓励人力资本投资、扩大消费需求、改善收入分配的作用机制有效促进经济增长质量的提升，而这构成了本章经验检验的逻辑起点。

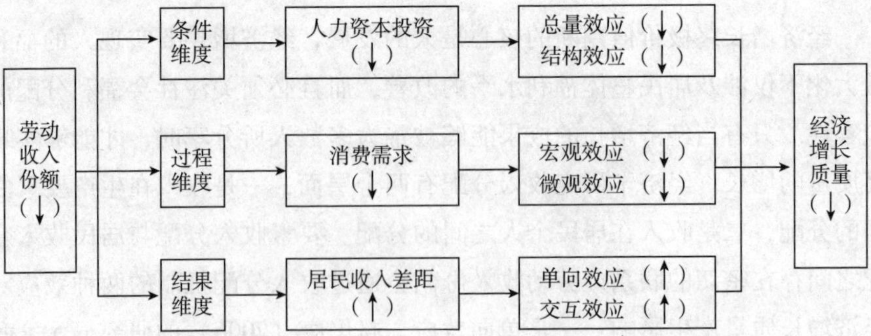

图 2－1　劳动收入份额对经济增长质量的影响机制及方向

2.4 中国经济增长质量的测度

经济增长数量是指一个国家或者地区产品与服务数量上的不断增加，一般用国民收入、国内生产总值或国民生产总值来度量。这一指标无法对经济增长基础条件的基本状态、经济增长过程中的各种变化以及经济增长结果上的各种成本代价进行取舍与判断，这些内容都涉及价值判断问题，属于经济增长质量的范畴。经济增长质量是一系列因素的综合反映，对其的度量必须借助由多方面、多指标所构成的综合评价指标体系来实现。

2.4.1 经济增长质量指数构建

根据经济增长质量的理论内涵界定，在充分考虑数据可得性与可靠性的基础上，我们分别从经济增长的条件、过程和结果 3 个层次构建包含 21 个基础指标的经济增长质量指数（见表 2－1）。

表 2－1 经济增长质量指数

方面指数	分项指标	基础指标	计量单位	指标属性		
				正指标	逆指标	适度指标
经济增长的条件	人力资本	平均受教育年限	年	√		
		高等教育人口比重	%	√		
	创新能力	研发支出占 GDP 比重	%	√		
		专利申请数	件	√		
	协调能力	社会保障支出/财政支出	%	√		
		教育支出/财政支出	%	√		
经济增长的过程	产业结构	第三产业产值/第二产业产值	—	√		
		结构偏离的泰尔指数	—		√	
	消费投资结构	消费率	%			√
		投资率	%			√
	金融结构	金融机构存贷款余额/GDP	%	√		
	国际收支结构	进出口总额/GDP	%	√		

续表

方面指数	分项指标	基础指标	计量单位	指标属性		
				正指标	逆指标	适度指标
经济增长的结果	增长效率	全要素生产率增长率	%	√		
		资本生产率	%	√		
		劳动生产率	%	√		
	资源消耗	单位地区生产总值能耗	—		√	
	环境污染	单位产出大气污染程度	倍数		√	
		单位产出污水排放数	倍数		√	
		单位产出固体废弃物排放数	倍数		√	
	成果分享	人口加权城乡收入比	—		√	
		综合恩格尔系数	—		√	

第一维度为经济增长的条件，分别从人力资本、创新能力和协调能力3个方面来进行评价。其中，人力资本分项选择平均受教育年限和高等教育人口比重来表示人力资本的总量与结构；创新能力分项选择研发支出占GDP的比重来反映创新活动的投入情况，选择专利申请数来体现创新活动的效率；协调能力分项选择社会保障支出占财政支出的比重以及教育支出占财政支出的比重来反映政府在经济发展过程中的协调作用。

第二维度为经济增长的过程，分别从产业结构、消费投资结构、金融结构以及国际收支结构4个方面来进行测度。产业结构在一定意义上决定了一个经济体经济增长的方式，产业结构升级和转换的快慢程度构成了经济增长质量的重要内容，我们选择第三产业产值与第二产业产值之比、结构偏离的泰尔指数来测度产业结构高级化与产业结构合理化。对于消费投资结构的指标选择，我们将消费率与投资率作为适度指标纳入指标体系，其中现阶段消费率的合意区间为55%～60%，投资率的合意区间为40%～45%（蔡跃洲，2010）。金融结构分项选择金融机构存贷款余额占GDP的比例作为衡量指标。国际收支结构分项选择进出口总额占GDP比重作为基础指标。

第三维度为经济增长的结果，包括增长效率、资源消耗、环境污染以及成果分享4个方面。生产率揭示了各种生产要素转化为产出的有效性，我们选择全要素生产率增长率、资本生产率、劳动生产率作为效率的测度指标。资源环境代价选择单位国内生产总值能耗、单位产出大气污染程度、单位产出污水排放数、单位产出固体废弃物排放数作为其基础测度指标。对于成果包容性的测度，我们使用人口加权的城乡收入比、城镇居民与农村居民的综合恩格尔系数来反映人民生活水平的变化情况。

2.4.2 测算方法与数据说明

本章采用主成分分析法（Principal Components Analysis）来确定各分项指数在方面指数中的权重以合成方面指数，并进而采用同样的方法合成总指数，对中国经济增长质量状态进行量化。为了更加精确地提取有效信息，我们对现有主成分分析法进行了如下改进：①将协方差矩阵作为主成分分析的输入来避免从各指标的相关系数矩阵中提取主成分所导致的各指标变异程度差异信息的丢失问题。②采用均值化方法进行无量纲化处理，以此保证采用均值化后的协方差矩阵可以保留各指标在离散程度上的特性，从而避免低估或夸大指标的相对离散程度。

考虑到数据的可得性以及统计口径的一致性，本章选择以1998—2015年作为样本区间。此外，由于西藏的数据质量非常低，我们只测算中国大陆（港澳台地区除外）除西藏外的30个省份的经济增长质量水平。本章所采用的数据均来源于历年《中国统计年鉴》、各地区《统计年鉴》、《新中国60年统计资料汇编》《中国国内生产总值核算历史资料（1952—1996）》《中国国内生产总值核算历史资料（1952—2004）》《中国科技统计年鉴》和《中国能源统计年鉴》。对于个别缺失数据，通过建立方程进行估算得到。

2.4.3 测度结果

依据表2－1的综合指标评价体系，采用主成分分析方法对中国1998—2015年30个省份（港澳台地区、西藏除外）的经济增长质量水平以及条件、过程、结果3个维度进行测算（结果见图2－2）。图2－2给出了各指标均值水平的折线图，反映了经济增长质量随时间变化的平均趋势。测算结果显示，中国经济增长质量的条件维度指数、结果维度指数和总指数走势基本相同，1998—2015年期间均呈波动上升的趋势。其中，经济增长质量的总指数上升幅度最为突出，由1998年的－0.43上升至2015年的0.83。1998—2008年经济增长质量上升趋势由慢到快，2008—2009年出现小幅回落，2009 年以后持续增长。经济增长的条件维度指数 1998—2013 年呈稳步上升状态，2013—2014 年略有下降，2014 年后重回上升轨道。经济增长的结果维度指数在考察期内始终保持增长趋势，从 1998 年的 -0.20 增长到 2015 年的 0.49。反观经济增长的结构维度指数，走势与其他三者截然不同。1998—2008 年，结构指数呈缓慢上升趋势，从 -0.06 上升到 0.12；2008—2009 年，结构指数逆势反转，由 0.12 迅速下降到 -0.04；2009 年以后趋于平稳状态。在经济增长质量的 3 个维度中，结构维度上升幅度远低于条件维度和结果维度，特别是 2008 年金融危机的出现，使得我国经济结构维度指数出现反转，并导致经济增长质量总指数发生同样的变化。

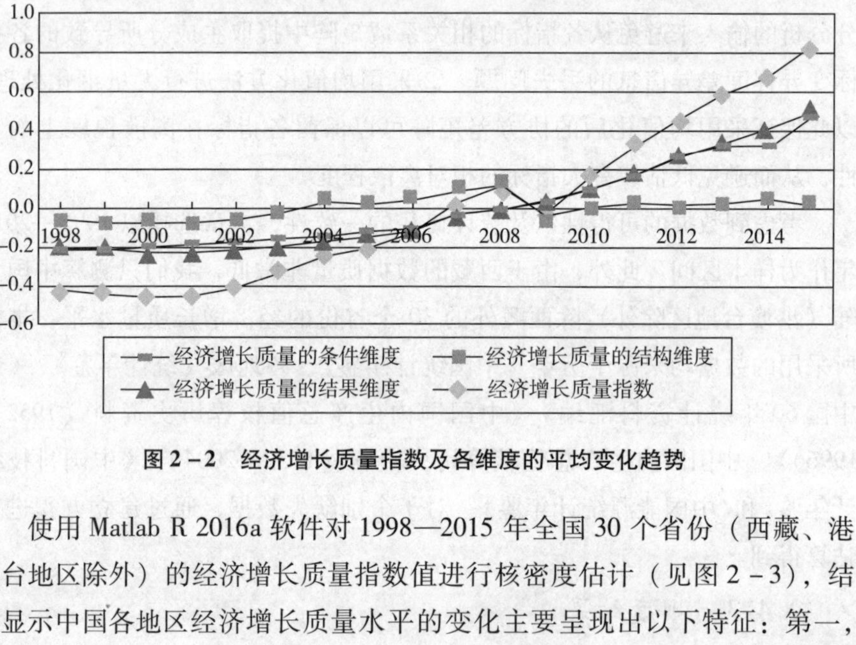

图 2-2　经济增长质量指数及各维度的平均变化趋势

使用 Matlab R 2016a 软件对 1998—2015 年全国 30 个省份（西藏、港澳台地区除外）的经济增长质量指数值进行核密度估计（见图 2-3），结果显示中国各地区经济增长质量水平的变化主要呈现出以下特征：第一，从密度分布曲线位置的平移来看，随着年份的推移，各地区经济增长质量分布整体向右移动，说明经济增长质量水平正在逐年提高。第二，从密度曲线的峰度特征来看，波峰高度最高、宽度最窄出现在 2001 年，表明 2001 年各地区经济增长质量差距最小；波峰高度最低、宽度最宽时出现在 2015 年，说明 2015 年各省份的经济增长质量差异性最大。第三，从密度曲线的峰度变化看，在样本考察期内，可以分解为两部分。1998—2001 年，经济增长质量总指数呈现出由宽峰形向尖峰形发展的变化趋势，且变化趋势较为明显，说明这一阶段各地区经济增长质量差距正在逐步缩小；而 2001—

2015 年，经济增长质量总指数又从尖峰形逐渐向“扁平”化发展，尽管过程略显波动，但趋势依然明显，说明这一阶段各地区的经济增长质量差异正在拉大。第四，从密度曲线的形状来看，每一个主峰旁边基本都出现了一个或者多个轻微“隆起”的侧峰，并且侧峰的位置右移速度加快，说明少部分地区经济增长质量较高，并且发展速度相对加快，也意味着地区间经济增长质量的差异性日益凸显。

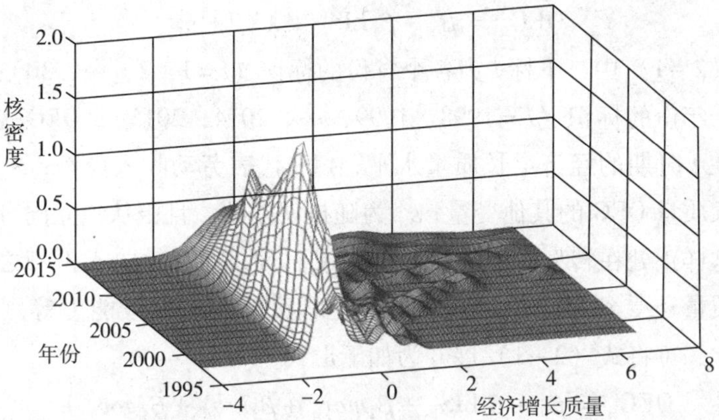

图 2－3　1998—2015 年经济增长质量的地区分布与动态演进

进一步地，为了考察经济增长质量地区分布，我们选取地区差异最小的 2001 年和地区差异最大的 2015 年进行比较分析。我国经济增长质量表现出明显的区域性特征，质量较高的省份主要分布在东南地区，而广阔的西部和北部地区增长质量水平则相对较低。其中，北京、上海、广东、天津、浙江、江苏始终处于领跑位置；而青海、甘肃、宁夏、云南、贵州相对处在靠后位置。产生这种差别可能的原因有两个：一是不同省份在地理、气候以及自然禀赋等方面存在巨大差异，因而会对不同地区的经济增长质量产生影响；二是各地区的制度差异可能会导致经济增长质量出现分化。因此，在下文的实证分析中，我们对劳动力禀赋、城市化、市场化和政府干预等因素均进行了控制。需要说明的是，由于西藏数据缺失，这里我们给其经济增长质量指数赋值为 0。

2.5 计量模型与实证检验

2.5.1 计量模型的设定与拓展

为了检验劳动收入份额对中国经济增长质量的影响，基于以上理论分析的基本思路，在充分借鉴现有研究和考虑数据可得性的基础上，我们将基本计量模型构建如下

$$\mathrm{QEG}_{it} = \beta_0 + \beta_1 \mathrm{LIS}_{it} + \lambda X_{it} + \varepsilon_{it} \tag{2-1}$$

式（2-1）中，下标 i 为各个省份的标识（$i=1, 2, \cdots, 30$）；下标 t 代表各个年份的标识（$t=1998, 1999, \cdots, 2014, 2015$）；$\mathrm{QEG}_{it}$ 表示第 i 个地区在 t 时期的经济增长质量水平；LIS_{it} 代表劳动收入份额；X_{it} 为影响经济增长质量 QEG 的其他变量；ε_{it} 为随机误差项，且服从独立同分布。对于中国这样正处在转型时期的发展中国家而言，除劳动收入份额之外，经济增长质量还受到市场化进程、城市化程度、政府财政能力等因素的影响。为此，可将式（2-1）展开为如下形式

$$\mathrm{QEG}_{it} = \beta_0 + \beta_1 \mathrm{LIS}_{it} + \beta_2 mar_{it} + \beta_3 urb_{it} + \beta_4 gov_{it} + \beta_5 inf_{it} + \beta_6 pop_{it} + \beta_7 pri_{it} + \beta_8 res_{it} + \varepsilon_{it} \tag{2-2}$$

式（2-2）中，mar_{it}，urb_{it}，gov_{it}，inf_{it}，pop_{it}，pri_{it}，res_{it} 分别表示市场化进程、城市化程度、政府财政能力、基础设施建设、劳动力禀赋、物价水平与人口约束。

鉴于中国经济增长质量的分布呈明显的区域性特征，在考察劳动收入份额对经济增长的影响时还需要引入空间因素。为了刻画地理空间的交互作用，我们进一步构建空间计量模型。考虑到仅含内生交互效应的 SAR 模型相对具有局限性，本书采用同时包含内生交互效应与外生交互效应的 SDM 模型进行分析。在空间滞后项的选择上，由于物价水平 pri 不仅会影响本地区的经济增长质量，还会通过影响相邻地区物价水平进而影响相邻地区的经济增长质量，因此我们选择物价水平 pri 作为空间滞后的解释变量。另外，空间权重的选择是空间计量模型中的核心问题，本书拟用地理距离权重 $W1$、经济距离权重 $W2$ 和经济地理距离权重 $W3$，充分考察在不同空间权重下劳动收入份额对经济增长质量的影响。其中，地理距离权重用省会间距离倒数测度，经济距离权重以地区间人均实际 GDP 年均值的绝对差值的倒数度量，而地理经济距离权重则将地理距离权重与经济距离权

重加权求得，权重各为0.5。具体空间计量回归模型设定如下

$$QEG_{it} = \beta_0 + \beta_1 LIS_{it} + \lambda X_{it} + \rho_1 \sum_{i=1}^{N} [W_{ij} QEG_{it}] + \rho_2 \sum_{i=1}^{N} [W_{ij} pri_{it}] + \varepsilon_{it} \tag{2-3}$$

式（2－3）中，W_{ij}为空间权重矩阵元素。

2.5.2 变量选择与数据说明

劳动收入份额是本书计量模型中的核心解释变量，准确测算中国劳动收入份额对于经验检验结果的可靠性与有效性具有至关重要的影响。我国劳动报酬数据在2004年与2008年出现过两次统计口径的变化，现有研究中，张车伟和张士斌（2010）、吕冰洋和郭庆旺（2012）、徐蔼婷（2014）、谭晓鹏和钞小静（2016）等均采用不同的方法对我国各地区的劳动收入份额进行了测算。考虑到数据的完整性，我们使用谭晓鹏和钞小静（2016）的测算方法，并将劳动收入份额数据扩展至2015年。通过比较1998—2015年我国经济增长质量与劳动收入份额的数据可以发现，两者均存在明显的地区差异，劳动收入份额偏高的地区往往经济增长质量水平也较高。

除了劳动收入份额，本章还试图控制如下因素对经济增长质量的影响，控制变量包括：市场化进程 *mar*，用各省份非国有企业工业产值占比表示；城市化程度 *urb*，用各省份城镇人口占总人口的比重表示；政府财政能力 *gov*，用各省份的财政支出占GDP的比重表示；基础设施 *inf*，用各省份单位国土面积的公路里程数表示；劳动力禀赋 *pop*，用各省份老年人口抚养比表示；物价水平 *pri*，用各省份通货膨胀率表示；人口约束 *res*；用各省份人口死亡率表示。

本章的样本数据共包含中国大陆（港澳台地区除外）除西藏外的30个省份，时间范围为1998—2015年，以上变量的相关数据主要来源于历年《中国统计年鉴》《中国工业经济统计年鉴》和《中国人口和就业统计年鉴》。表2－2给出了相关变量的描述性统计结果。

表2－2 主要变量的描述性统计

变量	观测值	平均值	标准差	最小值	最大值
QEG	540	－1.65e－07	1.3030	－1.0321	7.6302
LIS	540	46.4476	6.1008	31.72411	65.2693

续表

变量	观测值	平均值	标准差	最小值	最大值
mar	540	53. 49537	21. 1525	10. 0000	90. 1480
urb	540	47. 3238	15. 9175	14. 9346	91. 8910
gov	540	18. 1704	8. 6780	5. 6765	62. 6863
inf	540	62. 6416	44. 7009	1. 9759	208. 2019
pop	540	11. 9986	2. 5245	6. 1300	21. 8800
pri	540	15. 3099	16. 0896	-4. 8456	70. 59765
res	540	6. 0529	0. 6991	4. 2100	7. 9800

2.5.3 中国劳动收入份额对经济增长质量影响的基础回归

为了更好地理解劳动收入份额与经济增长质量之间的关系，我们首先进行不含空间效应的固定效应、随机效应、LSDV 估计和系统 GMM 估计（检验结果见表 2－3）。表 2－3 的前两列分别汇报了固定效应模型和随机效应模型。豪斯曼检验 P 值为 0，固定效应模型优于随机效应模型。固定效应模型中，劳动收入份额在 5% 的置信度下显著为正，其对应的系数值为 0. 0135，表明劳动收入份额每提高 1 个百分点，经济增长质量指数就会相应提高 0. 0135。表 2－3 第三列汇报了包含个体效应的 LSDV 模型，尽管系数值与显著性和固定效应一致，但拟合优度提高到 0. 88。LSDV 估计结果显示大部分个体虚拟变量均非常显著，而劳动收入份额在 0. 01 的置信度下显著为正。劳动收入份额的系数值为 0. 0135，和固定效应模型估计的系数值相同。考虑到经济增长质量具有较强的趋势继承性，表 2－3 第四列进一步汇报了包含经济增长质量滞后项的系统 GMM 估计结果。由于在 5% 的显著性水平下，我们接受"扰动项差分的二阶自相关系数为 0"的假设，并且 Sargan 检验的 P 值为 1，我们无法拒绝"所有工具变量均有效"的原假设，所以系统 GMM 可以适用。模型回归结果显示，在 0. 1 的置信度下，劳动收入份额系数显著为正。劳动收入份额的系数值为 0. 0026，比前 3 种回归模型的数值都要低，但经济增长质量滞后一期的系数值达到 0. 792。这说明经济增长质量的变化在很大程度上取决于过去的状态，惯性调整的存在，弱化了劳动收入份额的解释力。但劳动收入份额的系数仍然显著为正，可以看出，计量模型很好地验证了前文理论分析的结论，即劳动收入份额的提高会对我国经济增长质量产生正向影响。

控制变量中，*urb*，*inf*，*pri* 的系数均显著为正，而 *gov*，*pop*，*res* 的系数均为负，说明现阶段城市化程度的提高、交通条件的改善、物价水平的温和上升对经济增长质量有促进作用，而政府支出的增加、老年抚养比的提高以及人口死亡率的提升则会阻碍经济增长质量的上升。值得注意的是，回归结果中政府支出与经济增长质量存在负向关系，其可能的原因是政府支出占比增加意味着政府规模的扩张，对私人投资产生了“挤占效应”，从而在一定程度上降低了经济增长质量（杨子晖，2011）。此外，回归结果中市场化程度 *mar* 的系数也呈现出不一致的情况，即在固定效应、随机效应和 LSDV 回归模型下显著为负，而在系统 GMM 估计情况下显著为正。其原因可能是由于动态回归使用滞后项作为工具变量，控制了内生性，同时扩展了解释变量的范围，因而提高了识别的准确性（随洪光等，2017）。因此，市场化程度对经济增长质量具有积极影响。

表 2 –3　中国劳动收入份额影响经济增长质量的回归结果

变量	被解释变量：经济增长质量			
	模型 1	模型 2	模型 3	模型 4
估计方法	固定效应	随机效应	LSDV	系统 GMM
L. QEG				0.792 * * * （0.0180）
LIS	0.0135 * * * （0.00513）	0.0133 * * （0.00521）	0.0135 * * * （0.00513）	0.00260 * （0.00148）
mar	−0.0120 * * * （0.00288）	−0.00908 * * * （0.00276）	−0.0120 * * * （0.00288）	0.00463 * * * （0.00165）
urb	0.00445 * （0.00265）	0.00953 * * * （0.00264）	0.00445 * （0.00265）	0.00578 * * * （0.00165）
gov	−0.0215 * * * （0.00782）	−0.0282 * * * （0.00743）	−0.0215 * * * （0.00782）	−0.0190 * * * （0.00598）
inf	0.0114 * * * （0.00107）	0.0120 * * * （0.00108）	0.0114 * * * （0.00107）	0.00460 * * * （0.000757）
pop	−0.0756 * * * （0.0162）	−0.0582 * * * （0.0164）	−0.0756 * * * （0.0162）	−0.0327 * * * （0.00241）
pri	0.0229 * * * （0.00342）	0.0193 * * * （0.00351）	0.0229 * * * （0.00342）	0.00311 * * * （0.00102）
res	−0.144 * * （0.0567）	−0.212 * * * （0.0562）	−0.144 * * （0.0567）	−0.0344 * * * （0.00889）

续表

变量	被解释变量：经济增长质量			
	模型 1	模型 2	模型 3	模型 4
估计方法	固定效应	随机效应	LSDV	系统 GMM
_ cons	0.906* (0.484)	0.864* (0.495)	0.906* (0.484)	0.0603 (0.120)
AR (2)				-1.2002 (0.2301)
P (sargan)				23.07716 (1.0000)
N	540	540	540	510
R^2	0.551		0.888	
Hausman test	*P - value for Hausman test*: 0			
F	77.07		77.07	

注：*、**、***分别表示在10%、5%和1%的显著水平上显著；括号内数值为标准误差；二阶序列相关检验［即AR（2）检验］和Sargan检验的第一行列出了对应检验的统计量值，第二行列出了对应的P值。

2.5.4 中国劳动收入份额对经济增长质量影响的空间效应分析

显然，基准模型有力地支持了本章的核心假说。进一步地，我们采用空间计量模型，研究空间效应下劳动收入份额对经济增长质量的影响。如前文所述，我们使用SDM模型进行回归分析。选取物价水平 *pri* 作为解释变量的空间滞后项，*W*1，*W*2，*W*3 依次表示地理距离矩阵、经济距离矩阵、经济地理空间矩阵。回归结果如表2-4所示，结果显示空间滞后系数 ρ 在3种权重矩阵下均显著为正，说明中国经济增长质量确实存在明显的空间自相关性。空间滞后项 *pri* 的系数值显著为正，但是 *pri* 本身系数显著为负，这意味着本地区的物价水平上升会降低本地区的经济增长质量，而其他地区的物价水平上涨则会促进本地区的经济增长质量提升。其可能的原因是：一方面，当物价水平上升时，实际利率下降，投资增加，尤其是基建投资增加，这会对研发活动、产业结构、资源环境等产生负面影响，从而降低经济增长质量；另一方面，物价水平的变化会影响要素在地区间的流动，当其他地区的物价水平上升时，劳动要素和资本要素均倾向于向物价水平偏低的地区流动，从而带来本地区的经济增长质量改善。核心变量劳动收入份额在5%的置信度下均显著为正，同样证实了劳动收入份额提升对经济增长质量的正向激励作用。

表2－4　中国劳动收入份额影响经济增长质量的回归结果（空间效应SDM模型）

变量	模型1	模型2	模型3	模型4	模型5	模型6
空间权重	**W1**	**W1**	**W2**	**W2**	**W3**	**W3**
估计方法	固定效应	随机效应	固定效应	随机效应	固定效应	随机效应
LIS	0.00937**	0.00979**	0.00852**	0.00903**	0.00937**	0.00987**
	(0.00461)	(0.00471)	(0.00434)	(0.00443)	(0.00447)	(0.00456)
mar	－0.0121***	－0.0110***	－0.0118***	－0.0104***	－0.0121***	－0.0108***
	(0.00257)	(0.00260)	(0.00248)	(0.00249)	(0.00253)	(0.00254)
urb	0.00337	0.00474*	0.00375*	0.00494**	0.00352	0.00478**
	(0.00237)	(0.00244)	(0.00225)	(0.00230)	(0.00231)	(0.00237)
gov	0.00314	－0.00103	0.00394	－0.000235	0.00604	0.00189
	(0.00751)	(0.00759)	(0.00700)	(0.00703)	(0.00724)	(0.00730)
inf	0.00727***	0.00767***	0.00765***	0.00812***	0.00712***	0.00756***
	(0.00105)	(0.00108)	(0.00100)	(0.00102)	(0.00103)	(0.00105)
pop	－0.0738***	－0.0683***	－0.0692***	－0.0636***	－0.0704***	－0.0648***
	(0.0144)	(0.0148)	(0.0136)	(0.0140)	(0.0140)	(0.0144)
pri	－0.0566***	－0.0538***	－0.0419***	－0.0385***	－0.0509***	－0.0474***
	(0.00903)	(0.00925)	(0.00842)	(0.00860)	(0.00898)	(0.00919)
res	－0.0943*	－0.117**	－0.115**	－0.137***	－0.104**	－0.126**
	(0.0508)	(0.0519)	(0.0478)	(0.0487)	(0.0493)	(0.0503)
_ *cons*		0.690		1.021**		0.860*
		(0.477)		(0.445)		(0.461)
W. pri	0.0751***	0.0713***	0.0515***	0.0469***	0.0600***	0.0553***
	(0.00922)	(0.00944)	(0.00807)	(0.00827)	(0.00896)	(0.00917)
W. QEG	0.212**	0.209*	0.588***	0.596***	0.552***	0.563***
	(0.107)	(0.108)	(0.0623)	(0.0617)	(0.0817)	(0.0808)
N	540	540	540	540	540	540
R^2	0.212	0.285	0.194	0.281	0.184	0.263

注：*、**、***分别表示在10%、5%和1%的显著水平上显著；括号内数值为标准误差。

空间效应的存在使得各影响因素对本地区和相邻地区的经济增长质量都会产生影响，并且通过循环反馈机制引起一系列变化。因此，还需要研究影响因素对经济增长质量的直接效应和间接效应。[①] 表2－4中，豪斯曼检验均支持随机效应模型，限于篇幅，本书仅汇报经济空间权重矩阵下随机效应模型的空间效应分解结果（见表2－5）。其中，反馈效应数值根据直接效应和模型估计系数计算求得。分解结果显示，核心变量劳动收入份额的回归系数为0.00987，反馈效应为0.00023，直接效应为0.0101，间接效应为0.0129。也就是说，本地区劳动收入份额变动1%，直接使本地区经济增长质量变动0.00987，通过循环反馈机制使本地区经济增长质量变动0.00023。另外，劳动收入份额变动1%，造成其他地区经济增长质量变动0.0129。不难看出，反馈效应占直接效应的比重为2.28%，而直接效应和间接效应占总效应的比重分别为43.72%和56.28%。这意味着本地区劳动收入份额对本地区的经济增长质量影响程度和本地区劳动收入份额对其他地区经济增长质量的影响程度大体相同。空间反馈效应虽然存在，但占直接效应的比重较低，说明本地区劳动收入份额对本地区经济增长质量的影响主要来源于本地区劳动收入份额对本地区经济增长质量的直接作用。

表2－5　各因素对经济增长质量影响的效应分解

变量	估计系数	反馈效应	直接效应	间接效应	总效应
LIS	0.00987**	0.00023	0.0101**	0.0129*	0.0231*
	-0.00456		-0.00467	-0.00775	-0.0119
mar	-0.0108***	-0.0005	-0.0113***	-0.0143**	-0.0256***
	-0.00254		-0.00266	-0.00557	-0.00739
urb	0.00478**	0.00028	0.00506**	0.00635	0.0114*
	-0.00237		-0.0025	-0.00386	-0.00604
gov	0.00189	-0.00024	0.00165	0.00226	0.00391
	-0.0073		-0.00768	-0.0101	-0.0176

① 直接效应是指某因素变动对本地区经济增长质量的总体影响，其包含空间反馈效应，即本地区某因素变动通过影响邻近地区经济增长质量，邻近地区经济增长质量反过来影响本地区经济增长质量这一循环往复的过程；某地区对其他地区经济增长质量的影响为间接效应，即影响因素的空间溢出效应。

续表

变量	估计系数	反馈效应	直接效应	间接效应	总效应
inf	0.00756***	0.00032	0.00788***	0.00994***	0.0178***
	-0.00105		-0.00104	-0.00346	-0.00401
pop	-0.0648***	-0.0027	-0.0675***	-0.0853**	-0.153***
	-0.0144		-0.0153	-0.0343	-0.0451
pri	-0.0474***	0.002	-0.0454***	0.0634***	0.0180**
	-0.00919		-0.00846	-0.00966	-0.00766
res	-0.126**	-0.005	-0.131**	-0.167*	-0.298**
	-0.0503		-0.0526	-0.096	-0.141

注：*、**、***分别表示在10%、5%和1%的显著水平上显著；括号内数值为标准误差。

2.5.5 中国劳动收入份额对经济增长质量影响的稳健性检验

经济增长质量作为价值判断的复合概念，其指标体系的选择视角呈现出多样性，导致经济增长质量指数的最终结果存在不同程度的差异。为了保证本书核心结论的可靠性，我们变换经济增长质量指数的指标体系来进行稳健性检验。这里，分别从经济增长的条件、过程和结果3个层次构建包含34个基础指标的经济增长质量指数。① 按照控制变量法的基本思路，除了更改经济增长质量指标体系，数据处理方法和模型回归方法均与前文保持一致。数据处理结果显示（见表2-6），用于稳健性检验的经济增长质量指数与前文中的经济增长质量指数测算结果相关系数高达0.96。稳健性检验结果显示，尽管系数估计值在数值上与前文结果存在一定的差别，但是系数的符号以及显著性与前文基本一致，本章的核心结论与主要发现没有发生实质性变化。

① 限于篇幅，书中并未列出扩展后的经济增长质量综合评价指标体系。

表 2-6　劳动收入份额影响经济增长质量的稳健性检验

变量	模型 1	模型 2	模型 3	模型 4	模型 5
估计方法	固定效应	随机效应	LSDV	系统 GMM	地理距离矩阵
LIS	0.0200*** (0.00651)	0.0193*** (0.00673)	0.0200*** (0.00651)	0.00466*** (0.00157)	0.0156*** (0.00599)
mar	0.00802** (0.00366)	0.00457 (0.00351)	0.00802** (0.00366)	-0.00378 (0.00379)	0.00674** (0.00331)
urb	-0.00110 (0.00337)	0.00785** (0.00339)	-0.00110 (0.00337)	0.00913*** (0.00211)	-0.000822 (0.00312)
gov	-0.0232** (0.00993)	-0.0298*** (0.00946)	-0.0232** (0.00993)	-0.00378 (0.00232)	0.00223 (0.00955)
inf	0.0117*** (0.00136)	0.0129*** (0.00139)	0.0117*** (0.00136)	0.00178*** (0.000558)	0.00757*** (0.00136)
pop	-0.130*** (0.0205)	-0.0999*** (0.0211)	-0.130*** (0.0205)	-0.0318*** (0.00629)	-0.124*** (0.0189)
pri	0.0392*** (0.00434)	0.0323*** (0.00453)	0.0392*** (0.00434)	0.00249 (0.00179)	-0.0467*** (0.0118)
res	-0.188*** (0.0720)	-0.294*** (0.0721)	-0.188*** (0.0720)	-0.158*** (0.0198)	-0.160** (0.0662)
L. QEG				0.842*** (0.0155)	
_*cons*	0.537 (0.638)	0.737 (0.640)	0.537 (0.638)	0.866** (0.341)	0.555 (0.628)
W. pri					0.0700*** (0.0124)
W. QEG					0.367*** (0.101)
N	540	540	540	510	540
R^2	0.608		0.882		0.198
F	97.46		97.46		

注：*、**、***分别表示在10%、5%和1%的显著水平上显著；括号内数值为标准误差。

2.6 中介机制检验

以上实证分析分别从不含空间效应的视角和包含空间效应的视角验证了本章的核心命题，即劳动收入份额的提升有助于改善经济增长质量。在本章的理论假说和逻辑推演中，劳动收入份额是通过人力资本机制的总量效应与结构效应、消费需求机制的宏观效应与微观效应、收入分配机制的单向效应与交互效应影响经济增长质量的。为了刻画这3种影响机制，本部分借鉴 Baron 和 Kenny（1986）的 Sober 中介因子检验法，分别对这3种具体的影响机制进行检验。

2.6.1 劳动收入份额影响经济增长质量的人力资本机制检验

（1）总量效应。考虑到平均受教育年限能够较好地反映人力资本的整体规模（高帆，2016），我们选择各地区平均受教育年限 $m1$ 作为中间变量[①]。如表2-7所示，在不含中介因子检验的回归中，劳动收入份额在0.1的置信度下显著为正；而在中介因子检验中，劳动收入份额在0.01的置信度下显著为负，即劳动收入份额阻碍了人力资本投资；在含中介因子检验的回归中，劳动收入份额与平均受教育年限系数在0.01的置信度下均为正。显然，劳动收入份额抑制人力资本投资的实证结果与理论逻辑不符。我们认为，原因在于劳动收入份额的提升总体上虽然能够扩大人力资本的整体规模，但人力资本规模的扩大会通过工资效应和劳动生产率效应反向作用于劳动收入份额（王晓芳，2011）。工资效应的存在意味着人力资本上升会使工资水平得到提高，从而提高劳动收入份额；而劳动生产率效应的存在则表明人力资本水平的上升能够带动劳动生产效率提升，进而降低劳动收入份额。由于现阶段我国非熟练劳动力仍然处于无限供给状态，总体上劳动生产率效应大于工资效应，人力资本整体规模的上升逆势降低了劳动收入份额。尽管如此，Sober 检验的 P 值为0，说明仍然存在明显的中介机制。

---

① 平均受教育年限=未上过学人口占比×0年+小学受教育程度人口占比×6年+初中受教育程度人口占比×9年+高中受教育程度人口占比×12年+大专及以上受教育程度人口占比×16年。

（2）结构效应。前文关于结构效应的假说中重点探讨了高技能劳动者的作用，为了验证这一假说，我们使用高等教育人口比重 *m2* 作为中间变量进行中介因子检验。检验结果显示（见表2－7）：在不含中介因子检验的回归中，劳动收入份额在0.1的置信度下显著为正；而在中介因子检验中，劳动收入份额的系数值为负值，但是未通过检验；在含中介因子检验的回归中，发现高等教育人口比重与劳动收入份额均在0.1的置信度下显著为正，说明人力资本提升和劳动收入份额增加均提高了经济增长质量。不过，Sober统计量并不显著，说明实证观察中劳动收入份额的结构效应并不明显。其可能的原因是，劳动收入份额的提升提高了高技能劳动者的比重，现阶段我国高技能劳动者推动了技术进步，但技术进步类型呈现出资本偏向型技术进步（张莉等，2012），反向降低了劳动收入份额。这样相互抵消的局面导致劳动收入份额与高技能人才比重关系并不明晰，中介机制也未能得到体现。

表2－7　人力资本机制的总量效应和结构效应

变量	总量效应			结构效应		
	不含中介因子检验	中介因子检验	含中介因子检验	不含中介因子检验	中介因子检验	含中介因子检验
lis	0.0109* (0.00583)	−0.0232*** (0.00397)	0.0205*** (0.00578)	0.0109* (0.00583)	−0.0401 (0.0254)	0.0166*** (0.00460)
m1			0.414*** (0.0611)			
m2						0.142*** (0.00785)
_cons	−0.886* (0.496)	11.02*** (0.338)	−5.446*** (0.825)	−0.886* (0.496)	11.32*** (2.158)	−2.494*** (0.400)
N	540	540	540	540	540	540
R^2	0.678	0.782	0.703	0.678	0.703	0.801
F	139.6	237.6	139.7	139.6	156.7	237.0
Sober	−0.00959***			−0.00569		
P值	0			0.1158		

注：*、**、***分别表示在10%、5%和1%的显著水平上显著；括号内数值为标准误差。

2.6.2 劳动收入份额影响经济增长质量的消费需求机制检验

（1）宏观效应。考虑到劳动收入份额是劳动收入占地区生产总值的比重，而消费率则是消费量占地区生产总值的比重。两者的关系恰好能够说明在同等国民收入条件下消费如何随着劳动收入的变化进行调整。因此，我们使用消费率 *m*3 作为中间变量。检验结果显示（见表2－8），在不含中介因子检验的回归中，劳动收入份额在0.1 的置信度下显著为正；在中介因子检验中，劳动收入份额在0.01 的置信度下显著为正，很好地验证了同等收入条件下劳动收入份额的提升刺激消费需求的假说；在含中介因子的回归中，劳动收入份额在 0.1 的置信度下显著为负，而消费率在0.01 的置信度下显著为正。劳动收入份额的系数值出现符号的变化，可能的原因是，劳动收入份额与消费率高度相关，共同作为自变量时出现了明显的共线性，此时会发生符号变化的异常情况。Sober 检验的 P 值为 0，说明存在明显的中介机制，证实了消费需求机制的宏观效应。

（2）微观效应。微观效应集中讨论了低收入居民的消费机理，鉴于我国城乡二元制的结构下，农村居民普遍属于低收入人群，再结合数据的可得性，我们使用农村居民消费收入比 *m*4 作为中间变量，验证消费需求机制的微观效应。检验结果显示（见表2－8）：在不含中介因子检验的回归中，劳动收入份额在0.1 的置信度下显著为正；中介因子检验回归中，劳动收入份额系数为正，但并不显著；在含中介因子检验中，劳动收入份额与农村居民消费收入比均在0.1 的置信度下显著为正。Sober 的 P 值大于0.1，中介机制并不显著。但这并不意味着中介机制不存在，我们进一步使用了农村劳动收入份额与农村收入消费比进行回归，其结果显示农村劳动收入份额系数显著为正，也就是说，在低收入群体中劳动收入份额与消费仍然存在正向关系。同时，在含中介因子检验的回归中也验证了农村消费需求的提升有助于改善经济增长质量。所以和前文的理论假说并不矛盾，中介因子检验未通过的原因可能是因为劳动收入份额与农村劳动收入份额之间有着明显的差别。在我国，城乡收入并不均衡，农村收入占总收入的比重不到25%（汪伟，2016），这使得劳动收入份额具体值在很大程度上取决于城镇劳动收入份额。城镇劳动收入份额与农村劳动收入份额的差异性导致劳动收入份额的具体结果不同于农村劳动收入份额。因此，在中介因子回归中，劳动收入份额与农村消费收入比的关系并未通过检验，影响了中介机制的检验。

表 2-8　消费需求机制的宏观效应和微观效应

变量	宏观效应			微观效应		
	不含中介因子检验	中介因子检验	含中介因子检验	不含中介因子检验	中介因子检验	含中介因子检验
lis	0.0109* (0.00583)	0.527*** (0.0436)	-0.0104* (0.00628)	0.0109* (0.00583)	0.0923 (0.0609)	0.0102* (0.00583)
*m*3			0.0403*** (0.00554)			
*m*4						0.00766* (0.00415)
控制变量	控制	控制	控制	控制	控制	控制
_cons	-0.886* (0.496)	19.71*** (3.708)	-1.681*** (0.486)	-0.886* (0.496)	55.24*** (5.180)	-1.309** (0.545)
N	540	540	540	540	540	540
R^2	0.678	0.610	0.707	0.678	0.403	0.680
F	139.6	103.9	142.2	139.6	44.86	125.1
Sober		0.0212***			0.0007	
P 值		0			0.2413	

注：*、**、***分别表示在10%、5%和1%的显著水平上显著；括号内数值为标准误差。

2.6.3　劳动收入份额影响经济增长质量的收入分配机制检验

（1）单向效应。单向效应表明了要素收入分配对居民收入分配的直接作用。在中间变量的选择上，我们使用人口加权城乡收入比 *m*5 代表居民收入分配。[①] 检验结果显示（见表 2-9），不含中介因子检验的回归中，劳动收入份额在 0.1 的置信度下显著为正；中介因子检验中，劳动收入份额系数在 0.01 的置信度下显著为负，说明劳动收入份额提升有助于缩小居

① 人口加权城乡收入比具体公式如下，$T1 = \sum_{i=1}^{n} (\frac{y_1}{y}) \ln(\frac{y_1}{y} / \frac{y_1}{y})$，其中，*T*1 表示人口加权城乡收入比；*y* 表示收入；*p* 表示人口；$i=1$ 时，表示城镇，$i=2$ 时，表示农村。

民收入差距；含中介因子检验的回归中，劳动收入份额系数为正值，但并不显著，而人口加权城乡收入比系数显著为负。Sober 检验的 P 值小于 0.1，说明存在明显的中介机制，验证了收入分配机制中的单向效应。

（2）交互效应。交互效应中，要素收入分配与居民收入分配相互影响。为了刻画这种交互作用，我们使用要素收入分配的代理变量劳动收入份额与居民收入分配的代理变量人口加权城乡收入比之间的乘积项作为中间变量。检验结果显示（见表 2-9），不含中介因子检验的回归中，劳动收入份额在 0.1 的置信度下显著为正；中介因子检验中，交互项在 0.05 的置信度下显著为正；在含中介因子检验的回归中，劳动收入份额系数在 0.05 的置信度下显著为正，而交互项在 0.05 的置信度下显著为负。Sober 检验的 P 值小于 0.1，说明存在明显的中介机制，同样验证了收入分配机制的交互效应。

表 2-9　收入分配机制的单向效应和交互效应

变量	单向效应			交互效应		
	不含中介因子检验	中介因子检验	含中介因子检验	不含中介因子检验	中介因子检验	含中介因子检验
lis	0.0109* (0.00583)	-0.113*** (0.0417)	0.00906 (0.00584)	0.0109* (0.00583)	5.066** (2.101)	0.0124** (0.00583)
m5			-0.016*** (0.00603)			
m6						-0.00031** (0.000120)
_cons	-0.886* (0.496)	21.74*** (3.546)	-0.537 (0.510)	-0.886* (0.496)	465.9*** (178.7)	-0.743 (0.497)
N	540	540	540	540	540	540
R^2	0.678	0.409	0.682	0.678	0.413	0.682
F	139.6	45.98	126.3	139.6	46.76	126.1
Sober	0.0018*			-0.0015*		
P 值	0.0579			0.0798		

注：*、**、*** 分别表示在 10%、5% 和 1% 的显著水平上显著；括号内数值为标准误差。

劳动收入份额的人力资本机制存在明显的内生性，导致人力资本机制的结构效应未能得到有效体现。同时，我国现阶段典型的城乡二元制结构在一定程度上掩盖了消费需求机制中的微观效应。尽管如此，中介机制检验仍然证明了本书理论假说中人力资本机制的总量效应、消费需求机制的宏观效应、收入分配机制的单向效应与交互效应。经济发展具有阶段性特征，三大机制的部分体现也暗含着经济发展并非一蹴而就。我们需要牢牢把握经济发展的阶段性特征，对当前的经济形势作出科学判断。

2.7 主要结论和政策建议

要素收入分配结构优化和经济增长质量水平提升是我国经济社会发展的重要主题。经济增长质量是指经济增长内在的性质与规律，从条件层面表现为国民经济的整体素质，从过程层面表现为经济要素的联结关系，从结果层面表现为增长成果的有效性与包容性。现有研究主要集中于劳动收入份额的演变趋势及其变化原因的分析，而较少涉及劳动收入份额与经济增长质量之间的关系。本章探究了劳动收入份额对经济增长质量的影响方式和作用机制，为此，首先在理论层面上提出：劳动收入份额会通过人力资本机制的总量效应与结构效应、消费需求机制的宏观效应与微观效应，以及收入分配机制的单向效应与交互效应而对经济增长质量产生影响，在上述机制下，本章以1998—2015年中国30个省份（西藏、港澳台地区除外）的面板数据为样本，对劳动收入份额对经济增长质量的影响进行经验检验，结果表明：我国劳动收入份额变量确实与经济增长质量指数是同向变化的，过低的劳动收入份额会阻碍经济增长质量，而劳动收入份额的提高会对我国经济增长质量产生显著的正向影响，其贡献主要在于，劳动收入份额变化通过经济增长条件维度的人力资本机制、经济增长过程维度的消费需求机制以及经济增长结果维度的收入分配机制对经济增长质量产生显著的影响。

实现数量与质量效益的同步提升是我国经济发展新阶段的核心目标，这一增长导向的转变意味着政策着眼点也需要从数量型增长的货币政策、财政政策，扩展到质量型增长的技术创新政策、人力资本政策、收入分配政策等方面。当前，我国已经进入全面建成小康社会的决胜时期，在维护劳动收入的主体地位、提高劳动生产率的同时实现劳动报酬同步提高是深化收入分配制度改革的迫切需要。因此，在提升经济增长质量的相关政策中，还需要充分关注劳动收入份额的影响作用，而看待劳动收入份额对经济增长质量的影响必须立足于特定作用机制和影响效应才有意义。通过要素收入分配结构的再平衡，进一步提升我国经济增长质量，充分发挥人力资本机制的总量效应与结构效应、消费需求机制的宏观效应与微观效应，以及收入分配机制的单向效应与交互效应，借助于分配杠杆激活经济增长动力成为推动经济增长质量变革的重要内容。

参考文献

[1]白重恩，钱震杰．国民收入的要素分配：统计数据背后的故事[J]．经济研究，2009(3).

[2]白重恩，钱震杰．劳动收入份额决定因素：来自中国省际面板数据的证据[J]．世界经济，2010(12).

[3]蔡跃洲．投资消费结构影响因素及合意投资消费区间——基于跨国数据的国际比较和实证分析[J]．经济理论与经济管理，2010(10).

[4]蔡昉，都阳，高文书．就业弹性、自然失业率和宏观经济政策[J]．经济研究，2004(9).

[5]钞小静，惠康．中国经济增长质量的测度[J]．数量经济技术经济研究，2009(6).

[6]钞小静，任保平．中国经济增长质量的时序变化与地区差异分析[J]．经济研究，2011(4).

[7]陈宇峰，贵斌威，陈启清．技术偏向与中国劳动收入份额的再考察[J]．经济研究，2013(6).

[8]方福前．中国居民消费需求不足原因研究——基于中国城乡分省数据[J]．中国社会科学，2009(2).

[9]范从来，张中锦．提升总体劳动收入份额过程中的结构优化问题研究——基于产业与部门的视角[J]．中国工业经济，2012(1).

[10]高帆．劳动者报酬占比、城乡收入分配与中国居民消费率[J]．学术月刊，2014(11).

[11]高帆，汪亚楠．城乡收入差距是如何影响全要素生产率的？[J]．数量经济技术经济研究，2016(1).

[12]龚刚，杨光．从功能性收入看中国收入分配的不平等[J]．中国社

会科学,2010(2).

[13]龚刚,杨光. 论工资性收入占国民收入比例的演变[J]. 管理世界,2010(5).

[14]郭庆旺,吕冰洋. 论税收对要素收入分配的影响[J]. 经济研究,2011(6).

[15]郭庆旺,吕冰洋. 论要素收入分配对居民收入分配的影响[J]. 统计研究,2012(12).

[16]胡秋阳. 产业分工与劳动报酬份额[J]. 经济研究,2016(2).

[17]黄乾,魏下海. 中国劳动收入比重下降的宏观经济效应——基于省级面板数据的实证分析[J]. 财贸研究,2010(4).

[18]黄先海,徐圣. 中国劳动收入比重下降成因分析[J]. 经济研究,2009(7).

[19]姜磊,陈坚,郭玉清. 二元经济转型与劳动收入份额:理论与实证分析[J]. 经济社会体制比较,2014(4).

[20]康梅. 投资增长模式下经济增长因素分解与经济增长质量[J]. 数量经济技术经济研究,2006(2).

[21]李稻葵,刘霖林,王红领. GDP中劳动份额演变的U型规律[J]. 经济研究,2009(1).

[22]李萍,冯梦黎. 利率市场化对我国经济增长质量的影响:一个新的解释思路[J]. 经济评论,2016(2).

[23]刘亚建. 我国经济增长效率分析[J]. 思想战线,2002(4).

[24]刘盾,施祖麟,袁伦渠. 利润拉动还是工资拉动?——对劳动收入份额影响经济增长的理论探讨与实证研究[J]. 南开经济研究,2014(2).

[25]罗长远,张军. 劳动收入占比下降的经济学解释[J]. 管理世界,2009(5).

[26]吕冰洋,郭庆旺. 中国要素收入分配的测算[J]. 经济研究,2012(10).

[27]马轶群,史安娜. 金融发展对中国经济增长质量的影响研究——基于VAR模型的实证分析[J]. 国际金融研究,2012(11).

[28]石涛,张磊. 劳动报酬占比变动的产业结构调整效应分析[J]. 中国工业经济,2012(8).

[29]邵敏，黄玖立．外资与我国劳动收入份额——基于工业行业的经验研究[J]．经济学(季刊)，2010(4)．

[30]邵帅，李欣，曹建华，杨莉莉．中国雾霾治理的经济政策选择——基于空间溢出效应的视角[J]．经济研究，2016(9)．

[31]邹红，喻开志．劳动收入份额、城乡收入差距与中国居民消费[J]．经济理论与经济管理，2011(3)．

[32]随洪光，刘廷华．FDI 是否提升了发展中东道国的经济增长质量？——来自亚太、非洲和拉美地区的经验证据[J]．数量经济技术经济研究，2014(11)．

[33]谭晓鹏，钞小静．中国要素收入分配再测算[J]．当代经济科学，2016(6)．

[34]王积业．关于提高经济增长质量的宏观思考[J]．宏观经济研究，2000(1)．

[35]王雄元，黄玉菁．外商直接投资与上市公司职工劳动收入份额：趁火打劫抑或锦上添花[J]．中国工业经济，2017(4)．

[36][印]温诺·托马斯，等．增长的质量[M]．《增长的质量》翻译组．北京：中国财经出版社，2001．

[37]伍山林．劳动收入份额决定机制：一个微观模型[J]．经济研究，2011(9)．

[38]吴江，周秀帅．劳动收入份额影响经济增长的实现机制[J]．求索，2011(7)．

[39]肖文，周明海．贸易模式转变与劳动收入份额下降——基于中国工业分行业的实证研究[J]．浙江大学学报，2010(5)．

[40]徐蔼婷．劳动收入份额及其变化趋势[J]．统计研究，2014(4)．

[41]余泳泽，张少辉．城市房价、限购政策与技术创新[J]．中国工业经济，2017(6)．

[42]张杰，陈志远，周晓燕．出口对劳动收入份额抑制效应研究——基于微观视角的经验证据[J]．数量经济技术经济研究，2012(7)．

[43]张莉，李捷瑜，徐现祥．国际贸易、偏向型技术进步与要素收入分配[J]．经济学(季刊)，2012(2)．

[44]张车伟，张士斌．中国初次收入分配格局的变动与问题——以劳

动报酬占 GDP 份额为视角[J]. 中国人口科学,2010(5).

[45]赵俊康. 我国劳资分配比例分析[J]. 统计研究,2006(12).

[46]周明海,肖文,姚先国. 中国经济非均衡增长和国民收入分配失衡[J]. 中国工业经济,2010(6).

[47]Acemoglu,D. The Rise of Europe: Atlantic Trade, Institutional Change and Economic Growth [J]. *The American Economic Review*, 2002, 95(3): 546 – 579.

[48]Acemoglu ,D. Theory, General Equilibrium, and Political Economy in Development Economics [J]. *Journal of Economic Perspectives*, 2004, 24(3): 17 – 32.

[49]Acemoglu ,D. When Does Labor Scarcity Encourage Innovation? [J]. *Journal of Political Economy*,2010,6:1037 – 1078.

[50]Barro, R. J. Quantity and Quality of Economic Growth [R]. *Working Papers from Central Bank of Chile*, 2002:1 – 39.

[51]Bhaduri, A. ,Marglin, S. A. Unemployment and the Real Wage: The Economic Basis of Contesting Political Ideologies[J]. *Cambridge Journal of Economics*,1990,14(4):375 – 393.

[52]Blanchard, O. J. The Medium Run[J]. *Brookings Papers on Economic Activity*,1997,2:89 – 158.

[53]Galor, O. ,Zeira , J. Income Distribution and Macroeconomics[J]. *The Review of Economic Studies*,1993,60(1):35 – 52.

[54]Harrison , A . E. Has Globalization Eroded Labor's Share? Some Cross-Country Evidence[R]. UC Berkeley and NBER,2005,4,Mimeo:46.

[55]Hong , S. Greenland Ice Evidence of Hemispheric Lead Pollution Two Millenia Ago by Greek and Roman Civilizations[J]. *Science*,1994,265(5780): 1841 – 1843.

[56]Judson, R. , Owen, A. L. Estimating dynamic panel data models: A guide for macroeconomist[J]. *Economics Letters*,1999,65(1):9 – 15.

[57]Kiviet, J. F. On Bias, Inconsistency, and Efficiency of Various Estimators in Dynamic Panel Models[J]. *Journal of Econometrics*,1995,68(1):53 – 78.

[58] Marouani, M. A., Nilsson, B. The Labor Market Effects of Skill – biased Technological Change in Malaysia [R]. *Working Paper*, 2014, 12.

[59] Mccleary R. M., Barro R. J. Religion and Political Economy in an International Panel [J]. *Journal for the Scientific Study of Religion*, 2002, 45 (2): 149 – 175.

[60] Mezzetti C., Dinopoulos E. Domestic Unionisation and Import Competition [J]. *Journal of International Economics*, 1991, 31 (1): 79 – 100.

[61] Murphy K. M., Shleifer A., Vishny R. W. Income Distribution, Market Size and Industrialization [J]. *Quarterly Journal of Economics*, 1989, 104 (3): 537 – 564.

[62] Mlachila, M., Tapsoba, R. and Tapsoba, S. J. A. A Quality of Growth Index for DevelopingCountries: A Proposal [R]. *IMF Working Papers*, 2014: 1 – 32.

3 中国地方增长质量和数量为什么不一致
——基于转换成本的视角

3.1 引 言

改革开放以来，中国经济虽然在数量上取得了举世瞩目的经济成就，实现了年均GDP增速接近10%的高速经济增长，但在质量上的表现却一直差强人意：改革开放以来中国各地区的经济增长质量虽然有了一定程度的提高，但在总体上还远远低于经济增长数量。不仅如此，中国各地区的经济增长质量还存在较大差异，东部地区的经济增长质量较高，中西部地区则较低（钞小静、任保平，2011；魏婕、任保平，2012等）。因此，中国经济增长的数量和质量具有“不一致”性，表现出明显的“高数量、低质量”特征（刘海英、张纯，2006；任保平、魏婕，2012等）。尽管党和政府在众多正式和非正式场合强调了转变增长方式、提高经济增长质量的必要性，但提高经济增长质量、实现经济增长方式转变仍然存在“理论上重要、实践中滞后”的不对称情形①。那么，回顾过去的经济增长“奇迹”，分析制约经济增长

① 在理论和政策层面，转变增长方式、提高经济增长质量得到了政府和学界的足够重视。例如，在2005年党的十六届三中全会上，明确提出要转变增长方式，实现国民经济又好又快发展，并在随后党的十七大上作为重大战略任务确定下来。在2010年10月召开的党的第十七届中央委员会第五次全体会议上，进一步阐述了加快经济发展方式转变的重要性与紧迫性。在2015年召开的党的十八届五中全会上，又一次提出“创新、协调、绿色、开放、共享”五大发展理念。而在最近召开的十九大上，习近平总书记更是在报告中明确指出：“我国经济已由高速增长阶段转向高质量发展阶段，必须坚持质量第一、效益优先，以供给侧结构性改革为主线，推动经济发展质量变革。”与此形成鲜明对比的是，提升增长质量在实践层面的推进还较为缓慢，以绿色GDP的推行为例，2004年9月1日国家环保总局便发出公告，中国绿色GDP的核算体系框架已初步建立，2006年9月7日，国家环保总局和国家统计局联合发布了《中国绿色国民经济核算研究报告（2004）》，但至此之后便再未发布。

质量提高的关键因素，便成为政府和学术界的一个棘手问题。

一个普遍的观点是：分权和晋升激励是理解中国改革开放以来快速经济增长的重要逻辑。与苏联的垂直机会管理模式不同（“U”形经济结构），中国的计划经济管理模式是“条—块”结合的管理模式（“M”形经济结构）（Qian 和 Xu，1993）。在“M”形经济结构下，中央政府向地方政府的“分权”不仅硬化了中央政府对国有企业的预算约束，还为地方政府提供了市场化激励，保证和促进了地区市场化进程，是中国和俄罗斯经济的改革绩效出现巨大差异的重要原因（Qian 和 Weingast，1997；Qian and Roland，1998 等），相关的实证研究（Lin 和 Liu，2000；Jin 等 2005）也证实了人财政分权对与经济增长所起的积极作用。然而，财政分权在促进地方经济增长的同时，还引起了“重复建设”“市场分割”和“地方保护”等负面效应，地方政府也从“援助之手”变成了“攫取之手”（陈抗等，2002）。Blanchard 和 Shleifer（2001）发现，与俄罗斯的经济分权不同，中国的经济分权与政治集权相结合。在这种模式下，地方政府拥有管理辖区事物的财权和事权，中央政府则拥有通过政绩考核来任命、奖惩地方官员的绝对权力，这创造了一个类似于“晋升锦标赛”的激励结构，极大地促进了地方官员推动经济增长的积极性（周黎安，2007 等）。沿着这个思路，更多的研究文献（Cai 和 Treisman，2004；Li 和 Zhou，2005 等）还发现，经济上的分权还不足以构成地方经济发展的全部激励，经济上的分权和政治上的集权才能发挥分权所带来的经济收益并限制地方保护主义。经济分权和政治集权对地方政府最重要的影响渠道是标尺竞争。与西方国家地方政府“自下而上”的标尺竞争不同，中国的地方政府不是“对下负责”，而是“对上负责”。在政治集权和政绩考核机制下，中央政府拥有奖惩地方官员的权力，这使得地方政府每年不仅要保证 GDP 的高增长，还要关注根据 GDP 等相关指标的排名，这为地方政府促进经济增长提供了极大的激励，客观上形成了一种基于上级政府评价的“自上而下”的标尺竞争，是 1978 年以来中国经济快速增长的又一重要原因（周黎安，2004；王永钦等，2007）。

通过以上分析可以发现，财政分权和晋升激励对于理解过去的经济增长“奇迹”是十分重要的，但一个不容忽视的事实却是：中国在实现了快速的数量增长的同时，在质量方面却一直裹足不前（“不一致”性）[①]。那么，分权和晋升激励既然可以提高经济增长速度，却为什么不能提高经济增长质量呢？魏婕等（2016）提供了一种解释，他们发现：由于任期限制，地方政府官员会在有限的时间内对政治激励——“晋升激励”作出强烈的反应，其基本手段是利用财政倾斜来提高经济增长的数量，从短期和显性释放体现自身能力的信号以获取竞争优势，而对着眼于长期的经济增长质量缺乏兴趣。因此，地方政府官员的“财政偏向”激励越高，地方增长质量越低，经济增长数量与质量的“不一致性”也越强[②]。可以说，这个视角从“分权”以及“晋升激励”的视角对经济增长数量与质量的“不一致性”进行了解读，可以成为理解经济增长数量与质量“不一致性”的逻辑基础。但我们还应该注意到，中国经济增长的数量与质量虽然表现出不一致性，但各地区的增长质量还是存在差异的。既然每个地方政府面临相同的财政偏向激励，均具有牺牲长期（质量）目标实现短期（增长）目标的冲动，那么各地区的经济增长质量又为什么会存在差异？

一个可行的思路便是转换成本。其中，转换成本被定义为地方政府放弃传统增长方式，并通过提升增长质量的方式来实现晋升收益时所需支付的成本[③]。由于地方政府提升经济增长质量的初始条件面临差异，导致地方政府提升经济增长质量的转换成本也同时存在差异，这进一步决定了地方政府提升增长质量的努力水平存在“异质性”。通过一个理论模型，本书证明，如果转换成本不存在差异，则晋升激励可以很好地提升地方增长

① 还有学者分析了经济增长质量提高的原因。例如，钞小静、任保平（2008）通过实证研究发现，体现经济转型的市场化率、城市化率和工业化率与经济增长质量之间存在正相关关系；陈丹丹、任保平（2010）也发现，有效的制度变迁与经济增长质量之间存在长期均衡关系。然而，从时间维度看，我国的经济转型和制度变迁是在不断推进的，但经济增长质量却在进入新常态以来提升缓慢；从截面维度看，如果转型和制度变迁是重要的，那么经济增长质量和数量应该是同步提高的，不会出现“不一致”性。因此，转型和制度变迁对经济增长的解释是存在缺陷的。

② “财政偏向”激励被定义为地方政府通过牺牲长期（质量）目标换取短期（增长）目标的激励。

③ 早在20世纪80年代，经济学家便注意到转换成本对企业市场竞争所产生的影响。当一名消费者结束当前供应商关系，而转向新的供应商时，转换成本便产生了。根据尹威等（2016）对已有研究的回顾，转换成本可以分为转移成本、学习成本、利益丧失成本、关系丧失成本、不确定性成本和心理成本六类。而从提升增长质量的角度来看，转换成本源于投资的不可逆性（沉淀成本）、学习成本、不确定性成本和利益丧失成本等方面。

质量。与之相对应，当转换成本存在差异时，转换成本越大的地区，通过提升地方增长质量来实现晋升收益的努力水平越小，最终所实现的经济增长质量也越低。因此，转换成本（而不是财政偏向激励）才是提升地方增长质量的关键。这个研究视角不仅可以解释经济增长数量与质量的“不一致”性，还可以分析经济增长质量的地区差异。

3.2 理论模型

在分权和晋升激励的背景下，中央政府和地方政府通过“委托—代理”方式构成提升地方增长质量的主体。由于提升增长质量面临的初始条件存在差异，导致地方政府提升增长质量的转换成本和努力水平也存在差异。那么，在信息不对称的前提下，提升地方增长质量不仅面临“激励”问题，还同时面临“信息”问题。

本章考虑如下经济环境：①中央政府委托地方政府生产 q 单位的经济增长质量，中央政府从 q 单位的经济增长质量中获得效用 $S(q)$，且满足 $S' > 0$，$S'' < 0$；②地方政府提升经济增长质量面临转换成本。其中，转换成本函数 C 被定义为：$C(\theta,e) = \theta eq(\theta,e)$，其中，$\theta$ 和 e 分别为边际转换成本和努力水平；③由于存在信息不对称，中央政府无法观察到地方政府提升经济增长质量的转换成本和努力程度，但以下事实是双方的共识，即 $\theta \in [\underline{\theta},\bar{\theta}]$，$e \in [\underline{e},\bar{e}]$，其累计分布函数为 $F = F(\theta,e)$，概率密度则为 $f(\theta,e) > 0$，且满足 $\frac{\partial f(\theta,e)}{\partial \theta} \leqslant 0$，$\frac{\partial f(\theta,e)}{\partial e} \geqslant 0$ ①；④地方增长质量 q 被定义为 $q = (\theta,e)$；⑤地方政府的效用函数 U 被定义为 $U = U(\theta,e) = t[q(\theta,e)] - \theta eq(\theta,e)$，其中，$t[q(\theta,e)]$ 为地方政府提升经济增长质量的晋升收益。

根据图 3-1 所示，此博弈的时间线为：在阶段 1，地方政府首先获取了提升经济经济增长质量的边际转换成本 θ（构成了地方政府的私人信息）；随后在阶段 2 和阶段 3，中央政府提供一组晋升契约 $[\tilde{t}(q)]$，供地方政府选择；在阶段 4，地方政府根据中央政府提供的激励契约执行努力水平 e，并最终在阶段 5 实现增长质量，进一步获得相应的晋升收

① 这个假定说明：提升经济增长质量的转换成本越大，努力水平越低，实现高质量增长的可能性便越小。

益 $t(q)$ 。

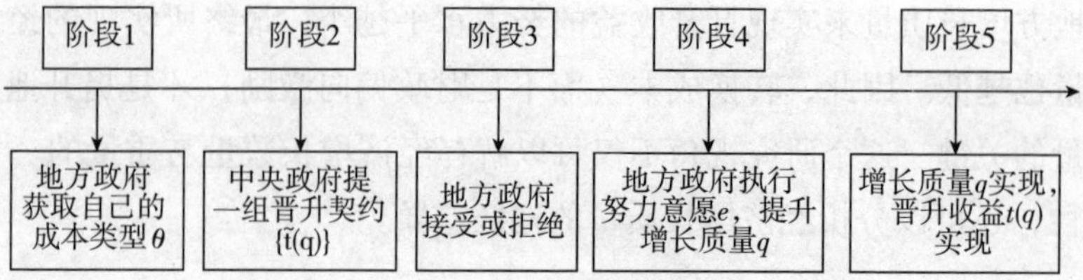

图 3-1　地方政府提升增长质量的博弈结构

在连续情形下，地方政府提升经济增长质量的参与约束可以被表示为

$$U(\theta,e) \geqslant 0 \tag{3-1}$$

假设存在一个真实的显示机制 $\left\{q(\tilde{\theta},\tilde{e}),t(\tilde{\theta},\tilde{e})\right\}$，那么式（3-2）成立，即

$$\left\{\tilde{\theta},\tilde{e}\right\} \in \operatorname{argmax}\left\{t[q(\tilde{\theta},\tilde{e})] - \theta e q(\tilde{\theta},\tilde{e})\right\}\ \forall(\theta,\tilde{\theta}) \in \Theta^2,(\tilde{e},e) \in \Omega^2 \tag{3-2}$$

根据式（3-2），可以解得真实显示机制的一阶条件

$$\begin{cases} \dfrac{\partial t(\tilde{\theta},\tilde{e})}{\partial \tilde{\theta}} - \theta e \dfrac{\partial q(\tilde{\theta},\tilde{e})}{\partial \tilde{\theta}} = 0 \\ \dfrac{\partial t(\tilde{\theta},\tilde{e})}{\partial \tilde{e}} - \theta e \dfrac{\partial q(\tilde{\theta},\tilde{e})}{\partial \tilde{e}} = 0 \end{cases} \tag{3-3}$$

为了使真实的显示机制成为最优的机制，对于所有的 θ 和 e，还必须满足

$$\begin{cases} \dfrac{\partial t(\theta,e)}{\partial \theta} - \theta e \dfrac{\partial q(\theta,e)}{\partial \theta} = 0 \\ \dfrac{\partial t(\theta,e)}{\partial e} - \theta e \dfrac{\partial q(\theta,e)}{\partial e} = 0 \end{cases} \tag{3-4}$$

同时，局部的二阶条件仍然是必要的，即

$$\frac{\partial^2 t(\theta,e)}{\partial \theta^2} - \theta e \frac{\partial^2 q(\theta,e)}{\partial \theta^2} \leqslant 0 \tag{3-5}$$

对式（3-4）求微分，还可以得到：

$$\frac{\partial q(\theta,e)}{\partial \theta} \leqslant 0 \tag{3-6}$$

式（3-6）说明，转换成本对经济增长质量具有抑制作用，转换成本越高，增长质量越低。同时，式（3-4）和式（3-6）构成了一个局部的激励相容约束，它确保了地方政府在局部上会真实显示自己的偏好。利用式（3-3）和式（3-4）还可以证明

$$\left\{t[q(\theta,e)]-\theta eq(\theta,e)\right\}-\left\{t[q(\tilde{\theta},\tilde{e})]-\theta eq(\tilde{\theta},\tilde{e})\right\}=$$

$$\theta[q(\tilde{\theta},\tilde{e})-q(\tilde{\theta},e)]+q(\tilde{\theta},e)(\theta-\tilde{\theta})-\int_{\tilde{\theta}}^{\theta}q(\theta,e)\mathrm{d}\theta\geqslant 0,\quad(3-7)$$

$$\forall\theta\in(\underline{\theta},\bar{\theta}),e\in(\underline{e},\bar{e})$$

这保证了局部的激励相容约束同时还是全局的激励相同约束。因此，式（3-4）和式（3-6）便构成了最终的激励相容约束。

进一步地，我们使用 $U=U(\theta,e)=t[q(\theta,e)]-(\theta+e)q(\theta,e)$ 代替转移支付，局部的激励相容可以被表示为

$$\frac{\partial^2 U(\theta,e)}{\partial\theta\partial e}=-q(\theta,e)-e\frac{\partial q(\theta,e)}{\partial\theta}\quad(3-8)$$

再利用 $U(\bar{\theta},\underline{e})=U(\bar{\theta})=U(\underline{e})=0$，可以解得

$$U(\theta,e)=\int_{\underline{e}}^{e}eq(\theta,e)\mathrm{d}e\ (\text{且满足}\frac{\partial U(\theta,e)}{\partial\theta}\leqslant 0\text{和}\frac{\partial U(\theta,e)}{\partial e}\geqslant 0)\quad(3-9)$$

$$t(\theta,e)=\theta eq(\theta,e)+\int_{\underline{e}}^{e}eq(\theta,e)\mathrm{d}e\ (\text{且满足}\frac{\partial t(\theta,e)}{\partial\theta}\leqslant 0\text{和}\frac{\partial t(\theta,e)}{\partial e}\geqslant 0)\quad(3-10)$$

因此，地方政府的激励相容约束便可以被表示为

$$\begin{cases}\dfrac{\partial^2 U(\theta,e)}{\partial\theta\partial e}=-q(\theta,e)-e\dfrac{\partial q(\theta,e)}{\partial\theta}\\ \dfrac{\partial q(\theta,e)}{\partial\theta}\leqslant 0\end{cases}\quad(3-11)$$

那么，中央政府的优化问题便可以被表述为

$$\max_{\{U(\cdot),q(\cdot)\}}\int_{\underline{\theta}}^{\bar{\theta}}\int_{\underline{e}}^{\bar{e}}\left\{S[q(\theta,e)]-\theta eq(\theta,e)-U(\theta,e)\right\}f(\theta,e)\mathrm{d}\theta\mathrm{d}e$$

$$\text{s.t.}\ \frac{\partial^2 U(\theta,e)}{\partial\theta\partial e}=-q(\theta,e)-e\frac{\partial q(\theta,e)}{\partial\theta}\quad(3-12)$$

$$\int_{\underline{e}}^{e}\frac{\partial q(\theta,e)}{\partial \theta}f(\theta,e)\mathrm{d}e \leqslant 0 \tag{3-13}$$

$$U(\theta,e) \geqslant 0 \tag{3-14}$$

首先利用式（3-12）和式（3-13）求解上述规划问题，构造 Hamilton 函数

$$H(q,U,\lambda,\theta,e) = \left\{S[q(\theta,e)] - \theta eq(\theta,e) - U(\theta,e)\right\}f(\theta,e) - \lambda\left[q + e\frac{\partial q(e,\theta)}{\partial \theta}\right] \tag{3-15}$$

其中，λ 为共状态变量，U 为状态变量，q 为控制变量。

由最优化控制原理，得

$$\dot{\lambda} = -\frac{\partial H}{\partial U} = f(\theta,e)\text{（且满足横截面条件 }\lambda(\underline{\theta},\bar{e}) = 0\text{）} \tag{3-16}$$

对式（3-16）积分，得

$$\lambda(\theta,e) = \int_{\underline{\theta}}^{\theta}\int_{\underline{e}}^{\bar{e}}f(\theta,e)\mathrm{d}\theta\mathrm{d}e \tag{3-17}$$

对 $q(\cdot)$ 求导，则再利用式（3-17），则最优化条件为

$$\frac{\partial S[q^{SB}(\theta,e)]}{\partial q} = \theta e + \frac{\int_{\underline{\theta}}^{\theta}\int_{\underline{e}}^{\bar{e}}f(\theta,e)\mathrm{d}\theta\mathrm{d}e}{f(\theta,e)}\text{（且满足}\frac{\partial q(\theta,e)}{\partial \theta} \leqslant 0\text{ 和 }\frac{\partial q(\theta,e)}{\partial e} \geqslant 0\text{）} \tag{3-18}$$

而在不存在转换成本差异的条件下，最优条件则退化为

$$\frac{\partial S[q^{SB}(e)]}{\partial q} = e + \frac{\int_{\underline{e}}^{\bar{e}}f(e)\mathrm{d}e}{f(e)}\text{（且满足}\frac{\partial q(e)}{\partial e} \geqslant 0\text{）} \tag{3-19}$$

相应的保留效用和转移支付水平为

$$U(e) = \int_{\underline{e}}^{e}eq(e)\mathrm{d}e\text{（且满足}\frac{\partial U(e)}{\partial e} \geqslant 0\text{）} \tag{3-20}$$

$$t(e) = eq(e) + \int_{\underline{e}}^{e}eq(e)\mathrm{d}e\text{（且满足}\frac{\partial t(e)}{\partial e} \geqslant 0\text{）} \tag{3-21}$$

通过式（3-8）、式（3-9）、式（3-20）和式（3-21）可以发现：

（1）在不存在边际转换成本差异的条件下，"激励"问题成为地方增长质量提升的核心问题，地方政府会努力提升经济增长质量，获得晋升收

益。且晋升收益越大，地方政府提升经济增长质量的效用越强，努力水平也越高（$\frac{\partial U(e)}{\partial e} \geqslant 0$ 和 $\frac{\partial t(e)}{\partial e} \geqslant 0$），最终实现的经济增长质量也越高（$\frac{\partial q(e)}{\partial e} \geqslant 0$），即 $t\uparrow \rightarrow U\uparrow \rightarrow e\uparrow \rightarrow q\uparrow$。

（2）如果提升经济增长质量的边际转换成本存在差异，则提升经济增长质量将不仅面临“激励”问题，同时还面临“信息”问题。随着边际转换成本的增大，地方政府提升经济增长质量的转移支付和效用水平减小①（$\frac{\partial U(\theta, e)}{\partial \theta} \leqslant 0$ 和 $\frac{\partial t(\theta, e)}{\partial \theta} \leqslant 0$），从而导致地方政府提升经济增长质量的努力水平较低（$\frac{\partial t(\theta,e)}{\partial e} \geqslant 0$ 和 $\frac{\partial U(\theta,e)}{\partial e} \geqslant 0$），最终导致实现的经济增长质量也较低（$\frac{\partial q(\theta,e)}{\partial e} \geqslant 0$ 和 $\frac{\partial q(\theta,e)}{\partial \theta} \leqslant 0$），即 $\theta\uparrow \rightarrow U\downarrow \rightarrow t\downarrow \rightarrow e\downarrow \rightarrow q\downarrow$。

根据式（3－6）和以上讨论可以发现，转换成本与经济增长质量间成负相关。如果不考虑地方政府提升经济增长质量的转换成本，通过提供晋升收益将提高地方政府提升经济增长质量的努力水平，并最终实现合意的经济增长质量；与之相对应，在转换成本存在差异的前提下，转换成本的差异性决定了地方政府质量激励的“异质性”。随着边际转换成本的增大，地方政府提升经济增长质量的效用水平和转移支付越低，地方政府改善经济增长质量的意愿也越小，最终导致所实现的地方经济增长质量较低。当边际转换成本较大时，充分、有效的激励（晋升激励）也不会提高地方增长质量。

根据以上讨论，本章提出以下可供验证的研究命题：

命题 1：地方政府提升增长质量的转换成本越大，地方增长质量也越低。

命题 2：当转换成本较小时，晋升激励对地方增长质量的促进作用较大；反之，晋升激励对地方增长质量的促进作用较小。

3.3 实证分析

3.3.1 数据和变量定义

本章以转换成本和经济增长质量作为研究对象，通过 2000—2014 年中

① 边际转换成本越大意味着花费相同的努力，实现高水平的增长质量的概率较低，即地方政府提升经济增长质量的风险较高。

国37个地市级的相关数据构造指标①。其中，经济增长质量、转换成本以及控制变量的相关数据来源于2001—2015年的《中国城市统计年鉴》，市委书记和市长的资料来源于人民网的“各地副省级、地级城市（地区、州、县、盟）”领导库资料、信美网的“中国地市领导简历库”、军政在线网的“各地区历任书记库”，以及通过百度、谷歌搜索整理的市级领导简历和地方工作报告整理而得。

表3-1　指标选取、变量定义和具体计算方法

变量性质	变量名称	变量含义	具体计算方法
被解释变量	*Qua*	经济增长质量	钞小静、任保平（2011）
	Ltc	劳动力转换成本	
	Ktc	资本转换成本	施炳展、冼国明（2012）
核心解释变量	*Tc*	转换成本	
	Compe	晋升竞争强度	官员更替比例折算
	Co-getter	晋升激励虚拟变量	虚拟变量，未来没有晋升作为参照组
	Hc	人力资本投资	普通高校人数/总人口
	Gov	政府支出规模	政府支出/GDP
	Highway	交通基础设施	（公路+铁路货运量）总货运量
控制变量	*Indop*	产业结构升级	第三产业产值/第二产业产值
	Ubr	城市化水平	非农人口数/总人口
	Open	开放度	进出口总额/GDP
	Pergdp	人均GDP	人均GDP取对数

具体变量方面（见表3-1），本章选择的解释变量为经济增长质量（*Qua*）。借鉴钞小静、任保平（2011）的核算方法，我们从经济增长的效率、经济增长的结构、经济增长的稳定性、福利变化与成果分配、资源利用和生态环境代价以及国民经济素质6个方面核算经济增长质量。

核心解释变量中，转换成本被定义为地方政府放弃传统增长方式、提升经济增长质量所需要投入的成本。从已有研究来看，转换成本还很难直

① 由于增长质量指标体系的覆盖面较为广泛，我们放弃了从《中国城市统计年鉴》中获取更多样本的努力（一些较小地级市的数据缺失现象比较严重）。尽管如此，本章所选的37个样本覆盖了中国（除港澳台地区和西藏外）绝大多数省份的省会和重要城市。本章所选样本区间为2000—2014年，从2000年开始，也主要是从这个时候开始，增长质量的重要性被逐渐认识并关注。

接进行测度①。但一个不容忽视的事实是，过去 30 年的增长是在要素扭曲、资源存在广泛错配的基础上取得的（张杰等，2011；陈彦斌等，2015）。因此，要素扭曲总是与低质量的经济增长相联系，要素扭曲构成了提升增长质量的重要约束。当地方政府推进要素市场化改革、矫正要素（价格）扭曲和（资源）错配时，地方增长质量将会提高②。于是，地方政府矫正要素扭曲、实现资源合理配置所需支付的成本便构成了转换成本。要素扭曲程度越高，提高经济增长质量的转换成本越大。根据这个理解，本章使用要素扭曲程度间接衡量提升增长质量的转换成本。要素扭曲程度的测量主要来自于要素错配和全要素生产率损失（Heish 和 Klenow，2009 等）的测算框架。限于本章的数据特征，我们借鉴施炳展、冼国明（2012）的做法，采用 C－D 生产函数方法测度地、市级层面的资本、劳动和总的价格扭曲。生产函数法的基本思想是：首先，利用 C－D 生产函数进行回归，得出资本和劳动的边际产出，作为竞争状态下的要素报酬；其次，用利率和工资作为资本和劳动在实际状态下支付的报酬；最后，用资本和劳动的边际产出分别除以利率和工资，最终求得资本和劳动力的价格扭曲指数。具体来说，在 H－K 的框架下，假定生产函数的具体形式为

$$Y_{it} = \mathrm{TFP}_{it} K_{it}^{\beta_{K_{it}}} L_{it}^{\beta_{L_{it}}} \tag{3-22}$$

那么，资本、劳动的边际产出以及全要素生产率便可以用式（3－23）－式（3－25）表示

$$\mathrm{MP}_{K_{it}} = \mathrm{TFP}_{it} \beta_{K_{it}} K_{it}^{\beta_{K_{it}}-1} L_{it}^{\beta_{L_{it}}} = \frac{\beta_{K_{it}} Y_{it}}{K_{it}} \tag{3-23}$$

$$\mathrm{MP}_{L_{it}} = \mathrm{TFP}_{it} \beta_{L_{it}} L_{it}^{\beta_{L_{it}}-1} K_{it}^{\beta_{K_{it}}} = \frac{\beta_{L_{it}} Y_{it}}{L_{it}} \tag{3-24}$$

---

① 转换成本不仅涉及转移成本、学习成本等客观成本，还涉及心理成本等主观成本，因此，对于转换成本的计量还缺乏一致的结论。从已有研究的努力方向来看，更多关于转换成本的测度多是根据消费者转换行为展开，且多采用调查问卷方法，这与本章所阐述的主体还存在一定距离。从本章的分析结果来看，既然要素市场扭曲不利于提高经济增长质量，那么提高增长质量必然要实现从要素扭曲到正确配置的转换。因此，要素市场扭曲的程度越大，矫正要素市场扭曲所要承担的沉淀成本、不确定性成本和利益丧失成本——转换成本便越大。根据这个理解，我们使用要素市场扭曲程度来间接衡量转换成本。

② 从增长质量的过程来看，要素价格扭曲影响要素的使用效率和全要素生产率；从经济增长质量的结果来看，要素价格扭曲不仅抑制创新，制约中国的产业结构升级和二元结构转型（张杰等，2011；王颂吉、白永秀，2013 等），还同时引起了资源环境代价。根据这些理解，我们认为要素市场扭曲是不利于增长质量提高的，矫正要素扭曲对提高增长质量具有促进作用。

$$\ln TFP_{it} = \ln Y_{it} - \beta_{K_{it}} \ln K_{it} - \beta_{L_{it}} \ln L_{it} \tag{3-25}$$

对于 β_{Kit} 和 β_{Lit} 系数的估计，考虑到样本数据的异质性，我们主要将样本数据按地、市进行分类，从而求得37个地、市的资本和劳动的边际生产率。对于资本价格 r_{it}，本章沿用李平、季永宝（2014）的做法，以央行公布的一年期贷款利率为基准，累计每日的利率水平并取算术平均值，求得一年的平均利率。对于劳动价格 w_{it}，本章主要使用的是各年度《中国城市统计年鉴》汇总的工资数据。

于是，在分别计算出资本和劳动力的边际产出 MP_{Kit}，MP_{Lit} 以及资本价格 r_{it} 和劳动价格 w_{it} 后，资本和劳动力价格扭曲及总体扭曲的程度便可被定义为

$$DistK_{it} = MP_{K_{it}}/r_{it} \quad DistL_{it} = MP_{L_{it}}/w_{it} \quad Dist_{it} = DistK_{it}^{\frac{\beta_{K_{it}}}{\beta_{K_{it}}+\beta_{L_{it}}}} DistL_{it}^{\frac{\beta_{L_{it}}}{\beta_{K_{it}}+\beta_{L_{it}}}} \tag{3-26}$$

其中，$DistK_{it}$ 和 $DistL_{it}$ 分别表示资本和劳动的要素价格扭曲程度，$Dist_{it}$ 表示总体要素价格扭曲。

对于另外一个核心解释变量（晋升激励），我们采用晋升竞争强度 *Compe* 和晋升激励虚拟变量 *Co-getter* 两个指标加以反映。

（1）晋升竞争强度（*Compe*）。在中国独特的“晋升锦标赛”模式下，政府官员之间的更换频率是非常高的。更换越频繁，地方官员的晋升压力越大，其越有可能提升经济增长质量。因此，晋升竞争强度是反映晋升激励的一个重要变量。对于地、市级晋升竞争强度变量的构造，我们采用了刘佳等（2012）的研究做法，具体为：对某年某市级政府官员而言，如果该市当年没有发生官员替换，那么该官员感受到的晋升激励竞争强度便可以被表示为当年所在省份市级政府官员更换总人数除以全省市级政府官员总人数；与之相对应，如果该市当年发生了官员更替，则晋升激励强度可以被表示为当年所在省份市级官员更替总人数减去所在市官员更换人数，再除以全省市级政府官员总人数。而从“晋升锦标赛”的激励范围来看，上一级政府均是将下一级政府的党政“一把手”作为激励对象（王贤彬、徐现祥，2008，2010等），故本章构造的样本只考虑市委书记和市长，那么全省市级官员人数应该是该省所辖市的2倍。具体为：假定某省下辖市数量为 N，第 t 年该省下辖的 i 市官员更替人数为 X_{it}，那么在第 t 年该省

下辖的第 i 市官员的晋升激励强度便可以被表示为

$$Compe_{it} = \frac{\sum_{i=1}^{N} X_{it} - X_{it}}{2N}$$

（2）晋升激励虚拟变量（*Co - getter*）。晋升收益的实现需要以实现晋升为前提，因此，我们选取晋升激励虚拟变量进行反映。具体做法为：从某市某年来看，如果当时的政府官员在未来成功晋升，我们便将该市在这一年赋值为1，否则为0。在这里，我们还需要对市委书记和市长的晋升进行界定：当市委书记成为省长、副省长、省委常委和省长助理时，我们视该市委书记成功晋升；当市长成为市委书记、省直部门、直属机构或局负责人时，我们视该市长得到晋升。但需要注意的是，当市长晋升为省人大、政协主席和顾问委员会主任等职务时，这种职务晋升更多是一种“荣誉”肯定（退居二线），故我们视这种情况为没有晋升。

除了核心解释变量，我们借鉴了钞小静、任保平（2014）的标准，从经济增长质量运行条件、运行过程和运行结果 3 个方面分别选取了人力资本 *Hc*、政府支出规模 *Gov*、产业结构升级 *Indop* 和人均 GDP*Pergdp* 等 7 个指标，以控制其他因素对经济增长质量的影响①，各指标的描述性统计结果如表 3 - 2 所示：

表 3 - 2　描述性统计结果

变量名称	均值	标准差	最大值	最小值
Qua	6.5521	10.0921	18.1827	-11.0721
Ltc	5.6423	2.3177	11.7659	2.2011
Ktc	6.1327	3.1841	13.2931	1.0112
Tc	4.5218	3.1623	10.7011	3.2318
Compe	0.4725	0.1819	0.7147	0.2052
Co - getter	0.4214	0.4018	1	0
Hc	0.5874	0.1824	0.7042	0.4923

① 在这里，我们舍弃了金融规模、物质资本投资规模和非国有经济这几个指标，主要是由于这几个变量可以通过要素扭曲影响经济增长质量。除此之外，本章还加入了人力资本、开放度和人均 GDP 这几个变量，其中，加入人力资本的原因是因为其在生产函数中没有体现，人均 GDP 以及开放度这两个指标反映了需求因素对经济增长质量的影响。

续表

变量名称	均值	标准差	最大值	最小值
Gov	0.3128	0.1324	0.4423	0.1512
Highway	0.2832	0.0418	0.3824	0.2172
Indop	0.5421	0.1711	0.6659	0.2012
Ubr	0.1258	0.0273	0.1127	0.0302
Open	0.4216	0.2897	0.7417	0.2629
Pergdp	7.2413	5.8804	18.9217	6.0651

3.3.2 检验模型

(1) 静态面板模型

我们首先构造静态面板模型证明转换成本对经济增长质量的影响，具体为

$$y_{it} = \mu_i + \alpha_i X_{it} + \sum_j \alpha_j \times Control_{jt} + \varepsilon_{it} \tag{3-27}$$

式（3-27）中，y_{it} 为被解释变量（经济增长质量）；μ_i 为不随时间变化的不可观测效应（具体包括固定效应和随机效应两种类型，可以通过 Hauseman 检验判定）；X_{it} 为核心解释变量（转换成本）；$Control_{jt}$ 为影响被解释变量的其他控制变量；ε_{it} 为残差。

(2) 面板门槛回归模型

为了证实晋升激励对经济增长质量的影响，本章利用面板门槛回归模型进行估计，具体为

$$y_{it} = \mu_i + \theta_1 x_{it} I_i(q_i \leqslant \gamma) + \theta_2 x_{it} I_i(q_i > \gamma) + \sum_{j=1}^{n} \alpha_j Control_{jt} + \varepsilon_{it} \tag{3-28}$$

其中，x_{it} 为核心解释变量晋升竞争强度 *Compe* 和晋升激励虚拟变量 *Co-getter*，q_i 为门槛变量转换成本 *Tc*；γ 为门槛值，并将上述样本分割为两组，$I_i(\gamma) = \{q_i \leqslant \gamma\}$ 为指示函数，当 $q_{1i} \leqslant \gamma$ 时，$I_i(\gamma) = 1$，否则为0；θ_1，θ_2 和 α_j 门限值 γ 分别为待估参数。

3.3.3 实证分析

(1) 转换成本与经济增长质量的关系检验

通过构造的指标，本章利用式（3-27）首先检验转换成本与经济增长质量的关系，结果如表3-3所示。

表 3-3 转换成本与经济增长质量的估计结果

	Qua					
	(1)	(2)	(3)	(4)	(5)	(6)
Ltc	-0.4824		-0.2688***		-0.1177***	
Ktc	-0.5174		-0.3392***		-0.2124***	
Tc		-0.6617		-0.5902***		-0.6021***
Hc			0.0274**	0.0413***	0.0102**	0.0117***
Gov			-0.1427***	-0.1067***	-0.1182***	-0.0912***
Highway			0.1423***	0.1321***	0.1288***	0.1255***
Indop			2.2217***	3.2012***	1.1143***	1.0921***
Ubr			0.2017**	0.4421**	0.1022***	0.0988***
Open			-0.0247	-0.0129	-0.0112	-0.0029
Pergdp			0.0821**	0.1207**	0.0332***	0.0127***
L_ Qua			0.2107**	0.2249***	0.1029***	0.1142**
Cons	0.6637	2.1128	1.0521*	-0.8892	1.6728***	5.8209***
时间效应	no	no	no	no	no	No
地区效应	yes	yes	yes	yes	yes	Yes
Within R^2	0.3374	0.4127	0.6638	0.7013		
F Test	100.24***	98.21***	112.08***	101.92***		
Hauseman Test	68.38***	56.25***	70.28***	78.17***		
Sargan Test					24.66 (1.000)	26.29 (1.000)
AR (1) Test					5.8748 (0.0473)	8.2274 (0.0273)
AR (2) Test					0.6738 (0.6122)	0.4299 (0.7911)
估计模型	FE	FE	FE	FE	SYS-GMM	SYS-GMM

注：***、**、*分别代表1%、5%和10%的显著性水平。

为了验证转换成本和经济增长质量之间的关系，本章首先估计了方程（1）和方程（2），通过F检验和Hauseman检验，本章选择了固定效应模型。从模型的估计系数来看，劳动力转换成本 *Ltc*、资本转换成本 *Ktc* 和转换成本 *Tc* 的估计系数均不显著。鉴于此，本章进一步加入控制变量估计了方程（3）和方程（4）（以避免“遗漏变量”引起的“内生性”），反映转换成本3个指标的估计系数在1%的水平上显著为负。最后，为了剔除

"双向因果关系"所产生的内生性，我们加入了地方增长质量的滞后项，并以核心解释变量（转换成本）的滞后一期和二期为工具变量借助GMM模型估计了方程（5）和方程（6）。由于模型中使用了多个工具变量，我们首先利用Sargan检验模型中是否存在"过度识别"问题。Sargan检验的P值为1.00，说明模型中不存在过度识别，故选取的工具变量是较为合理的。AR（1）和AR（2）检验出模型中存在一阶自相关，但不存在二阶自相关，可以接受扰动项无自相关的原假设，说明使用SYS－GMM的估计结果是较为可信的。仔细观察核心解释变量的估计系数，可以发现其在1%的水平上显著为负，说明转换成本对于提升经济增长质量具有阻碍作用（转换成本每增加1个单位，将导致经济增长质量下降0.6021个单位），这说明要素价格的程度越严重，矫正要素价格、提高增长质量的转换成本便越大，进一步导致地方政府提升增长质量的晋升收益和努力程度降低，最终所实现的地方增长质量也较低，即命题1得证。

控制变量的回归结果中，人力资本 *Hc*、交通设施 *Highway*、产业结构升级 *Indop*、城市化水平 *Ubr* 和人均收入水平 *Pergdp* 对地区增长质量的提升具有正向作用。其中，人力资本和交通设施反映了供给因素对增长质量提升的正向影响，人均收入反映了需求因素对经济增长质量提升的正向影响，产业结构升级和城市化水平则反映了结构转型对于增长质量提升的重要意义①。政府支出 *Gov* 对于经济增长质量的提升作用显著为负，更多地说明了政府至今仍然非常重视经济增长的数量而不是质量，其在提升经济增长质量方面仍然扮演着"负面"角色。开放度的系数则不显著，说明长久以来我们的贸易模式仍然没有走出"加工贸易"的模式，其对增长质量的过程和结果均产生了负面影响②。

（2）晋升激励对经济增长质量的门槛效应检验

通过第二部分的分析，本章还发现转换成本的存在，使得晋升激励对提升经济增长质量具有门槛效应，故我们利用式（3－28）进行门槛效应检验。

在估计门槛回归方程前，首先估计门槛值 γ。门槛值的估计方法为"格子搜索法"（Grid Search）。具体做法为：第一步，对计算出的转换成

① 城市化水平也可被认为是需求因素对增长质量的影响。

② 这包括恶化了地区差距和收入差距、制约了产业结构升级和全要素生产率提高等方面。

本（*Ltc*，*Ktc* 和 *Tc*）指标进行升序排列，并忽略到前后 10% 的估计值；第二步，选取经过升序排列后的转换成本指标作为门槛变量，进一步利用式（3－28）进行回归方程估计，并获取其残差；第三步，利用“自助抽样法”（Boostrap）进行门槛效应检验（本章重复次数为 3000 次），借此确定门槛效应是否存在，具体如表 3－4 所示：

表 3－4　门槛效应检验

变量	H_0	H_1	Wald F 统计量	LR 统计量	结论
Compe（*Ltc*）	无门槛效应	1 个门槛	28.471 （0.000）	3.264 （0.027）	拒绝 H_0
	1 个门槛	2 个门槛	16.151 （0.047）	4.832 （0.039）	拒绝 H_0
	2 个门槛	3 个门槛	4.357 （0.364）	20.327 （0.241）	接受 H_0
Co－getter（*Ltc*）	无门槛效应	1 个门槛	30.274 （0.000）	2.673 （0.014）	拒绝 H_0
	1 个门槛	2 个门槛	20.147 （0.007）	5.012 （0.049）	拒绝 H_0
	2 个门槛	3 个门槛	4.661 （0.293）	21.387 （0.258）	接受 H_0
Compe（*Ktc*）	无门槛效应	1 个门槛	23.832 （0.000）	3.081 （0.024）	拒绝 H_0
	1 个门槛	2 个门槛	18.992 （0.031）	4.185 （0.043）	拒绝 H_0
	2 个门槛	3 个门槛	4.263 （0.207）	23.114 （0.276）	接受 H_0
Co－getter（*Ktc*）	无门槛效应	1 个门槛	30.261 （0.000）	1.827 （0.011）	拒绝 H_0
	1 个门槛	2 个门槛	20.364 （0.002）	3.028 （0.020）	拒绝 H_0
	2 个门槛	3 个门槛	6.274 （0.124）	18.326 （0.107）	接受 H_0
Compe（*Tc*）	无门槛效应	1 个门槛	32.118 （0.000）	2.335 （0.014）	拒绝 H_0
	1 个门槛	2 个门槛	18.363 （0.017）	3.442 （0.027）	拒绝 H_0
	2 个门槛	3 个门槛	5.286 （0.188）	21.386 （0.204）	接受 H_0

续表

变量	H_0	H_1	Wald F 统计量	LR 统计量	结论
Co-getter (*Tc*)	无门槛效应	1 个门槛	28.354 (0.000)	2.883 (0.019)	拒绝 H_0
	1 个门槛	2 个门槛	16.254 (0.021)	4.862 (0.038)	拒绝 H_0
	2 个门槛	3 个门槛	2.174 (0.326)	28.669 (0.304)	接受 H_0

通过表 3-4 门槛效应检验可以发现，在转换成本的影响方面，晋升竞争强度 *Compe*、晋升激励虚拟变量 *Co-getter* 和专利申请增长率 ΔIPR 存在明显的门槛效应，说明我们利用面板门槛模型进行估计是较为合理的，门槛效应检验的具体结果如图 3-2 所示：

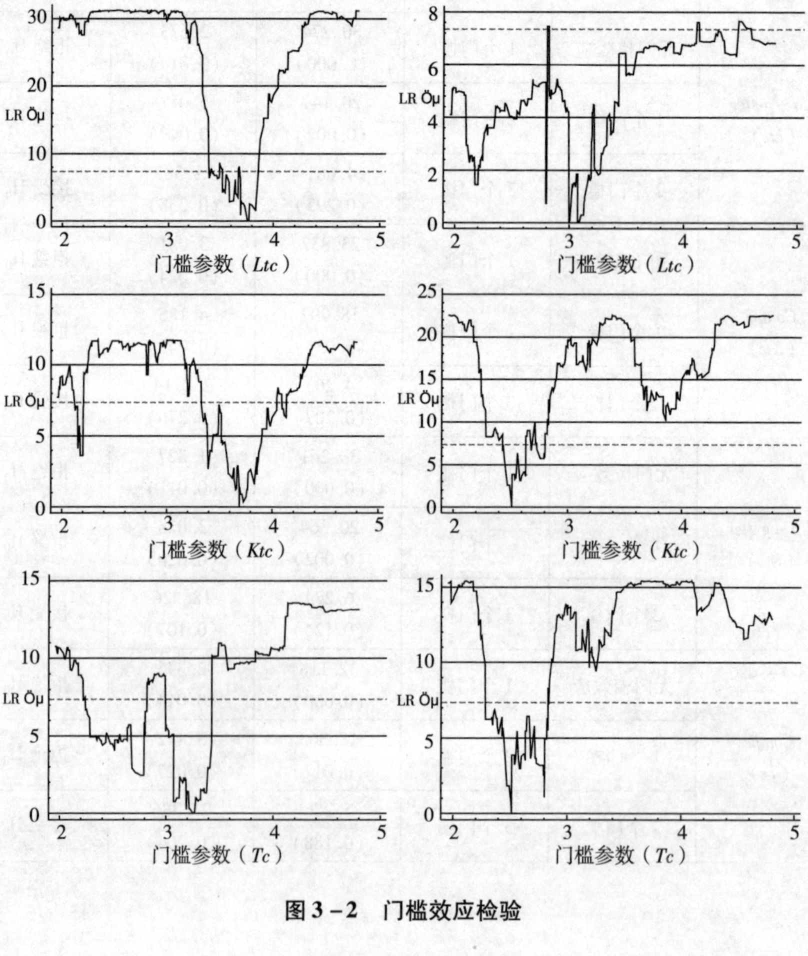

图 3-2 门槛效应检验

具体的门槛估计值为：

表 3－5　门槛估计值汇总

方程	门槛估计值	方程	门槛估计值
(7)	(3.2849，3.8892)	(10)	(2.5062，3.9813)
(8)	(2.8617，4.6602)	(11)	(2.8147，3.2062)
(9)	(2.1207，3.6784)	(12)	(2.7726，2.8462)

在估计出具体的门槛估计值后，便可以得出门槛回归方程，具体为：

表 3－6　门槛回归估计结果

解释变量		被解释变量					
		Qua					
		(7)	(8)	(9)	(10)	(11)	(12)
Cons		4.2157**	3.8824	6.0327**	4.5562	2.0755*	3.0927**
Compe (*Ltc*)	(1.66, 3.28]	0.0145**					
	(3.28, 3.89]	0.0098**					
	(3.89, 5.76]	0.0012					
Co－getter (*Ltc*)	(1.66, 2.86]		0.0217***				
	(2.86, 4.66]		0.0044*				
	(4.66, 5.76]		－0.0621				
Compe (*Ktc*)	(1.72, 2.12]			0.0412***			
	(2.12, 3.68]			0.0261			
	(3.68, 6.89]			0.0172			
Co－getter (*Ktc*)	(1.72, 2.51]				0.0617**		
	(2.51, 3.98]				0.0260*		
	(3.98, 6.89]				0.0041		
Compe (*Tc*)	(1.54, 2.81]					0.0377**	
	(2.81, 3.21]					0.0041	
	(3.21, 6.49]					0.0007	
Co－getter (*Tc*)	(1.54, 2.77]						0.0402***
	(2.77, 2.84]						0.0102*
	(2.84, 6.49]						0.0002

续表

解释变量		被解释变量					
		Qua					
		(7)	(8)	(9)	(10)	(11)	(12)
控制变量	*Hc*	0.0118***	0.0217***	0.0074***	0.0466***	0.0322***	0.0362***
	Gov	-0.1127***	-0.0861**	-0.0634***	-0.0763**	-0.1326***	-0.1626***
	Highway	0.1321**	0.1267***	0.1288***	0.1291***	0.1574***	0.1491***
	Indop	-2.2107**	-1.8417***	-1.0922**	-1.8625***	-1.1721**	-1.2902***
	Ubr	0.4712**	0.4426***	0.3210***	0.2485*	0.3342**	0.2104**
	Open	-0.0217	-0.1402	-0.2041	-0.3329	-0.1414	-0.2012
	Pergdp	0.2351***	0.3608***	0.1728**	0.1092***	0.1720***	0.0684**
时间效应		no	no	no	no	no	no
地区效应		yes	yes	yes	yes	yes	yes
Adj R^2		0.6252	0.6734	0.6966	0.7203	0.7425	0.7108
F Test		80.8214***	90.3067***	68.7774***	72.8819***	60.9802***	65.6573***
Hauseman Test		23.8801***	30.2816***	35.1476***	42.0062***	32.0061***	30.1717***

表3-6列示了晋升激励与经济增长质量的门槛估计结果。我们首先以劳动力转换成本*Ltc*为门槛变量，估计了方程（7）和方程（8），根据估计结果可以发现：当劳动力转换成本较小时，晋升激励强度Compe和晋升激励虚拟变量*Co-getter*的估计系数在5%的水平上显著为正，说明此时提高晋升激励是可以提升地区经济增长质量的；当劳动力转换成本较大时，估计系数虽然仍然显著（但估计精度有所下降），但晋升激励对经济增长的正向促进作用有所下降（*Compe*的估计系数从0.0145减小至0.0098，*Co-getter*的估计系数由0.0217降至0.0044）；当劳动力扭曲程度最大、劳动力转换成本处于最高区间时，即方程（7）的劳动力转换成本高于3.89，方程（8）高于4.66，*Compe*和*Co-getter*的估计系数便不再显著了，这主要是因为当劳动力市场扭曲程度较大时，地方政府要实现既定的质量水平需要付出更多的努力，巨大的转换成本不仅降低了地方政府的收益，还进一步制约了地方政府的努力程度，故晋升激励在此时“无效”。不仅如此，我们还以资本转换成本*Ktc*和转换总成本*Tc*为门槛变量，重复方程（7）和方程（8）的估计，估计系数的变化趋势与方程（7）和方程（8）的变化趋势是相似的［方程（9）-方程（12）］，从而说明当转换成本较大时，

晋升激励对增长质量的促进作用较小；反之，则较大，即命题2得证。

本章的稳健性检验包括两部分：①由于经济增长质量核算体系所涉及的因素较多，本章选择转换成本影响经济增长质量较为直接的几个分指标（包括经济增长效率、生态环境代价和经济结构3个分指标）重复方程(1)-方程（12）的估计过程，核心解释变量的估计系数显著，并证实了本章的研究结论。②官员任期也是晋升激励的一个重要变量（张军、高原，2007等），故本章重复刘佳等（2012）构造官员任期的方法，对官员任期与经济增长质量的关系进行了门槛效应检验，结果发现，当转换成本较低时，较长任期的政府官员更愿意提高经济增长质量；但随着转换成本的增加，官员任期对经济增长质量的正面影响将不再显著①。

3.4 结论及其启示

长久以来，中国经济增长的“高数量、低质量”一直是困扰政府和学术界的棘手问题。从已有研究来看，在充分界定了经济增长质量的理论内涵和核算体系后，尽管我们对经济增长质量低下这一事实有了充分的认识，但引起经济增长质量低下的原因是什么？又应该如何破解现阶段的“质量困局”呢？鉴于此，本章抓住中国地方增长质量数量与质量不一致的特点，从一个新的视角探讨了转换成本与经济增长质量的关系。通过构建理论模型我们发现：转换成本对提升增长质量具有阻碍作用。在转换成本的影响下，晋升激励对经济增长质量还具有门槛效应：当转换成本较大时，晋升激励对经济增长质量的促进作用较小（乃至失效）；反之，则较大。进一步地，我们还借鉴要素错配的框架，通过核算要素错配程度作为转换成本的替代指标，并借鉴钞小静、任保平（2011）的质量评估体系对以上两个研究命题进行了实证检验，结果很好地证明了我们的结论，随后的稳健性分析也说明了本章研究结论的可信性。

本章的研究为分析经济增长质量的制约因素提供了一个逻辑自洽的分

① 本章构造了官员任期的变量。对于任期的测量，我们主要考虑政府官员在担任市委书记或市长时的期限，该官员之前的政府任职履历不被考虑。政府官员更替并没有固定的时间，故为了确保官员与年度数据相匹配，我们参照刘佳等（2012）的做法，认为如果官员在一年中的1—6月份上任，我们将该年记为该官员任职的第一年，如果官员在一年中的7—12月份上任，我们将该年的下一年记为该官员任职的第一年。

析框架，这个框架可以很好地解释中国地区增长数量与质量的不一致性：要素市场扭曲虽然很好地促进了经济增长，但对经济增长质量的提高是不利的。由于地区市场化改革的差异，地区要素市场扭曲的程度也必然存在差异。因此，地区要素市场扭曲的程度越高，转换成本越大，地区增长数量与质量不一致的程度便越高。回顾以往有关经济增长质量的研究结论可以发现，更多的结论通常将“低质量”的增长与经济发展阶段和我国经济发展的转型特征联系起来，认为随着发展阶段的跨越和市场化改革的逐步推进，经济增长质量的提升将是一个自然而然的过程，也同时决定了提升增长质量这一任务的长期性和艰巨性。对于这一理解固然没有争议，但在短期内我们应该做什么呢？从过去的经验来看，用刺激经济增长的方式（晋升激励）来提升经济增长质量仍然是中央政府促使地方政府推进经济增长质量的重要手段。但从本章的研究结论来看，当一个地区的要素扭曲程度和转换成本较大时，晋升收益将会因为巨大的转换成本被“稀释”，这将导致这些地区推进经济增长质量的热情不高，进而使得这一传统的“激励”方式失效。如果政府继续执着于这一方式（不是做对“成本”，而是做对“激励”），我们有理由预见在不远的将来，增长质量也会出现“高者愈高，低者愈低”的质量“分化”趋势，这势必会对我们正在进行的“小康”社会和“现代化”建设造成严重的冲击。除了作对激励外，“供给侧”改革无疑是中央政府从长远着眼提升经济增长质量的又一重要举措，那么如何推进供给侧改革，如何提高供给体系质量和效率呢？依据本章的思路，识别和克服转换成本应该是这一改革的关键。因为只有克服了转换成本，地方政府才有意愿去转变增长方式、提高供给体系质量和效率。据此得出的政策性启示是：识别各地区增长质量的约束条件，降低地方政府（尤其是落后地区）提升经济增长质量的转换成本，提高这些地区的参与热情，才是我们摆脱质量困局、稳步推进“供给侧”改革的关键。

参考文献

[1] Blanchard, O. A. Shleifer. Federalism with and without Political Centralization: China versus Russia[R]. IMF Staff Papers, 2011(48): 171 - 179.

[2] Cai, Hongbin and Daniel Treisman. Did Government: Decentralization Cause China's Economic Miracle[J]. *World Politics*, 2006, 58(4): 505 - 535.

[3] Hsieh, C. T. and P. Klenow. Misallocation and Manufacturing TFP in China and India[J]. *Quarterly Journal of Economics*, 2009, 124(4): 1403 - 1448.

[4] Jin, H., Y. Qian, and B. Weingast, Regional Decent Ralization and Fiscal Incentives: Federalism, Chinese Style[J]. *Journal of Public Economics*, 2005(89): 1719 - 1742.

[5] Li, Hongbin and Li - An Zhou, Political Turnover and Economic Performance: The Incentive Role of Personal Controlin China[J]. *Journal of Public Economics*, 2005, 89(9 - 10): 1743 - 1762.

[6] Lin, J. Y. and Z. Liu. Fiscal Decentralization and Economic Growth in China[J]. *Economic Development and Cultural Change*, 2000, 49 (1): 1 - 21..

[7] Qian, Y. Y. & Xu, C. G. Why China's Economic Reforms Differ: the M - form Hierarchy and Entry/Expansion of the Non - State Sector[J]. *The Economics of Transition*, 1993, 1(1): 135 - 170.

[8] Qian, Y. and Roland, G. Federalism and the Soft Budget Constraint [J]. *American Economic Review*, 1998(77): 265 - 284.

[9] Qian, Y. and Barry, R. W. Federalism as a Commitment Preserving Market Incentives[J]. Journal of Economic Perspectives. 1997(11): 83 - 92.

[10] Y. Qian, G. Roland. Federalism and the Soft Budget Constraint[J]. *American Economic Review*, 1998(88): 1143 - 1162.

[11] 钞小静, 任保平. 中国的经济转型与经济增长质量[J]. 当代经济科学, 2008(2).

[12] 钞小静, 任保平. 中国经济增长质量的时序变化和地区差异[J]. 经济研究, 2011(4).

[13] 钞小静, 任保平. 城乡收入差距与经济增长质量[J]. 财贸研究, 2014(5).

[14] 陈丹丹, 任保平. 制度变迁与经济增长质量[J]. 当代财经, 2010(1).

[15] 陈抗, [以] Arye L. Hillman, 顾清扬. 财政集权与地方政府行为变化[J]. 经济学(季刊), 2002(3).

[16] 陈彦斌, 马啸, 刘哲希. 要素价格扭曲、企业投资与产出水平[J]. 世界经济, 2015(9): 29 - 55.

[17]李平,季永宝. 要素价格扭曲是否抑制了我国自主创新[J]. 世界经济研究,2014(1).

[18]刘海英,张纯. 中国经济增长质量提高和规模扩张非一致性实证研究[J]. 经济科学,2006(2).

[19]刘佳,吴建南,马亮. 地方政府官员晋升与土地财政[J]. 公共管理学报,2012(2).

[20]任保平,魏婕. 中国经济增长中数量和质量的不一致性及其解释[J]. 社会科学研究,2012(3).

[21]施炳展,冼国明. 要素价格扭曲与中国工业企业出口行为[J]. 中国工业经济,2012(2).

[22]王颂吉,白永秀. 城乡要素错配与中国二元经济结构转化滞后:理论与实证研究[J]. 中国工业经济,2013(7).

[23]王贤彬,徐现祥. 地方官员来源、任期、去向与经济增长[J]. 管理世界,2008(3).

[24]王贤彬,徐现祥. 地方官员晋升竞争与经济增长[J]. 经济科学,2010(6).

[25]王永钦,张晏,章元,等. 中国的大国发展道路——论分权式改革的得失[J]. 经济研究,2007(1).

[26]魏婕,任保平. 中国各地区经济增长质量指数的测度及其排序[J]. 经济学动态,2012(4).

[27]魏婕,许璐,任保平. 财政偏向激励,地方政府行为与经济增质量[J]. 经济科学,2016(3).

[28]尹威,刘晓星,唐宝庆. 转换成本理论及其在银行业中的应用研究综述[J]. 金融评论,2016(3).

[29]张杰,周晓艳,李勇. 要素市场扭曲抑制了中国企业 R&D? [J]. 经济研究,2011(8).

[30]张军,高原. 官员任期、异地交流与经济增长[J]. 经济研究,2007(11).

[31]周黎安. 晋升博弈中政府官员的激励与合作:兼论我国地方保护主义和重复建设问题长期存在的原因[J]. 经济研究,2004(6).

4 经济增长阶段演进中我国经济增长数量与质量互动机制的实证分析

4.1 问题的提出

以要素驱动和投资驱动为特征的数量型经济增长方式有效地推进了中国持续30多年的快速经济增长，实现了经济的快速积累。随着人均GDP于2008年首次超过3000美元，中国正式步入中等收入国家行列，但经济增长也开始从高速增长向中高速增长转变，经济增速从2007年的14.2%降至2008年的9.7%，2016年增速为6.7%，2017年上半年GDP同比增长6.9%。从中可以看出，随着要素禀赋结构的变迁与国际经济格局的变化，原有的要素红利和外贸红利逐渐消减，不能继续为新的发展阶段提供持续增长动力，中等收入阶段的中国经济发展面临诸多新的发展挑战。

目前关于中国进入中等收入阶段后经济增速下滑的影响因素分析，主要有以下两个视角：一是以经济增长理论为基础，基于增长机制的视角，认为经济增长速度的阶段性持续下滑是由于经济增长动力的阶段性缺失；二是强调制度变迁对经济增长的影响，认为政府与市场关系的失衡、激励机制和约束机制的失衡、市场失灵和政府双重失灵是导致经济增长速度阶段性下降的根本原因。

在以经济增长理论和生产函数为基础，分析随着经济发展阶段的变迁，要素禀赋结构的变化对经济增长影响的研究中，主要有以下几种观点。一是低收入阶段对中国经济增长有着显著贡献作用的投资驱动力，随着投资主体的转变、资本积累速度的下降，以及投资活动导致的收入分配扭曲和内需不足等结构性问题的制约，其对中等收入阶段的经济增长的贡献有限，甚至会制约经济增长（吴敬琏，2008；中国经济增长前沿课题组，2014；马光远，2014）。二是随着人口结构的变迁、“刘易斯拐点”的到来，中国的劳动力从无限供给转为有限供给，而随着自然环境约束的不断加强，自然资源的环境成本也持续上升，导致中国以低成本劳动力和自然资源为核心的比较优势逐渐削弱，在尚未形成以技术创新为核心的竞争优势的调整期，原有比较优势的削弱是制约经济持续高速增长的关键因素（刘伟，2014；李扬、张晓晶，2015）。三是随着我国经济发展水平的提升，通过技术引进提高全要素生产率的后发优势不断缩小，而有限的创新驱动能力使得中国自主创新水平提升缓慢，技术创新和技术进步速率的放缓，是制约我国经济持续高速增长的根本因素（张德荣，2013；中国经济增长前沿课题组，2014）。除了要素禀赋对经济增长的影响，发展经济学还强调经济结构变迁对经济增长的影响。地区经济差距的不断扩大、工业化与城市化的失衡、过度城市化、诱致性的产业结构变迁等结构性问题，导致的产能过剩、内需不足等供求失衡问题，阻碍了经济增长（张军、陈诗一，2009；中国经济增长与宏观稳定课题组，2008；钞小静，任保平，2011；刘世锦，2014）。此外，学者还从制度环境对经济增长的影响视角，认为滞后的制度创新是阻碍新的发展阶段经济增长的根本原因。一方面，经济体制改革的滞后导致市场机制未能有效发挥对要素配置的决定性作用，不仅降低了生产效率，还制约了经济规模和产业发展（李富强，2008；郑若谷、干春晖；2010；刘世锦，2011；田国强，2015）。与此同时，由于缺乏对市场主体的激励机制，中小企业的发展受到制约，经济增长动力不足。另一方面，不合理的成果分配制度导致了人力资本积累缓慢、企业融资成本过高、资源竞争和环境恶化等问题（李子联，2015），促使社会利益结构趋于固化，形成利益集团，导致动态不平衡，形成长期经济增长的停滞（楼继伟，2010；郑秉文，2011；周文、孙懿，2012）。

经济增长速度的阶段性持续下降，体现了随着经济发展阶段的演进，原有经济增长方式、经济结构以及制度环境已不能满足新的发展要求，导致地区经济无法继续保持规模报酬递增，无法实现经济可持续的增长。关于要素禀赋、制度环境对经济增长影响的文献已有很多，详细地阐述了资源禀赋条件的阶段性变化以及制度环境对经济增长的制约机制，但基于影响因素间的系统性考察及其影响路径探究有限。因此，本章基于中国经济发展的阶段性演进，分析经济增长质量与数量之间的互动机制的阶段性演化，探求中国进入中等收入阶段经济增速阶段性下滑的影响因素，进一步研究中国经济由高速增长阶段转向高质量发展阶段的路径。

4.2 迈入中等收入阶段后地区经济差异化发展的基本特征

依据世界银行2012年的标准，2007年中国人均GNI首次达到3063美元，成功迈入中等收入国家行列，并于2015年达到6470.42美元，顺利进入中高等收入国家行列。尽管中国经济增长速度远高于世界主要经济体，与中高等收入国家的差距也在不断缩小，但迈入中等收入阶段以来，中国经济增长率呈现出大幅波动下滑的态势，尤其是2008年金融危机之后，中国经济增长速度的下降幅度超过了其他经济体增速下滑的程度。这表明随着与发达经济体经济差距的不断缩小，制约经济增长的因素逐渐显现，对新的发展阶段中经济增长速度、增长稳定性以及产出有效性均有不同程度的影响。

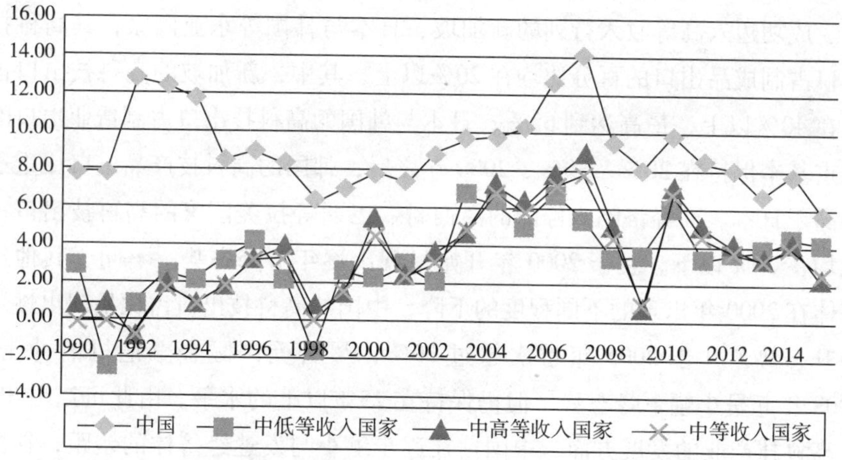

图4-1 全球主要经济体人均GNI年增长率的时序波动

从国际统计数据来看，多数低收入国家都能实现经济的起飞，成功跨越"马尔萨斯陷阱"，迈入中等收入行列，但迈入中等收入阶段以后，各国经济发展态势的差异性逐渐显现。一类是如日本、韩国以及新加坡等东亚新兴国家，在经历了短暂的经济调整期后，能够继续保持经济增长，分别在20世纪60年代和70年代成功迈入高等收入行列。另一类是如巴西、墨西哥等拉美国家，在人均收入达到中等收入水平之后，无法继续维持较快的经济增长，经济长期陷入停滞。因此，基于对一国经济发展中普遍存在的经济发展阶段性问题，本章选择1900年以来已进入高收入阶段并与中国具有相似文化背景的新加坡、日本与韩国等东亚国家，以及与中国一样面临经济下行压力且经济长期陷入停滞的墨西哥与巴西等拉美国家，与中国经济发展进行国际比较分析。

4.2.1 地区产业创新水平的差异化特征

高科技产业是一国以技术创新为竞争优势的重要体现，其发展是以先进的知识技术创新为基础、以企业创新为主体的产品产业创新，强调知识技术创新的成果转换水平。因此，对于开放经济体而言，高科技产业的发展不仅体现了一国的技术创新能力与企业创新活力，还反映了一国经济结构的高级化程度及其在国际产业分工中的竞争优势。一国的高科技产品出口占比越高，表明该地区企业的创新能力越强，产业结构高级化程度越高，具有较高的国际竞争优势。

成功迈入高等收入行列的新加坡、日本与韩国等东亚国家，其高科技出口占制成品出口的百分比均在20%以上，其中，新加坡的高科技出口占比在40%以上，最高达到62%；日本与韩国的高科技出口占制造业出口的比重基本保持在20%~30%，2000年之后，韩国的高科技产品出口比重逐渐高于日本。而经济陷入停滞的墨西哥、巴西等拉美国家的高科技出口占比均在20%以下，且于2000年开始呈现出逐年下降态势。不同于其他经济体在2000年出现的不同程度的下降，中国的高科技出口占比呈现出逐年上升态势，并于2005年首次超过30%，尽管受国际金融危机的冲击，2008年起呈小幅下降态势，但仍保持在25%以上的水平。由此可以看出，在高科技产业的发展方面，中国正在逐步缩小与发达经济体的差距，在国际贸易中逐渐由廉价劳动力与资源的比较优势向以技术创新为核心的竞争优势转变。

典型事实1：经济体在迈入中等收入阶段以后，经济增长可持续性的差异体现为以“技术创新—技术进步—技术扩散”为路径的产业结构变迁的差异。随着要素禀赋和国际贸易环境的变化，以产业创新和产品创新为基础的竞争优势能够为一国经济持续增长提供持久动力，通过创新驱动产

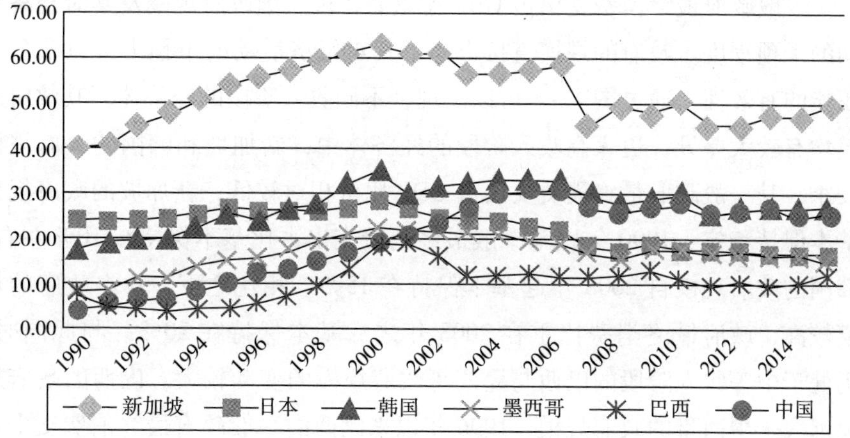

图4-2 代表经济体的高科技出口占制成品出口比重的时序特征

业结构高级化变迁，促进经济体迈入高等收入行列。而以廉价劳动力和自然资源为核心的比较优势，会随着要素红利和全球化红利的减弱，逐渐失去对经济增长的推动力，在国际产业分工中的“低端锁定”更加剧了经济体抵御经济危机的风险，导致经济增长的稳定性欠佳，制约了经济增长的可持续性。

4.2.2 地区制度变迁路径的差异化特征

制度变迁的过程是为了有效促进不同发展阶段经济增长而不断进行的制度调整与制度创新。不同发展阶段对市场机制和政府职能的需求有所差异，适宜发展阶段要求的制度环境，需要调整激励机制和约束机制，提高经济增长的收益，降低经济增长的代价。有效的激励机制能激发经济主体的活力，提高经济活动的效率；有效的约束机制不仅能降低交易成本，减少市场失灵和负外部性，还能通过规范政府职能，降低政府失灵，减少经济增长的代价。制度变迁可以被视为政府与市场关系的调整过程，具体表现为市场机制的完善程度以及政府职能的规范化。有效的市场机制不仅能够通过要素的自由流动提高要素的配置效率和产业结构的升级，还能通过完善市场主体，提高企业自主决策水平，培养企业的创新能力，提高全要素生产率水平。规范的政府职能不仅能有效弥补在创新、环保等市场的缺失，缓解市场失灵带来的经济增长效率损失，还能通过完善的教育、医疗、社会保障体系，全面提高国民素质，培育经济增长潜力。

一般政府最终消费支出占 GDP 比重能体现一国政府规模及其对经济活动的干预程度。政府的规模直接影响了其对经济活动的干预力度以及公共职能的有效性。通过图 4－3 可以发现，不同收入阶段的经济体，其政府规模均有较大差异。迈入高收入阶段的经济体中，新加坡和韩国的政府规模较小，其一般政府最终消费支出占 GDP 比重相对较低，新加坡的政府规模基本保持稳定，1990 年以来一般最终消费支出占比基本保持在 10% 左右，韩国的政府规模自 2008 年起基本保持在 15%。相比之下，日本政府的规模较高，政府最终消费比重在 2008 年之后基本保持在 20%。与此同时，仍处于中等收入阶段的巴西与墨西哥政府规模的变动较大，巴西的政府规模远大于墨西哥的政府规模，1996 年以来巴西的一般政府最终消费支出占比基本保持在 20%，而墨西哥的一般政府最终消费支出占比保持在 10% ~ 13%。相较而言，中国的政府规模也存在较大波动，自 2000 年之后，政府规模不断下降，2008 年之后基本稳定在 14% 左右。这表明，对于不同发展阶段、不同资源禀赋和产业结构的国家而言，政府与市场的关系具有显著差异，政府规模对经济增长存在多重影响机制。有学者认为政府公共支出规模的扩张能够提供大量公共物品和服务，有效改善投资环境，促进经济增长，政府规模的扩张具有增长效应和溢出效应，能有效缓解各种市场失灵、促进经济增长（高彦彦等，2011），但也有学者认为，公共支出会对私人投资产生挤出效应，不仅会加重企业负担，还会滋生寻租行为，损害经济效率（杨子晖，2011）。因此，一国的政府规模对经济增长的影响并不具有显著的负效应，较大的政府规模并不一定会制约经济的增长，较小的政府规模也并不能有效促进经济增长。

典型事实 2：经济体迈入中等收入阶段后，经济增长的可持续性的差异，体现为以政府与市场关系变迁为特征的制度环境的差异。能够随着发展阶段变迁，有效地调节政府与市场的关系，有效发挥激励机制与约束机制对提高增长效率和降低增长代价的协调作用。通过市场机制保障要素配置效率，发挥有效的政府职能弥补市场失灵，培育并释放增长潜力，进而促进经济体迈入高等收入行列。而不符合发展阶段要求的政府规模，不仅不能通过有效的宏观调控和经济政策保证经济平稳增长，还会导致市场与政府的双重失灵，增加经济增长的代价，制约经济增长可持续性的发挥。

技术进步水平和产业结构反映了要素配置效率及配置结构，政府规模

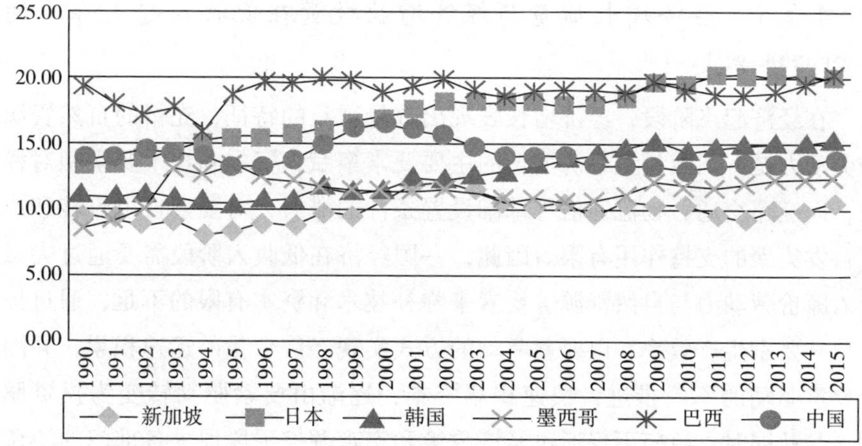

图4-3 代表经济体的一般政府最终消费支出占GDP比重的时序特征

注：上述代表国家的数据来源于世界银行数据库。

反映了市场机制的有效程度以及经济增长成果的有效性。因此，以技术进步为基础的产业结构变迁和以政府与市场关系为基础的政府规模等方面的差异化特征是迈入新的发展阶段经济体发展差异的具体体现。由于技术进步是提高狭义经济增长质量的重要内涵，而制度环境是保障经济增长过程稳定性和增长成果有效性的重要基础，技术进步与制度变迁决定了经济增长的收益和代价。可以看出，以技术创新和制度变迁为核心的经济增长质量对经济增长数量积累具有重要的反馈意义。

4.3 经济增长速度阶段性下滑的机理分析及理论假设

根据上一节针对迈入中等收入阶段后各国经济在技术创新和制度环境方面的差异，随着发展阶段的变迁，技术进步与制度变迁路径的差异会对经济增长带来不同的反馈机制。从经济发展过程来看，技术进步是突破生产可能性边界、实现规模报酬递增、提升经济增长效率、保持经济增长动力的关键，制度变迁则是保持市场活力和生产效率、降低交易成本和生态环境代价、培育和释放经济增长潜力的关键。协同互促的技术进步与制度变迁的协同演进是提高经济增长质量的根本路径，并会影响经济增长质量与经济增长数量间的互动机制。

4.3.1 经济增长质量与经济增长数量在低收入起飞阶段的协同演进要求

在经济起飞阶段，经济增长表现出数量增长的特征，充裕的自然资源和劳动力是一国数量型经济增长的主要要素禀赋，资本和技术要素相对稀缺，而道路交通、物流通信等基础设置条件的滞后，对要素自由流转和产业自发集聚的支持作用有限。因此，一国经济在低收入阶段需要通过大量投入廉价劳动力与自然资源等要素来弥补技术和资本有限的不足，通过提高单一要素生产效率，以要素驱动的方式实现经济数量的迅速积累，并随着要素驱动的不断推进，快速积累资本，逐渐由要素驱动转变为投资驱动。与此同时，政府不仅通过经济政策和宏观调控手段促进各部门的协调发展，还作为经济活动的直接参与者，利用资源能源等要素的所有权，诱致有限要素的流转和集聚，推进产业结构的变迁，通过非均衡发展的路径推进经济增速的提高。

因此，由于低收入起飞阶段创新要素有限，质量型增长的要求不明显，企业创新动力不足，产、学、研间的协调机制尚未健全，一国经济要在充分发挥要素驱动和资本驱动的基础上实现数量型增长，强调发挥后发优势，通过直接引进先进技术和引入外资等方式，有效弥补技术要素不足的缺陷，提升全要素生产率，加速缩短与发达经济体之间的差距。同时，在构建国家创新体系、培养自主创新能力方面，由于企业的创新能力有限，创新成本和风险较高，在经济发展的低收入起飞阶段，要以政府为主要创新主体，为产、学、研等多元主体的创新活动提供条件和环境，注重科技创新能力，科技成果转化率有限，依靠创新成果扩散推动产业结构变迁的能力不足。与此同时，由于在经济起飞阶段，要素市场和产品市场尚未健全，为了弥补市场机制的缺失，要注重发挥政府对微观经济活动的直接干预，强调激励机制对释放市场活力的作用，忽视约束机制对降低市场失灵的贡献。

假说1：在经济发展的低收入起飞阶段，依靠要素和资本驱动数量增长，发挥后发优势，通过技术引进提高全要素生产率的经济增长动力机制，注重政府经济职能的作用，强调激励机制的制度环境。政府主导的非均衡发展路径有效地释放了经济增长潜力，为低收入阶段经济的迅速增长提供了有力的支持，是实现经济起飞的关键。

4.3.2 经济增长质量与经济增长数量在中等收入阶段的协同演进要求

进入中等收入阶段以后，一国的国民经济体系得到初步完善，基础设施条件和国民素质均有显著提升，但发展初期的人口红利和资源红利逐渐消耗殆尽，资源环境约束也不断加强，使得初期依靠要素和资本驱动的粗放式增长方式难以为继。随着与发达经济体经济发展差距的不断缩小，模仿创新的空间不断缩小，通过发挥后发优势、通过技术引进的技术进步路径已经不能为经济增长和经济赶超提供充足的动力支持。数量追赶的道路已经走到尽头，需要从数量追赶向质量追赶转变。与此同时，市场机制和市场主体的逐渐完善，削弱了政府对微观经济活动的直接干预能力。

因此，进入中等收入阶段后，追求质量成为经济增长的主题，随着要素驱动力和资本驱动力的衰减，需要以技术进步和制度变迁为路径，协同发挥创新驱动力，通过提高经济增长质量释放更多的经济增长潜力，形成新阶段的经济增长动力机制。因此，为了突破生产可能性边界，实现规模报酬递增，一国需要构建以企业自主创新为核心的国家创新体系，加强产、学、研之间的协同创新机制，保障知识、技术、产品以及产业创新等各创新环节间的转化效率，通过创新在产业、区域间的扩散，促进产业结构合理化、高级化以及地区间的协同发展，支持技术创新和产业创新，为中等收入阶段经济的质量型增长提供动力机制。此外，要素自由流动和有效配置是创新驱动机制的前提，健全的要素市场价格体系是形成企业自主创新能力的基础。因此，需要有效发挥市场机制在要素配置中的决定性作用，纠正政府职能的失位和错配，减少政策诱致对企业生产决策的影响，形成以市场机制为基础的企业创新激励机制，扩大政府对基础创新领域的投入，弥补市场机制在创新领域的缺失，通过构建有效的风险保障机制和产权保护机制，降低企业的创新风险，保障企业的创新利润。并通过完善约束机制和生态补偿机制，降低经济增长的代价和市场竞争的负外部性，以公平、有效的成果分配机制和公共服务水平，全面提高经济增长成果的有效性和全面提升国民素质，培育人力资本、技术创新等新要素，通过调整技术进步和制度变迁的路径，有效提升经济增长质量，释放更多的经济增长潜力，发挥经济增长质量对数量积累的支持作用。

假说2：进入中等收入阶段，利用以企业自主创新能力为核心的国家创新体系，通过创新驱动促进全要素生产率的提高，提高经济增长质量。以市场机制为主，辅之以政府的间接调控保障的制度环境，市场主导的均衡发展路径不仅提高了中等收入阶段经济增长的效率，提高了经济增长的稳定性，还保障了经济增长成果的有效性，降低了经济增长的成本，通过经济增长质量的提高为新的发展阶段提供了持久的动力机制。

假说3：技术进步与制度变迁的路径以及之间的协同机制会随着发展阶段的变迁不断演化，如果低收入起飞阶段的技术进步与制度变迁的路径在中等收入阶段未能及时调整，则形成的路径依赖会制约新阶段的经济增长。

4.4 实证分析

基于上一节关于技术进步与制度变迁的阶段性不同发展阶段路径差异及其对经济增长影响机理的假设，本节基于动态面板数据，分析不同经济发展阶段，技术进步与制度变迁对经济增长的影响特征以及其之间的相互影响机制，寻求现阶段中国经济增速下滑的影响因素。

4.4.1 变量定义及数据选取

本章选取1996—2015年中国（不包括西藏和港澳台地区）30个省份的面板数据为研究对象。在模型的被解释变量选择上，本章选择实际GDP增长率作为经济增长数量的衡量变量。在核心解释变量方面，为了反映技术进步与制度变迁的情况，本章选取TFP变动率反映技术水平，选取地区非国有工业企业产值占比反映地区非国有化程度体现制度变迁。其中，采用DEA方法，以真实GDP为产出，以就业人口和资本存量为投入，利用Malmquist指数测度计算出各省份1996—2015年的TFP变化率。此外，借鉴经典研究文献的做法，本章分别选取了工业化程度、人力资本、投资增长率、城市化率、地区开放程度以及政府规模等作为控制变量，其中，人力资本采用以5种受教育程度测算的实际人力资本，数据源于《中国人力资本报告》（李海峥，2016）。具体变量的定义和计算方法以及描述性统计量分别如表4-1和表4-2所示。从各变量的均值、标准差、最大值和最小值来看，各变量所呈现出的省级差异较大。

表 4-1 数据变量的定义和计算方法

变量性质	变量含义	变量名	具体计算方法
被解释变量	经济增长的速度	DGDP	地区国内生产总值指数-100
解释变量	技术进步	TFP	全要素生产率
	非国有化程度	NSO	地区非国有工业企业产值占工业增加值比重
门限变量	人均 GDP	PGDP	地区国内生产总值/年末人口数
控制变量	工业化程度	IND	非农产业增加值/地区生产总值
	人力资本	HR	5 种受教育程度测算的实际人力资本
	投资增长率	FAR	地区经济固定资产投资增加额/上年地区经济固定资产投资额
	城市化率	UBR	城市非农人口数/地区总人口数
	地区开放程度	OPEN	地区进出口总额/地区生产总值
	政府规模	GOV	地区一般政府财政支出/地区生产总值

表 4-2 变量的统计特征

变量	平均值	标准差	最小值	最大值
DGDP	11.035	2.476	3	23.83
TFP	0.9992	0.357	0.88	1.14
NSO	0.543	0.207	0.101	0.906
PGDP	23177.17	20956.43	2048	107960
IND	0.854	0.082	0.62	1
lnHR	8.179	1.000	4.977	10.384
FAR	0.174	0.103	-0.29	0.68
UBR	0.469	0.159	0.21	0.9
OPEN	0.292	0.381	0.026	2.751
GOV	0.184	0.214	0.05	4.95

注：样本区间为 1996—2015 年。

4.4.2 检验模型

由于本章的经验检验是建立在面板数据模型的基础上，面板数据模型为

$$Y_{it} = C + \beta_i \times Gexpenditure_{it} + \sum_j \alpha_j \times Control + \mu_{it}^*$$

其中，Y_{it}是被解释变量，代表地区真实经济增长率；下标 i 和 t 分别代表第 i 个省份和第 t 年；*Genpenditure* 代表核心解释变量——技术进步和制度

变迁；*Control* 包含城市化率、工业化率、开放程度等一系列控制变量；$\mu_{it}^* = \gamma_i + \mu_{it}$，$\gamma_i$为个体效应，$\beta_i$ 和 α_j 为待估参数。

在对面板进行估计时，首先要根据 Hausman 结果来确定是固定效应还是随机效应模型，主要检验结果支持固定效应模型。另外，考虑到模型的内生性问题，采用 Blundell 和 Bond（1998）提出的系统广义矩估计进行分析。SYS－GMM 估计的有效性依赖于模型中工具变量的有效性和残差差分项不存在高阶序列相关的分析，根据已有文献研究，本章通过 Hansen 和 AR（2）检验进行判断。

表 4－3　固定效应模型和 SYS－GMM 估计结果

解释变量	被解释变量：经济增速（PGDP）						
	固定效应模型估计			SYS－GMM 估计			
	(1)	(2)	(3)	(4)	(5)	(6)	(7)
L. REGDP				0.866*** (18.02)	0.327*** (3.11)	0.364*** (2.91)	0.440*** (4.82)
TFP	16.237*** (5.33)	21.696*** (8.97)	21.616*** (9.62)	34.615*** (9.54)	23.555*** (3.04)	24.563** (3.74)	23.02*** (3.88)
NSO	3.661*** (4.87)	2.984*** (4.47)	2.952*** (4.49)	−0.938 (−1.13)	−3.506* (−1.93)	−3.944 (−2.20)	−2.322 (2.40)
IND		15.852*** (6.34)	15.976*** (6.69)		17.33*** (2.67)	10.53 (1.62)	
LNHR		0.071 (0.22)			1.144** (2.28)	1.055** (2.02)	1.214** (2.42)
FAR		14.401*** (20.79)	14.432*** (21.14)		14.484*** (5.66)	14.643*** (6.49)	13.709*** (6.75)
UBR		−6.681** (−2.67)	−6.121*** (−3.50)		−5.186 (−1.05)		
GOV		0.144 (0.29)			−0.830 (−0.042)		
OPEN		0.081 (0.12)			0.256 (0.16)		
常数项	−7.177** (−2.28)	−25.806*** (−7.22)	−25.45*** (−8.79)	−32.706*** (−9.22)	−38.464** (−4.04)	−35.751*** (−4.16)	−28.042** (−3.41)

续表

解释变量	被解释变量：经济增速（PGDP）						
	固定效应模型估计			SYS-GMM 估计			
	(1)	(2)	(3)	(4)	(5)	(6)	(7)
R^2	0.073	0.536	0.536				
F 检验	22.26***	81.16***	130.37***				
Hausman 检验 P 值	5.87 (0.118)	38.87 (0.000)	31.05 (0.000)				
AR（2）				0.081	0.310	0.375	0.155
Hansen 值				0.449	0.317	0.456	0.467

注：①样本区间为1996—2015年；②括号中的数值为z值；③***、**、*分别表示在1%、5%和10%的统计意义上显著；④AR（2）和Hansen是二阶序列相关和工具变量有效性的P值。

4.4.3 估计结果及解释

从表4-3的估计结果可以看出，第一，由于中国全要素生产率的增长源于技术效率的提高（颜鹏飞、王兵，2004；王志刚、龚六堂，2006），代表技术进步的全要素生产率对经济增长速率具有正向作用，从整体方程(1)-(7)来看，无论是固定效应模型还是SYS-GMM均显著，并且影响权重最大，相关系数均高于制度变迁的影响。这与王志刚、龚六堂(2006)，赵志耘（2011）等的研究结论相一致。因此，技术进步对中国经济增长速率有着显著的促进作用。第二，代表制度变迁的非国有化程度在固定效应模型中与经济数量呈显著的正相关。但在SYS-GMM模型中估计值为负且不显著。这反映出以非国有化程度变迁为代表的制度变迁对经济增也具有一定的正向作用，但是作用机理不稳定，存在较大的不确定性。这与王文举（2007），樊纲、王小鲁（2011）等关于市场化对经济增长贡献的研究结论基本吻合。尽管市场化改革可以通过完善市场主体、提高要素配置效率，促进长期的经济增长，但改革成本也会给经济增长带来一定的效率损失，特别是地方财税体制的改革、市场主体多元化的改革等对原有利益集团的调节会形成一定的改革阻力，对经济增长产生一定的制约(周业安、章泉，2008；樊纲、王小鲁，2011；吕朝凤，2016)。

其他控制变量中，投资增长率、工业化程度以及人力资本均对经济增长呈显著的正向作用，其中投资增长率对增长速率的贡献最大，约为

14%，这与中国经济增长的投资驱动特征相符合。资本投入是中国经济增长持续、稳定的主要来源（吴敬琏，2006；佘泳泽，2015），但随着经济的增长，人均收入的提高和产业结构升级以及对外贸易变化都有可能降低投资拉动经济增长的效应（蔡文龙，2015）。其次是工业化体现的经济结构变迁对经济增速的贡献为10%～17%，雷钦礼（2007）的研究表明工业化水平的提升也对经济增长具有显著的推进作用。而工业化程度对经济增长速率的影响小于技术进步但大于制度变迁的影响，也体现了随着市场化程度的提高，产业结构变迁对经济增长的贡献呈不断缩小趋势，逐渐让位于技术进步（刘伟、张辉，2008），产业结构的升级无论是在增长质量的改善还是在经济增长的边际贡献上都高于经济制度变迁（刘元春，2003）。人力资本对经济增长速率的贡献较低，这与杨建芳（2006）、杜伟（2014）的实证分析结论相一致，虽然人力资本积累对经济增长的边际贡献较大，但物质资本积累速度较快，并且人力资本主要通过技术创新、技术模仿间接作用于经济增长导致人力资本对经济的贡献能力较弱，对经济增长的直接作用效果不显著。此外，对外开放程度对经济增长具有统计上不显著的正向作用，这主要受中国在国际贸易中长期发挥以廉价劳动力、资源要素为比较优势，长期处于低附加值的国际产业分工地位的制约，使得中国抵御全球经济危机的风险较弱，对外贸易战略对经济增长的影响机制有待进一步完善。同时，政府规模与城市化对经济增长具有反向作用，尽管统计上不显著，但也体现了我国政府规模对经济增长速率具有一定程度的约束作用。而城市化与工业化的失衡、过度城市化等经济结构调整问题也限制了经济增长的数量积累。

因此，从动态面板模型可以看出，表现为技术进步和制度环境的经济增长质量对经济数量的积累有显著的正向作用，通过释放经济增长潜力、构建有效的经济增长动力机制，有力地推进了中国从低收入阶段成功迈入中等收入阶段。

4.4.4 基于面板门限模型的稳健性检验

为了进一步反映经济增长质量对经济增长数量影响机制的阶段性变化，本章采用面板门限回归模型，估计技术进步、制度环境与经济增长速率的非线性关系。选择衡量发展阶段的人均 GDP 作为门限变量，考察上述解释变量的门限效应。首先，检验门限效应的存在性，并在此基础上构建

面板门限效应的估计模型。面板门限构建基于 Hansen（1999）等对面板数据门限模型的修正，基本方程为

$$y_{it}=\mu_i+\beta_i' x_{it} I(q_{it}\leqslant\gamma)+\beta_2' x_{it} I(q_{it}>\gamma)+e_{it}$$

其中，q_{it}为标量；x_{it}为K维向量；$e_{it}\sim \text{iid}(0,\sigma^2)$；$\gamma$为未知门槛；I（·）为指标函数，可以表示为

$$y_{it}=\begin{cases}\mu_i+\beta_1' x_{it}+e_{it}, & q_{it}\leqslant\gamma\\ \mu_i+\beta_2' x_{it}+e_{it}, & q_{it}>\gamma\end{cases}$$

样本观察值被分为两个区域，当$q_{it}\leqslant\gamma$时，I（·）=1；反之为0。可以得出误差平方和。门槛值则是根据使方程和取最小的γ来确定。

在实际估计门限值时，通常的做法是运用“格子搜索”寻找。于是首先对人均 GDP 进行升序排列，并根据 Hansen（2000）忽略掉前后各约10%的观测值。其次，选择人均 GDP（PGDP）为门限值，逐一对模型进行估计，并获取其残差。最后利用残差平方和最小原则找到门限估计值后，再利用自助抽样法模拟似然比检验统计量及其临界值，以进一步检验是否存在门限效应，具体结果如表 4－4 所示。

表 4－4　人均 GDP 为门限效应检验

变量	模型	Wald F 值	P 值	结论
人均 GDP	单一门限	61.69	0.000	拒绝原假设
	双重门限	28.68	0.066	拒绝原假设
	三重门槛	15.28	0.468	接受原假设

注：在确定了具体的门限值之后，本章利用 stata14 进行面板估计，具体结果如表 4－5 所示。

以人均 GDP 为门槛变量，搜索到第一个门限值为 33969，其对应的残差平方和达到最小，且得到的 F 统计量的 P 值为 0.000，拒绝无门限效应的原假设，表明门限是真实有效的。于是，先固定第一个门限值，然后再寻找第二个门限变量，得到相应的门限值分别为 32001 和 50160，其对应的残差平方和也最小，进行门限检验，得到的 F 统计量的 P 值为 0.066，依然小于 0.1，拒绝原假设，接受双重门限的存在。进一步进行三重门限检验，得到的 F 统计量的 P 值为 0.468，大于 0.1，因此，接受原假设，拒绝三重门限的存在，门限模型为双重门限模型，所得结果如表 4－5 所示。

表 4 – 5　面板门限的估计结果

解释变量		被解释变量 DGDP（地区经济增长率） (1)	(2)	(3)	(4)	(5)
常数项		−29.444 * * * （−8.53）	−30.727 * * * （−9.10）	−4.465 * * （−2.29）	−3.015 * * （−2.23）	−25.736 * * * （−3.71）
TFP	（2048，32001]	19.646 * * * （8.50）	20.765 * * * （9.33）			16.714 * * * （2.59）
	[32001，50160]	21.203 * * * （8.28）	22.273 * * * （8.95）			18.255 * * * （2.72）
	（50160，107960]	16.726 * * * （6.18）	18.223 * * * （7.08）			14.801 * * （2.20）
NSO	（2048，32001]	3.982 * * * （6.20）	3.967 * * * （6.18）			3.891 （0.29）
	[32001，50160]	−0.220 （−0.16）	−0.058 （0 −0.04）			−3.475 * * （−2.40）
	（50160，107960]	3.788 * （2.029）	3.390 * （1.68）			9.739 （0.69）
TFP × NSO	（2048，32001]			4.394 * * * （6.71）	4.232 * * * （6.79）	0.340 （0.03）
	[32001，47377]			2.048 * * * （2.94）	1.950 * * * （3.07）	33.831 * * （2.39）
	（47377，107960]			0.147 （0.19）	0.1809 （0.27）	−6.968 （−0.48）
控制变量	IND	9.920 * * （3.98）	9.429 * * （3.80）	10.357 * * * （4.07）		1.571 * * * （2.60）
	LNHR	1.351 * * * （3.57）	1.460 * * * （3.91）	0.384 （1.15）		1.046 * * （16.21）
	FAR	12.153 * * * （17.58）	12.349 * * * （18.09）	11.786 * * * （16.38）	12.933 * * * （18.74）	11.842 * * * （16.21）
	UBR	−5.653 * * （−2.20）	−5.907 * * （−2.30）	−1.742 （−0.70）	−10.160 * * * （−5.53）	4.714 * * （2.05）
	OPEN	1.155 * （1.77）		2.385 * * * （3.66）		1.644 * * （0.015）
	GOV	−0.583 （−1.24）		−1.196 * * （−2.49）		−6.090 * * * （−3.08）
Adj − R^2		0.593	0.598	0.553	0.552	0.537
F 检验值		67.72 * * *	83.35 * * *	77.08 * * *	99.04 * * *	72.27 * * *

注：①样本区间为 1996—2015 年；②＊＊＊、＊＊、＊分别表示在 1%、5%和 10%的统计意义上显著。

从以上回归结果看，判定系数 Adj－R^2 介于 0.5～0.6，说明模型解释力度较强。同时从回归系数来看，核心解释变量均存在较为明显的门限效应，表明技术进步与制度变迁对经济增长速率有着显著的阶段性差异。通过进一步分析发现，人均 GDP 达到 32001 元（约 5136 美元）、50160 元（约为 8050 美元），分别为技术进步与制度变迁作用的两个拐点。一般来讲，人均 GDP 达到 3000 美元，约为 18600 元人民币，即跨入中等收入国家行列，根据世界银行的统计数据，2010 年中国人均国内生产总值达到 4400 美元，进入中等偏上收入国家的行列。

可以看出，以全要素生产率为代表的技术进步对经济增长在各发展阶段均具有显著的正向作用，TFP 对经济增长的贡献呈先增加后减弱的趋势，当人均 GDP 小于 32001 元（约为 5063 美元）时，TFP 对经济增长率的贡献约为 20%，即在由低收入阶段向中等收入跨越的过程中，TFP 的贡献较大。但在 32001～50160 元阶段，即进入中高等收入国家后，TFP 的贡献增至 22% 左右。但在人均 GDP 达到 50160 元后，TFP 的贡献有所减弱，约为 17%。在制度变迁方面，市场化改革对经济增长率的贡献也具有显著的阶段性变化，当人均 GDP 小于 32001 元（约为 5063 美元）时，市场化改革对经济增长率的贡献约为 4%，仅为 TFP 贡献率的 1/5，但在 32001～50160 元阶段，即进入中高等收入阶段后，市场化改革对经济增长呈不显著的微小负相关关系。但在人均 GDP 达到 50160 元后，其对经济增长又呈现出显著的正向作用，但是贡献率降至 3.4% 左右。这表明技术进步与制度变迁对经济增长的贡献机制随着经济发展阶段的变迁而变化。总体来看，技术进步的贡献率高于市场化改革下制度变迁对经济增长速率的影响，在由中等收入阶段向中高等收入发展发展的过程中，TFP 对经济增长速率的贡献显著提升，而市场化改革却产生了一定的约束机制。从技术进步与制度变迁交互项的门限变化情况来看，人均 GDP 达到 32001 元和 47377 元，分别是两个拐点。总体来看，TFP 和市场化改革的交互影响对经济增长速率呈显著的正向作用，但随着经济速率的下滑，技术进步与制度变迁之间的正向反馈机制也逐渐缩小。魏枫（2010）也认为，当中国的技术水平处于较低阶段时，技术进步的推进形式以模仿为主，而且此时政府对市场的干预和扭曲会有利于经济增长，但随着技术水平不断接近世界技术前沿，技术进步的推动形式转而以自主创新为主，市场机制在资源配置中发挥主导作用。此外，投资增长率、工业化水平、开放程度以及人力资本均对经济增长速率形成显著的正向作用，贡献率依次降低。政府规模与城市化对经济增长速度造成了不显著的负向作用，控制变量的回归结果与上一小节中 SYS - GMM 的估计结果基本一致，与大多数的理论与经验研究相一致。因此，随着经济增长阶段的变化，需要调整技术进步与制度变迁的路径，一方的滞后或两个反馈机制的弱化都会制约经济增长。

上述实证分析表明，技术进步对经济增长速率的正向作用会随着人均 GDP 的提升先增加，其中，在中等高收入阶段的贡献最大，随后有所下降。以市场主体多元化改革为代表的制度变迁对经济增长速率的正向作用会随着人均 GDP 的提升出现较大变动，特别是在迈入中等高收入阶段后，会对经济增长速率造成不显著的微小的负向作用。与此同时，技术进步与制度变迁之间的反馈机制也随着中国经济增长速率的下降不断弱化。从中可以看出，迈入中等收入阶段以后，未能及时转变的技术进步与制度变迁的路径不仅降低了两者对经济增长的贡献，还通过弱化技术与制度协同反馈机制，进一步制约了经济增速，造成了双重约束机制。

4.5 政策启示

本章基于对各国在迈入中等收入阶段后技术进步和制度变迁的路径选择的差异化比较，分析了技术进步与制度变迁的不同经济阶段差异和发展要求，进而分析了经济增长质量与数量的阶段演进关系特征。利用 1996—2015 年全国 30 个省份的面板数据，采用动态面板模型的 SYS - GMM 方法，分析技术进步与制度变迁对经济增长速率的影响，并采用面板门限模型，分析了技术进步与制度变迁对经济增长数量作用路径的阶段性特征，以及技术进步与制度变迁的协同机制对经济增长数量的影响。实现经济的可持续增长、稳定经济增速，不仅需要转变技术进步的路径，提升制度创新能力，还需要加强技术进步与制度变迁之间的协调互促机制，既要通过有效的激励机制释放经济增长潜力，也要健全约束机制，降低经济增长的代价。不仅要通过完善的市场机制提高企业的自主创新能力，还需要有效的公共服务体系降低企业的创新风险。迈入中等收入阶段以后，可持续的经济增长需要培育企业的自主创新能力，实施创新驱动战略，注重制度环境对创新驱动的支持作用，形成有效的技术进步与制度变迁的协调互促机制，释放更多的制度红利，有效提高经济增长质量，促进经济增长质量对经济增长数量形成正向反馈机制，保证可持续的经济增长。

在中国经济增长进入中等收入新阶段，加快经济增长质量对经济增长数量形成正向反馈机制的过程中，创新是根本动力，企业是知识技术创新转化率的关键主体，其自主创新能力直接决定了技术创新对生产水平的贡献。因此，促进创新驱动战略的实施，建立经济增长质量对经济增长数量的正向反馈机制，应发挥企业在创新活动中的主体作用。首先应构建有效的要素价格体系促进要素自由流动，形成以市场为导向的企业决策机制，激发企业的自主创新活力。不仅要有效利用后发优势，注重引起技术的再创新，强调引起技术和设备的适用性，注重在已有技术上的研发突破，在缩短与先进技术水平的差距的同时，为未来的超越奠定基础。更重要的是，通过完善企业在决策、研发以及生产和销售等多个环境的微观创新系统，提升自主创新能力，提高科研成果的市场有效性，形成企业的核心竞争力。与此同时，还应进一步加强创新主体间的相互协作，在创新驱动过程中，重视各创新主体间的相互协作，建立和完善产、学、研合作体系。一方面，需要基于企业技术创新需求，整合高等院校、科研院所和企业的研发优势，促进科研机构和高等院校与企业方面开展多种形式的联合与协作，扩大产、学、研的范围，深化产、学、研的合作层次。另一方面，通过建立公共性的科研技术研发与服务平台，整合各方资源，促进具有技术关联的行业和产业进行联合创新，完善技术的扩散机制，协力突破企业面临的共同技术瓶颈。

在中国经济增长进入中等收入新阶段，加快经济增长质量对经济增长数量形成正向反馈机制的过程中，要解决市场失灵和政府失灵的双重失灵问题，完善技术进步与制度变迁的协调互促机制，为创新驱动战略提供有力的创新条件和完善的创新环境，其关键在于协同推进经济体制改革与社会体制改革，积极优化政府与市场的关系。因此，首先需要积极推动供给侧结构性改革，通过体制机制改革和政策调整来改变要素所有者面临的激励和约束条件，通过有效的市场竞争机制，提升企业的自主决策能力和自主创新水平，优化企业生产组织方式，提高要素产出效率，优化要素配置结构。在此基础上，进一步规范和完善政府职能，科学定位政府职能，发挥政府在创新中的公共服务职能。一方面，需及时纠正政府职能错位，减少政府对经济活动的直接参与，尤其是对微观企业活动的直接干预，通过减少行政审批、减少要素和产品自由流动的障碍，降低经济活动的成本，激发市场主体的积极性，提高企业的生产决策能力。另一方面，需积极完善政府职能的失位，优化金融服务职能以及产权制度和创新风险管理职能，为企业自主创新能力的提升提供有力的制度环境。通过经济政策扶持中小企业的发展，优化对外投资合作模式，鼓励和引导企业以获取国外先进技术为核心的对外投资行为，逐渐形成对外投资的新格局，开拓更大的后发优势空间，增强技术引进对经济效率的贡献。还应通过税收补贴等政策保障各创新主体的创新活力，补偿创新外溢带来的利润损失，降低企业创新风险。此外，政府还应提升公共服务职能，完善医疗、教育和社会保障体系，提高经济增长的成果有效性，提升国民素质，优化经济增长的条件和要素质量，强化约束机制，加大对资源环境的保护力度，约束企业的负外部性生产活动，降低经济增长的代价，提升经济增长的可持续能力。

参考文献

[1] Hansen, B. E. Threshold Effects in Non – Dynamic Panels: Estimation, Testing and Inference[J]. *Journal of Econometrics*, 1999, 93(2): 345 – 386.

[2]蔡文龙. 经济增长动力转型研究——基于14个新兴国家的发展经验分析[J]. 宏观经济研究, 2015(7).

[3]钞小静, 任保平. 中国经济增长质量的时序变化与地区差异分析[J]. 经济研究, 2011(4).

[4]樊纲, 王小鲁. 中国市场化进程对经济增长的贡献[J]. 经济研究, 2011(9).

[5]高彦彦, 苏炜. 政府规模与经济发展——基于世界面板数据的分析[J]. 经济评论, 2011(3).

[6]刘伟, 张辉. 中国经济增长中的产业结构变迁和技术进步[J]. 经济研究, 2008(11).

[7]刘伟. 我国经济增长及失衡的新变化和新特征[J]. 经济学动态, 2014(3).

[8]刘世锦. 进入增长新常态下的中国经济[J]. 中国发展观察, 2014(4).

[9]刘元春. 经济制度变革还是产业结构升级——论中国经济增长的核心源泉及其未来改革的重心[J]. 中国工业经济, 2003(9).

[10]李子联,华桂宏. 新常态下的中国经济增长[J]. 经济学家,2015(6).

[11]李富强,董直庆. 制度主导、要素贡献和我国经济增长动力的分类检验[J]. 经济研究,2008(4).

[12]李扬,张晓晶. "新常态":经济发展的逻辑与前景[J]. 经济研究,2015(5).

[13]吕朝凤,朱丹丹. 市场化改革如何影响长期经济增长——基于市场潜力视角的分析[J]. 管理世界,2016(2).

[14]雷钦礼. 中国经济结构的演化及其增长效应的测度分析[J]. 统计研究,2007(11).

[15]楼继伟. 中国经济的未来15年:风险、动力和调整[J]. 比较,2010(5).

[16]马光远. 全面准确理解中国经济新常态[N]. 经济参考报,2014-11-10(1).

[17]田国强. 中国如何跨越"中等收入陷阱"——基于制度转型和国家治理的视角[J]. 学术月刊,2013(5).

[18]魏枫,樊士德. 中国经济持续增长的原因研究:技术进步路径的视角[J]. 中国软科学,2010(4).

[19]王志刚,龚六堂. 地区间生产效率与全要素生产率增长率分解(1978—2003)[J]. 中国社会科学,2006(2).

[20]王文举. 我国市场化改革对经济增长贡献的实证分析[J]. 中国工业经济,2007(9).

[21]颜鹏飞,王兵. 技术效率、技术进步与生产率增长:基于DEA的实证分析[J]. 经济研究,2004(12).

[22]杨建芳,龚六堂. 人力资本形成及其对经济增长的影响[J]. 管理世界,2006(5).

[23]杨子晖. 政府规模、政府支出增长与经济增长关系的非线性研究[J]. 数量经济技术经济研究,2011(6).

[24]余泳泽. 改革开放依赖中国经济增长动力转换的时空特征[J]. 数量经济技术经济研究,2015(2).

[25]张德荣. "中等收入陷阱"发生机理与中国经济增长的阶段性动力

[J]. 经济研究,2013(9).

[26]张军,陈诗一. 结构改革与中国工业增长[J]. 经济研究,2009(7).

[27]周业安,章泉. 参数异质性、经济趋同与中国区域经济发展[J]. 经济研究,2008(1).

[28]郑秉文."中等收入陷阱"与中国发展道路"——基于国家经验教训的视角[J]. 中国人口科学,2011(1).

[29]郑若谷,干春晖,余典范. 转型期中国经济增长的产业结构和制度效应——基于一个随机前沿模型的研究[J]. 中国工业经济,2010(2).

[30]周文,孙懿. 中国面对"中等收入陷阱"问题的解构:本质、挑战与对策[J]. 经济学动态,2012(7).

[31]赵志耘. 中国全要素生产率的测段与解释:1979—2009[J]. 财经问题研究,2011(9).

[32]中国经济增长与宏观稳定课题组. 中国可持续增长的机制:证据、理论和政策[J]. 经济研究,2008(10).

[33]中国经济增长前沿课题组. 中国经济增长的低效率冲击与减速治理[J]. 经济研究,2014(12).

5 新时代的中国经济增长质量：供给侧结构性改革的评价

5.1 引　言

党的十九大报告指出，中国特色社会主义进入了新时代，这是我国发展的新的历史方位。新时代下，经济方面的总体背景是经济发展新常态，基本特征是要从高速增长转向高质量发展。在新的发展时代，传统的以需求管理为特征强调规模扩张的经济发展方式对经济质量和效益提升形成了制约，经济增长的结构亟待调整，经济增长的潜力亟待重塑，经济增长的动能亟待转换。针对这些问题，以习近平总书记为核心的党中央提出了供给侧结构性改革，旨在全面提升供给体系的质量和效率。供给侧结构性改革的提出，意味着中国宏观发展方式和发展策略的重大转变，意味着经济发展将从数量扩张性向质量效益提升型转变，经济政策将从单方面强调需求侧向强调需求侧与供给侧并重转变。供给侧结构性改革实施以来，中国经济总体呈现出三大特征：一是经济维持住了“L”形走势，从传统的高速增长进入了中高速增长阶段，经济运行保持在合理区间；二是新发展理念正在逐步落实，国民经济结构得到了优化，过剩产能得到了消化，经济发展呈现出供给质量与效益提升的良好格局；三是增长的动能正在培育，传统的要素驱动、投资驱动正在转向创新驱动。这表示，供给侧结构性改革的实施起到了初步效果，但具体在各个方面的效果如何，需要进一步进行判断，为下一阶段供给侧结构性改革的持续推进提供理论借鉴参考。

近年来，对中国供给侧结构性改革的研究主要有如下几个方面：一是对供给侧结构性改革的理论渊源和特征进行的理论探索研究（Zhang 和 Li,

2016；Feng，2016；洪银兴，2016；丁任重，2016；贾康、苏京春，2016；龚刚，2016；谢春玲、费利群，2017；金碚，2017；贾微晓，2017），二是结合中国经济新常态特征对供给侧结构性改革现实对策和实施路径的研究（Zi，2016；Liu，2017；刘霞辉，2016；邓若冰、吴福象，2016；黄群慧，2016）；三是对中国供给侧结构性改革的某一个方面或关联因素进行研究（魏鹏，2016；白让让，2016；汪红驹、汪川，2016；林毅夫，2016；吴敬琏，2011；吴建军、刘郁，2012）。但综合现有研究来看，目前的研究多在定性研究层面，关于供给侧结构性改革的定量研究和实施效果评估则似有不足。而如果对供给侧结构性改革具体对策的解读缺乏量化分析基础，那么对改革的下一步重点方向则难以给出科学判断。因此，建立供给侧结构性改革绩效的评价体系和标准，就成为当前应关注的重点问题。

基于此，本章的出发点在于从供给侧结构性改革的理论特征出发，从供给侧结构性改革的目标与任务两个层面，从长期与短期两个视角，采用科学的统计分析方法，对中国的供给侧结构性改革绩效进行探索性的测度研究，以探寻下一步改革的方向和路径。

5.2 中国供给侧结构性改革的内涵、特征与评价体系构建

5.2.1 中国供给侧结构性改革的理论渊源与概念内涵

在新时代经济发展新常态背景下，推进供给侧结构性改革的重大意义毋庸置疑。但目前学术界对于供给侧结构性改革理论内涵的认识并不一致，因此，明确供给侧结构性改革的概念内涵和理论特征就显得尤为重要，而要明确供给侧结构性改革的概念内涵和理论特征，就需要寻找供给侧结构性改革的理论渊源。总体来看，供给侧结构性改革的理论渊源主要包括马克思主义政治经济学的供求平衡和价值理论、现代经济增长理论和供给学派经济理论。

第一，从马克思的供求平衡理论来看，商品按市场价值出售，这需要生产该商品的社会劳动数量与社会实际需求规模相适应，而在现实中，社会需求是随着经济发展阶段不断变化的，可能出现某些商品产量超过社会需求，而另外一些商品不满足社会需求的变化。这是因为，各产品从价值层面来说虽然是无差别的，都是社会必要劳动时间的体现，但在使用价值

层面却存在差别。社会对于各类产品使用价值的需求，会随着经济社会发展和人口结构的变化而不断发生调整，如果经济中的产品结构和产业结构都不能及时调整，就会产生使用价值与社会需求结构不匹配的状况，这就产生了“无效供给过多”和“有效供给不足”的问题，从而造成经济供给不出清。要解决这一问题，只能从供给侧出发，调整供给结构来匹配需求的变化。

第二，从现代经济增长理论来看，一个经济体的经济增长是由潜在增长和产出缺口所决定的。其中，产出缺口主要取决于需求侧，其主要由短期宏观经济政策所决定，短期产出缺口的主要影响因素在于失业率和通货膨胀率。而潜在增长则主要取决于供给侧，其主要由要素供给和全要素生产率所决定。要素供给不可能无限扩张，因此，当经济增长受到要素供给的数量约束时，经济增长的潜力受到限制，而通过需求刺激以减少产出缺口从而促进实际增长的空间也会变小。所以，当要素供给条件发生变化时，就需要通过提升全要素生产率以提升潜在增长。和要素供给扩张时期的经济增长相比，全要素生产率提升时期的经济增长，其重点在于创新驱动而非生产规模的持续过大。因此，产业结构和产品结构也需要相应调整，即从传统的要素密集型产业为主转变为科学技术密集型产业为主，从数量扩张转向质量提升。

第三，从供给学派的经济理论来看，供给学派是 20 世纪 70 年代在美国兴起的经济学流派，其强调经济的供给方面，在供给学派的基础上，后来又发展出新供给主义，主张通过放松供给约束、解除供给抑制，让新供给创造新需求，以提升经济的潜在增长率。供给学派认为增加供给的途径是经济刺激和投资，增加刺激的主要手段是减税，而增加刺激的外部条件是尽量减少政府对经济的干预。供给侧结构性改革不等同于供给学派，但汲取了供给学派重视经济供给面的思想，都认为生产的增长决定于劳动力和资本等生产要素的供给和有效利用。

供给侧结构性改革，是在中国经济进入新时代经济发展新常态背景下提出来的新发展思路。在分析清楚供给侧结构性改革的理论渊源基础上，就可以明确供给侧结构性改革的概念内涵。从供给侧结构性改革的概念内涵来看，可以理解为“供给侧 + 结构性 + 改革”的“方向 + 问题 + 对策”“三位一体”的概念。首先，“供给侧”明确了从哪一方向入手，即在经济新常态背景下，需求管理不再适应经济发展的需求，因此要从供给方面入手，通过调整供给结构以适应需求结构的转变。其次，“结构性”明确了要解决什么问题，即低端无效供给过多与高端有效供给不足同时并存的结构性问题，这种供给结构的失调不能够适应经济发展新阶段的要求和需求层面的变化，因此需要进行结构调整，来提升供给体系的质量和效率。最后，“改革”明确了解决问题的手段，即不是简单的调整产品结构和产业结构，而是通过改革的手段来解决这一系列结构性问题。

5.2.2 中国供给侧结构性改革的理论特征与实践特征

在明确了供给侧结构性改革的理论渊源与概念内涵后，还要理顺供给侧结构性改革的理论特征和实践特征，为供给侧结构性改革绩效评价提供框架和依据。

第一，理清需求侧与供给侧的关系，是认识供给侧结构性改革理论特征的关键。中国当前实施供给侧结构性改革的原因，是经济发展阶段变化导致的现有供给结构不能适应需求结构的变化。从产品层面来说，低端供给过多、高端供给不足，从产业层面上说，无效供给过多、有效供给不足。这些问题意味着需要调整供给结构以适应需求结构的转变。因此，供给侧改革并不意味着要忽视需求侧，而是应当在“适度扩大总需求的同时，着力提高供给侧的质量和效率”，即推动供给与需求的平衡。有一类观点认为供给侧结构性改革就是西方的供给学派经济学与西方经济政策研究中的“Structural Reform”（结构改革）相结合，这种观点一般认为供给侧结构性改革的理论完全源自西方供给学派，供给学派强调“回到萨伊”，即认为“供给能够创造需求”，因此，其主要强调供给管理，通过减税来增加生产供给。但供给侧结构性改革虽然也是从供给入手，却是基于供求平衡的角度，追求供给结构对需求结构变化的适应。同时，西方“Structural Reform”的改革导向在于体制改革方面，主要是针对一些宏观经济政策难以解决的长期性问题的改革措施，如资本市场机制的完善、提升工人素质的培训活动、降低市场准入和简化行政审批等。应该说，这一类体制改革是包含在供给侧结构性改革的概念之内的。供给侧结构性改革的核心部分也在于体制改革，但供给侧结构性改革却不仅限于体制改革，也涉及产业、区域等经济结构层面的调整，这些结构层面的调整，不仅涉及供给侧，也涉及需求侧层面。因此，供给侧结构性改革要不要关注需求侧，是中国供给侧结构性改革有别于西方供给学派的地方。供给侧结构性改革，并非只要供给，而是从过去只强调需求管理转向追求供给与需求的平衡。

第二，理清供给侧结构性改革的长期目标和短期任务之间的关系，是理解和认识供给侧结构性改革实践特征的关键。供给侧结构性改革，要考虑到需求侧的变化，但重点方向在于调整供给。如果说需求管理旨在以经济刺激来平抑经济周期的波动，那么供给侧结构性改革则在于解决长期持续增长的问题，也就是推高经济体的生产可能性边界、实现长期内经济增长潜力的扩大。在过去的高增长时代，由于人口红利、投资红利和要素红利的存在，中国的实际增长率没有突破潜在增长率水平，因此，经济治理的对策主要在于需求侧。而经济进入新常态以后，随着各种要素禀赋条件的变化，要素供给无法持续增长以推高生产可能性边界，实际增长受到潜在增长的限制，所以需要从供给侧出发，通过提高全要素生产率，来实现经济增长潜力的提升。提高全要素生产率的主要方向有两个方面：一是提升资源配置效率；二是通过科技创新推高生产前沿面。从中国当前供给侧结构性改革的实际目标来看，提升资源配置效率主要在于国有企业效能提升，以及通过加快民间投资及非公经济发展来实现新动能的培育，而推高生产前沿面主要在于通过科技创新和发展高新技术产业来培育经济发展新动能。所以，从长期视角来看，推进供给侧结构性改革的长期目标主要是实现国有企业效能提升，实现经济新动能的培育，最终实现经济增长潜力的提升。当然，这些长期目标的实现，还受到当前经济发展中一些结构性矛盾的约束，这就意味着，要实现这些长期目标，供给侧结构性改革需要解决一些短期任务。这些短期任务主要包括去产能、去库存、去杠杆、降成本和补短板“三去一降一补”等具体对策。其中，“去产能”可以为实现国有企业效能提升创造条件，从而实现资源配置效率提升；“去库存”可以清除房地产业“无效供给”的资源占用，实现供给出清；“去杠杆”可以实现降低风险，为经济增长潜力提升提供保障；“降成本”可以为企业留出利润空间，特别是能够促进高新技术产业发展，从而实现经济新动能的培育；“补短板”则是兼具长期与短期的特征，即针对民营经济发展不足和经济创新动能不够的现状，通过改革释放活力、提升潜力。

综上所述，供给侧结构性改革的理论特征决定了随着经济发展阶段的变化，需要调整供给结构以适应需求结构变化，其实践特征决定了供给侧结构性改革需要将长期目标和短期任务结合起来。短期任务是为了实现供给出清，为长期目标的实现提供条件，而长期任务是为了提升经济增长的生产可能性边界，实现增长潜力的开发和增长动力的转换，从而能够实现具有高质量和高效益的中高速增长。

5.2.3 中国供给侧结构性改革的绩效评价体系构建

根据供给侧结构性改革的特征，我们将中国供给侧结构性改革绩效评估分成两个层面来进行分析：第一是从短期的任务层维度进行绩效评价；第二是从长期的目标层维度进行绩效评价。

在任务层维度的绩效评价，各个子维度主要包括“三去一降一补”：“去产能”主要衡量传统投资扩张时代下的一些过剩产能行业的产品产量变化；“去库存”主要衡量房地产行业销售和施工的状况；“去杠杆”主要包括3个方面，一是国家层面的虚拟经济发展程度，二是企业去杠杆程度的变化，三是政府去杠杆的程度变化；“降成本”主要从民营经济和高新技术产业的税务成本和财务成本两个角度来进行衡量；“补短板”主要从新兴经济的发展程度来进行考虑。

在目标层维度的绩效评价，各个子维度主要包括3个方面：国有企业效能提升维度主要从国有企业的财务健康程度、亏损和盈利情况以及国有企业的纳税情况进行衡量；经济新动能培育主要从民营经济和高新技术产业的固定资产投资情况和利润增长情况进行衡量；而潜在生产能力则主要从国民经济的景气情况进行衡量。

依据供给侧结构性改革绩效评价的基本框架，我们构建的评价指标体系如表5-1所示。

表5－1 供给侧结构性改革绩效评价指标构成

一级指标	二级指标	三级指标	计量单位	指标性质
任务层	去产能	铁矿石原矿产量（X1）	%	逆
		原煤产量（X2）	—	逆
		原油产量（X3）	%	逆
		平板玻璃产量（X4）	—	逆
		水泥产量（X5）	%	逆
	去库存	商品住宅销售竣工比（X6）	—	正
		办公楼销售竣工比（X7）	—	正
		商业营业用房销售竣工比（X8）	—	正
	去杠杆	货币和准货币（M2）同比增速（X9）	%	逆
		工业企业负债率（X10）	%	逆
		国家财政预算收入支出比（X11）	—	正
	降成本	私营工业企业财务费用占主营业务收入比重（X12）	—	逆
		私营工业企业利息支出占主营业务收入比重（X13）	—	逆
		高新技术产业企业财务费用占主营业务收入比重（X14）	—	逆
		高新技术产业企业利息支出占主营业务收入比重（X15）	—	逆
	补短板	互联网宽带接入用户同比增长率（X16）	%	正
		高新技术产业民间投资占制造业投资比重（X17）	%	正
目标层	国有企业效能提升	国有工业企业资产负债比（X18）	—	正
		国有工业企业亏损个数（X19）	—	逆
		国有工业企业利润总额增长率（X20）	%	正
	经济新动能培育	民间固定资产投资增长率（X21）	%	正
		高新技术产业固定资产投资同比增长率（X22）	%	正
		私营工业企业利润总额同比增长率（X23）	%	正
		高新技术产业企业利润总额同比增长率（X24）	%	正
	潜在生产能力提升	制造业采购经理指数（X25）	—	正
		非制造业商务活动指数（X26）	—	正
		货物周转量同比增长率（X27）	%	正
		社会消费品零售总额同比增长率（X28）	%	正

从供给侧结构性改革任务层维度的指标选择来看，反映去产能子维度的指标，主要选择铁矿石原矿产量、原煤产量、原油产量、平板玻璃产量

和水泥产量等 5 个指标，这 5 类产品产量可基本反映出钢铁、传统能源、平板玻璃和水泥等过剩行业的去产能状况。反映去库存子维度的指标，考虑到商品房去库存虽然主要是指住宅用房，但也包括办公楼和商业营业用房，因此采用了商品住宅销售竣工比、办公楼销售竣工比和商业营业用房销售竣工比等 3 个结构性指标来衡量。反映去杠杆子维度的指标，由于考虑的主要是月度指标，近两年来的 GDP 实际增长率基本稳定在 6.5% ~ 7.0%，所以我们选取了 M2 同比增速来衡量国家层面去杠杆的程度，同时选取了工业企业资产负债率来衡量企业层面的去杠杆程度，同时，由于地方政府债务的月度数据缺乏，我们选取了地方政府的月度预算收入支出比进行替代，衡量地方政府的资金杠杆。反映降成本子维度的指标，我们主要选取了私营企业和高新技术产业企业的各 3 个指标，即应交增值税增长率、财务费用占主营业务收入比重和利息支出占主营业务收入比重。此外，对于高新技术产业的选择，我们主要选取了工业行业门类中的医药制造业、专用设备制造业和电子及通信设备制造业等 3 类行业的指标加总进行衡量。反映补短板子维度的指标，由于衡量创新型经济的指标较少，特别是月度数据更为缺乏，我们主要选取了互联网宽带接入用户同比增长率和高新技术产业民间投资占制造业投资比重等两个指标来进行反映。

从供给侧结构性改革目标层维度的指标选择来看，反映国有企业效能提升子维度的指标，我们选取了国有工业企业资产负债比衡量国有企业风险防范和占用社会资金情况；选取了国有工业企业亏损个数、利润总额增长率和应交增值税增长率衡量国有企业的经营状况。反映经济新动能培育子维度的指标，我们选取了民间固定资产投资增长率和私营工业企业利润总额同比增长率来衡量民营经济作为新动能的发展情况，选取高新技术产业固定资产投资同比增长率和高新技术产业企业利润总额同比增长率来衡量新兴经济作为新动能的发展情况①。反映潜在生产能力子维度的指标，由于潜在生产能力作为长期性指标难以直接用短期数据进行度量，但可以采取国民经济发展中经济增长的先行指标进行考察，所以我们根据行业的

① 由于固定资产投资的行业划分和企业利润指标的行业划分口径不同，我们均选取替代性指标，其中高新技术产业固定资产投资指标用信息传输、计算机服务和软件业固定资产投资替代，而高新技术产业企业利润指标与前文类似，选取工业行业门类中的医药制造业、专用设备制造业和电子及通信设备制造业等三类行业的指标进行加总得出。

不同，选取了制造业采购经理指数和非制造业商务活动指数两大先行指标衡量经济景气情况，从而间接反映经济潜在生产能力，但由于这两个指数都是主观调查性指标，我们同时采取了货物周转率同比增长率这一客观指标作为衡量经济增长的先行指标。另外，在经济发展新常态背景下，供给侧结构调整需适应需求结构变化，所以居民消费提升和消费升级是引导经济增长的重要因素，因此我们也采取了社会消费品零售总额同比增长率作为经济增长的先行指标。

5.3 中国供给侧结构性改革绩效评价的过程和结果

5.3.1 中国供给侧结构性改革评价的方法、指标与步骤

（1）评价方法及其基本原理。我们采取基于 AHP 的模糊隶属度综合评价法来对供给侧结构性改革的绩效进行评价。模糊评价法基于模糊数学，根据模糊数学的隶属度理论把定性评价转化为定量评价，即用模糊数学对受到多种因素制约的事物或对象作出一个总体的综合评价。模糊综合评级法的具体步骤如下：

设评判对象为 P：其因素集 $U_i = \{u_1, u_2, \cdots, u_m\}$，评价等级集 $V_j = \{v_1, v_2, \cdots, v_n\}$，则从因素 U_i 着眼，该评判对象能被评为 V_j 的隶属度为 R_{ij}。一般隶属度的确定采用等级比重法。本章运用模糊统计法对基础指标的数据分组后进行频数分析，进而得到隶属概率，再根据隶属概率的图像确定其对应的隶属函数 $f_i, i \in (1,2,\cdots,m)$。将被评价的不同时期对应的数据分别代入对应的隶属函数中，可以得到各个指标的隶属度向量 $r_1, r_2, \cdots, r_n$，则评判矩阵为 $R = (R_{ij})_{m \times n}$，其中，$R_{ij}$ 为因素 U_i 对评价等级 V_j 得到的隶属度，$\sum R_{ij} = 1$。

最后采用层次分析法（AHP）来确定权重 A。最终得到模糊评价结果（经济结构失衡指数）：$B = A \times R$。

（2）确定隶属函数以及隶属度。根据各指标所取的数值，运用模糊统计法对数据分组进行频数分析，得到隶属概率后，再根据隶属概率的图像确定其对应的隶属函数，记为 $f_i(i = 1,2,\cdots,35)$。在此，我们选择最为一般的高斯函数 $\min(x_i)\ y = y_0 + \frac{A}{w \times \sqrt{\pi/2}} \times e^{-2 \times \frac{(x-x_c)^2}{w^2}}$ 作为隶属函数。

同时，建立评语集：$V = \{V_1(低), V_2(较低), V_3(一般), V_4(较高), V_5(高)\}$。并根据确定各个指标的隶属函数，将各年份对应的各个指标分别代入对应的隶属函数中，最后根据评语集可得在评语集的隶属度。

（3）数据选择以及处理。本章采用的数据来自国家统计局网站、国泰安数据库和中国人民银行等网站的统计数据以及相关研究。考虑到供给侧结构性改革是 2015 年 11 月在中央经济工作会议中提出来的，本章以 2014 年 7 月年为起始月份，其中 2015 年 11 月以前的数据作为对比月份数据，而 2015 年 11 月以后的数据作为供给侧结构性改革提出后的绩效评估数据，通过两个时期的经济指数对比来衡量供给侧结构性改革的完成绩效状况。另外，数据集中部分数据缺失 1－2 月份数据，因此，我们采取的数据集是每年 3－12 月的数据集。

由于各指标的单位之间具有不可比性，无法直接进行计算，还需要对原始数据进行处理和变换。根据指标属性的不同，还要对数据进行无量纲化处理：对于正指标的计算公式为 $x_i(D) = \frac{x_i - \min(x_i)}{\max(x_i) - \min(x_i)}$，而对于逆指标的计算公式为 $x_i(D) = \frac{\max(x_i) - x_i}{\max(x_i) - \min(x_i)}$，其中 $\max(x_i)$，$\min(x_i)$ 为分别为指标 x_i 的最大值和最小值。对于适度指标，我们采用公式"|原始值－适度值|"将其转化为正指标后，再运用正指标的处理公式对其无量纲化，经过处理后的各指标数值取值范围为［0，1］。

（4）确定各级指标的权重。对于各级指标权重的确定，我们采用将主观与客观结合的层次分析法（AHP）。根据 AHP 法的分析思路，我们采取德尔菲法确定各级指标的相对重要性，并采取九标度法对代表主维度的二级指标进行分析，得出判断矩阵 A，然后通过判断矩阵来计算权重向量。具体的方法是根据公式 $\overline{a_{ij}} = a_{ij} / \sum_{i,j=1}^{n} a_{ij}$ 将判断矩阵 A 每一列归一化，然后将每一列归一化的矩阵按行相加得出 $M_i = \sum_{i,j=1}^{n} \overline{a_{ij}}$，最后再通过公式 $U_i = M_i / \sum_{j=1}^{n} M_j$ 将向量 $M_i = (M_1, M_2, M_3)^T$ 归一化，就可以求得权重向量的值。求得权重向量后，还要对构造的判断矩阵进行一致性检验，一致性检验是通过一致性指标 CI 和检验系数 CR＝CI/RI 进行的，其中，RI 是参考一致性指标，可以根据矩阵阶数查表得出。首先计算判断矩阵的最大特征根：$\lambda\max = \sum_{i=1}^{n}\frac{(AW)_i}{nW_i}$，然后计算 $CI = \frac{(\lambda\max - n)}{(n-1)}$，进一步根据矩阵阶数 n，结合参考一致性指标 RI，并使用公式 CR = CI × RI 计算，直到判断矩阵 A 具有令人满意的一致性为止。

依照此法进一步计算出分维度下的三级指标对于二级指标的相对权重，最后整体归一化，得出各指标权重，具体结果如表 5－2 所示。

表 5－2　2014—2016 年中国供给侧改革绩效的各项指标权重及在评语集上的隶属度

一级指标	二级指标及权重	三级指标及权重		评语集上的隶属度				
				低（%）	较低（%）	一般（%）	较高（%）	高（%）
中国经济供给侧改革绩效评估	任务层绩效	$X1$	0.0628	16.7	23.3	33.3	10.0	16.7
		$X2$	0.0613	20.0	40.0	16.7	13.3	10.0
		$X3$	0.0554	30.0	16.7	10.0	23.3	20.0
		$X4$	0.0421	13.3	10.0	30.0	33.3	13.3
		$X5$	0.0454	43.3	36.7	16.7	0.0	3.3
		$X6$	0.0444	16.7	3.3	30.0	30.0	20.0
		$X7$	0.0491	26.7	36.7	20.0	3.3	13.3
		$X8$	0.0603	30.0	36.7	13.3	3.3	16.7
		$X9$	0.0962	30.0	16.7	30.0	10.0	13.3
		$X10$	0.0712	13.3	13.3	26.7	16.7	30.0
		$X11$	0.0731	33.3	13.3	20.0	20.0	13.3
		$X12$	0.0454	6.7	33.3	13.3	16.7	30.0
		$X13$	0.0364	26.7	10.0	23.3	10.0	30.0
		$X14$	0.0609	26.7	20.0	16.7	26.7	10.0
		$X15$	0.0486	20.0	23.3	30.0	10.0	16.7
		$X16$	0.0776	36.7	16.7	0.0	13.3	33.3
		$X17$	0.0698	36.7	43.3	6.7	6.7	6.7
	目标层绩效	$X18$	0.1087	20.0	3.3	46.7	26.7	3.3
		$X19$	0.0912	6.7	10.0	43.3	30.0	10.0
		$X20$	0.0565	40.0	23.3	23.3	3.3	10.0
		$X21$	0.0836	23.3	16.7	26.7	10.0	23.3
		$X22$	0.1021	26.7	10.0	26.7	16.7	20.0
		$X23$	0.0975	20.0	43.3	16.7	6.7	13.3
		$X24$	0.0975	13.3	23.3	40.0	10.0	13.3
		$X25$	0.0853	26.7	36.7	3.3	16.7	16.7
		$X26$	0.1123	20.0	30.0	26.7	13.3	10.0
		$X27$	0.0932	50.0	23.3	16.7	6.7	3.3
		$X28$	0.0721	16.7	13.3	33.3	20.0	16.7

5.3.2　中国供给侧结构性改革绩效评价的结果

（1）中国供给侧结构性改革绩效的变化。首先根据 AHP 法得出表 5－2中的权重，后根据计算公式为 $k_i = \sum_{i=1}^{n} u_i \overline{x_{ti}}$，其中 u_i 为指标权重，$\overline{x_{ti}}$ 为第 t 年第 i 指标的无量纲化指标值，可得中国 2014—2016 年中国供给侧结构性改革绩效总指数、供给侧结构性改革任务绩效分指数、供给侧结构性改革目标绩效分指数，如表 5－3 所示。

表 5－3　中国 2014—2016 年供给侧改革绩效指数

	供给侧结构性改革任务绩效分指数	供给侧结构性改革目标绩效分指数	供给侧结构性改革绩效总指数
2014 年 7 月	0.1761	0.6090	0.3462
2014 年 8 月	0.1799	0.5566	0.3279
2014 年 9 月	0.1847	0.4970	0.3074
2014 年 10 月	0.2373	0.4623	0.3257
2014 年 11 月	0.2573	0.4327	0.3262
2014 年 12 月	0.2947	0.4104	0.3401
2015 年 3 月	0.3255	0.3214	0.3239
2015 年 4 月	0.4026	0.3094	0.3660
2015 年 5 月	0.3266	0.3151	0.3221
2015 年 6 月	0.2989	0.3573	0.3219
2015 年 7 月	0.3719	0.3692	0.3709
2015 年 8 月	0.3154	0.3334	0.3225
2015 年 9 月	0.2887	0.3157	0.2993
2015 年 10 月	0.3472	0.3001	0.3287
2015 年 11 月	0.3864	0.3193	0.3601
2015 年 12 月	0.4444	0.3459	0.4057
2016 年 3 月	0.4359	0.3791	0.4136
2016 年 4 月	0.5368	0.2572	0.4269
2016 年 5 月	0.5300	0.2287	0.4116
2016 年 6 月	0.5189	0.3248	0.4427
2016 年 7 月	0.6204	0.3019	0.4953
2016 年 8 月	0.5863	0.3520	0.4943

续表

	供给侧结构性改革任务绩效分指数	供给侧结构性改革目标绩效分指数	供给侧结构性改革绩效总指数
2016 年 9 月	0.5947	0.3734	0.5077
2016 年 10 月	0.6710	0.3967	0.5632
2016 年 11 月	0.6631	0.5373	0.6137
2016 年 12 月	0.7122	0.5374	0.6435
2017 年 3 月	0.6680	0.7456	0.6985
2017 年 4 月	0.7326	0.6848	0.7138
2017 年 5 月	0.6959	0.7030	0.6987
2017 年 6 月	0.6609	0.8388	0.7308

（2）中国供给侧结构性改革绩效程度的计算。根据上文阐述的模糊综合评价的方法，可以得出各分维度的绩效程度以及整体绩效程度。并且，可以以 2015 年 11 月为断点将时间区间分为两个区间，并分别计算供给侧结构性改革绩效程度。首先，通过一级模糊综合评价对三级指标进行综合，即先测度供给侧结构性改革的任务层绩效，将三级指标 $X1$—$X17$ 的权重矩阵记为 A_1，以及将模糊综合评价矩阵记为 R_1。

$B_1 = A_1 \times R_1 = [21.214 \quad 16.803 \quad 20.776 \quad 19.832 \quad 21.376]$，可得中国 2014 年 7 月至 2016 年供给侧结构性改革任务层绩效程度为 $= B_1 \times [1 \quad 2 \quad 3 \quad 4 \quad 5]^T/100 = 3.0336$。

按照同样的方法可以计算出供给侧结构性改革目标层绩效程度为 2.8947。此时，可以对两个维度的绩效程度进行二级模糊综合评价，即将二级指标对评价对象的影响进行综合，其模糊综合评价矩阵为 $R = [B_1 \quad B_2]^T$，则可求出二级模糊综合评价集，并计算出 2014—2016 年度供给侧结构性改革的总绩效程度为 2.9642。

同理，可以构造以 2015 年 11 月为中点的两个时间段的供给侧结构性改革的隶属度矩阵，并依据权重矩阵计算其总绩效程度，以及任务层和分绩效程度，其中 2014 年 7 月至 2015 年 11 月的总绩效程度、任务层和目标层的分绩效程度分别为 2.8232、2.9113 和 2.5921，而 2015 年 11 月至 2017 年 6 月的总绩效程度、任务层和目标层的分绩效程度分别为 3.0407、3.0731 和 2.9642。

5.4 中国供给侧结构性改革的绩效评估与阶段特征

但根据前文测算的基本结果，我们将供给侧结构性改革的总指数和分项指数均折算到［1，5］的区间，同时，基于五级分类法，将极值5定义为“好”的最大值，将1定义为“差”的最小值，并以公差0.8为单位，给出供给侧结构性改革绩效指数区间的参照标准值，如表5－4所示。

表5－4 经济结构失衡标准值

供给侧改革评估	差	较差	中等	较好	好
供给侧改革绩效	$1 < K \leq 1.8$	$1.8 < K \leq 2.6$	$2.6 < K \leq 3.4$	$3.4 < K \leq 4.2$	$4.2 < K \leq 5$

根据计算结果可知，2014年11月至2017年6月中国供给侧结构性改革总体绩效程度为2.9642，总体属于中等水平。而从分时间段来看，从第一阶段到第二阶段，供给侧结构性改革总体绩效程度从2.8232上升到3.0407，说明自2015年11月以后，供给侧结构性改革的总体绩效有了一个明显的跃升，从中等水平转向了偏向较好的水平，这说明供给侧结构性改革的实施取得了比较明显的成果。

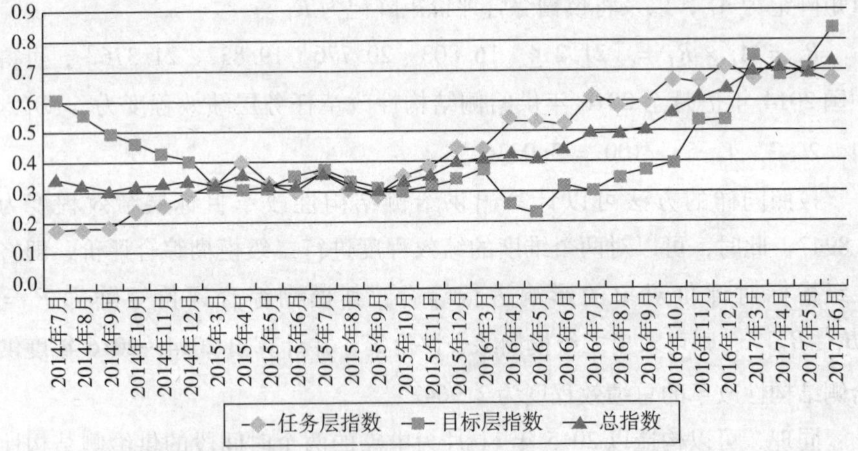

图5－1 中国供给侧结构性改革绩效指数

另外，根据中国供给侧结构性改革绩效评估指数（见图5－1）可知，中国自2014年7月以来的绩效总指数大体落在0.3～0.7的区间，而任务层和目标层分指数则呈现出不同的发展趋势。从供给侧结构性改革绩效总指数的变迁可知，从3年来的整体时间跨度来看，在供给侧结构性改革明确提出的时间前后，指数的变化呈现出明显的变化。其中，2014年7月到2015年11月，总指数基本呈现出平稳波动的变化趋势，基本在0.3～0.4的区间，而自2015年11月中央财经领导小组会议上明确提出实施供给侧结构性改革之后，总指数的变迁则呈现出持续向上的发展趋势，到2017年中期达到0.7～0.8的水平，这反映出供给侧结构性改革初步收到实效，供给体系的质量和效率得到明显提高。从任务层和目标层分指数的变迁情况来看，可以发现，任务层指数自2014年7月以来总体处于上升趋势，这反映出，在供给侧结构性改革明确提出前的一年多里，实际上"三去一降一补"已经在开展了。但自2015年11月以后，任务层指数呈现出加速上升的态势，这反映出，基于系统化顶层设计的供给侧结构性改革明显加快了"三去一降一补"的速度，提升了供给侧结构性改革任务完成的效率。从目标层绩效指数的变迁来看，总体上呈现出一种明显的先下降后提升的"U"形趋势，而处在"U"形变化趋势底部区域的时间段处在2015年11月到2016年6月这大约半年的时间段，由于目标层指数主要反映的是长期经济供给面的效率、动力和潜在生产能力，可以初步进行判断，即供给侧结构性改革的实施，在一定程度上扭转了经济供给面恶化、潜在增长率下降的趋势，提升了供给侧结构性改革的效率。

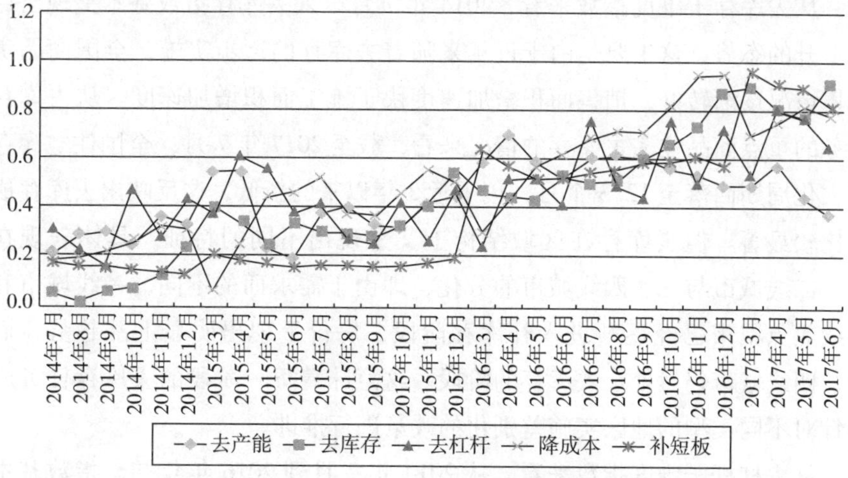

图5－2　中国供给侧结构性改革任务绩效分指数

从中国供给侧结构性改革任务绩效程度来看，2014 年 7 月至 2017 年 6 月的绩效程度为 3.0336，高于目标层绩效程度的 2.8947，这说明这一阶段供给侧结构性改革的工作主要在于完成短期任务、实现供给出清。从分时间段来看，任务层绩效程度从第一阶段的 2.9113 上升到第二阶段的 3.0731，也说明供给侧结构性改革的任务实现了比较明显的绩效。

另外，从图 5－2 中供给侧结构性改革任务绩效分指数的变迁过程中可以看出，2014 年 7 月到 2015 年 11 月这一阶段，供给侧结构性改革任务层各个子维度指数基本分布在 0.0～0.6 的区间，而 2015 年 11 月到 2017 年 6 月，各个子维度指数基本分布在 0.4～1.0 的区间。这反映出，总体上看，供给侧结构性改革的任务完成情况较好，但从供给侧结构性改革任务绩效分指数的各个子维度来看，各个子维度的变化趋势又呈现出不同的特征。

从去产能子维度指数来看，可以发现，随着近年来经济增长速度从高速转变为中高速，过剩产能也在不断地削减和消化。总体上看，去产能指数是呈现出上升趋势的，这反映出供给侧结构性改革中去产能任务完成较好。但从时间段来看，去产能任务的实施主要是在 2014 年中期到 2016 年中期，而随着 2016 年年底到 2017 年这一段时间经济逐渐呈现出企稳回升的态势，煤炭、铁矿石等出现价格和产量触底回升的趋势，去产能指数也在进入 2017 年以后出现一定程度的下降。

从去库存子维度指数来看，2014 年 7 月以来去库存指数基本呈现出持续上升的态势，这主要是由于近年来随着去库存的逐步实施，全国商品房销售情况逐渐转好，销售面积增加速度快于施工面积增加速度。从去库存任务的重点商品住宅去库存的情况来看，截至 2017 年 7 月，全国住宅库存的去化周期回落至 12.3 个月，创下近 3 年以来的新低，这反映出去库存成效比较显著。但去库存在区域结构上又呈现出不同的特征，具体表现在一、二线城市与三、四线城市的分化，即由于需求面的不同，一线城市和二线热点城市已经逐渐进入补库存阶段，房价呈现出明显上涨趋势，而三、四线城市仍然处在去库存的阶段。这意味着下一阶段的去库存任务应当针对不同类型的地区实施差别化的政策进行推进。

从去杠杆子维度指数来看，从 2014 年 7 月到 2016 年年初，指数基本处于平稳波动的态势，波动的区间处在 0.2～0.6，而自 2016 年年初到 2017 年中期，指数则呈现出波动中上升的趋势，这反映出供给侧结构性改革的提出有效推进了“去杠杆”的任务。去杠杆主要是针对一段时间以来经济的“脱实向虚”和资金在金融体系空转的问题，具体来看，随着国家货币政策的适度从紧，对金融监管逐渐加强，金融领域中的“黑天鹅”和“灰犀牛”得到了有效识别和控制。具体来看，随着对影子银行存在风险的逐渐重视，特别是对银行体系的同业业务和非标业务的监管加强，我国M2同比增速从近三年来2015年11月的高点13.7%降低到2017年6月的9.4%，而国有企业负债率也随着去杠杆的实施，从3年来的高点57.9%下降到2017年的56.1%，降低了近2个百分点，这表明去杠杆任务自供给侧结构性改革提出后取得了明显绩效。

从降成本子维度指数来看，自2014年7月以来，指数一直呈现出波动上升趋势，从0.2左右的水平上升到2017年以来0.8~1.0区间的水平。这说明，随着供给侧结构性改革的逐步深入，企业的经营成本得到了有效降低，财务费用和利息支出占营业收入比重出现了明显下降，这在一定程度上得益于去杠杆过程中对金融空转的控制减少了融资中间层级，从而客观上降低了民营经济和新兴行业企业的发展速度。

从补短板子维度指数来看，可以发现，在考察的总区间段中，以2015年12月作为分界点，指数出现了一个明显的突变过程，在2014年7月到2015年11月这一阶段，指数基本在0.2以下低位徘徊，2015年11月以后，指数跃升至0.6左右，进入2017年以来，指数进一步跃升至0.8左右的水平。这种明显具有时间节点特征的变迁说明，供给侧结构性改革的实施显著提升了工业企业的利润增速，从2017年上班年数据来看，中国工业企业利润累计同比增速达到22%，显著超过2015年全年的-2.3%和2016年的8.5%，这种经济趋势的回转在民营经济和新兴产业上体现得尤为明显，部分企业已经开始积累库存与扩大资本开支。这充分说明，供给侧结构性改革的实施对“补短板”起到了非常明显的促进作用。

从中国供给侧结构性改革目标绩效程度来看，2014年7月至2017年6月的绩效程度为2.8947。从分时间段来看，目标层绩效程度从第一阶段的2.5941上升到第二阶段的2.9642，也说明供给侧结构性改革的目标取得了初步成果。

而从图5-3中可以看出，2014年7月到2015年11月这一阶段，供给侧结构性改革目标层各个子维度指数大体可以分为两个阶段：第一个阶段

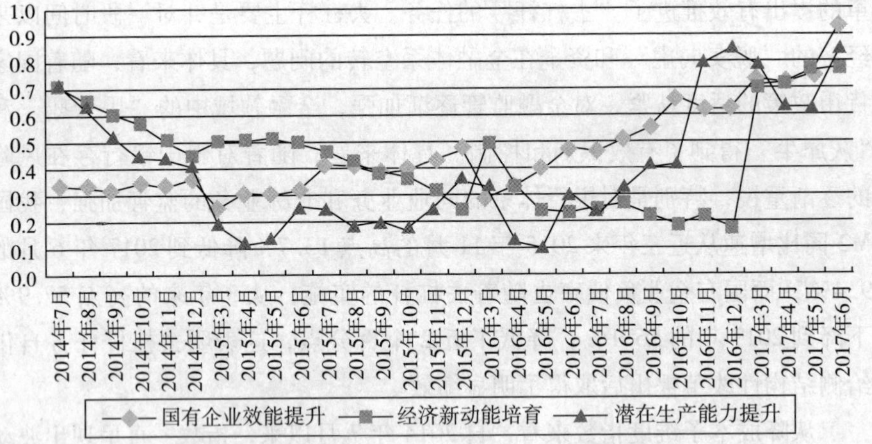

图 5-3　中国供给侧结构性改革目标绩效分指数

在 2014 年中期到 2016 年上半年，这一阶段，除了国有企业效能提升子维度指数呈现出基本稳定态势，另外两个子维度指数总体呈现出下降特征，这在一定程度上反映出我国进入新常态以来由要素禀赋条件变化导致的增长下滑。而第二个阶段在 2016 年中期到 2017 年中期，3 个子维度指数均呈现出上升趋势。这充分反映出，供给侧结构性改革的实施在改善经济供给面、提高供给体系质量和效率方面起到了初步效果，经济供给面恶化的趋势得到了遏制。从实际经济表现来看，我国 GDP 季度增长率从 2016 年最低点的 6.7% 恢复提升到 2017 年第一季度和第二季度的 6.9%。并且，从需求面看，消费替代投资成为经济增长中最重要的拉动力；从供给面看，民营经济和新兴产业增长速度的加快，成为新一轮经济增长过程中的明显特征。这也在一定程度上反映出，供给侧结构性改革的实施改善了供给体系的质量和效率，使得经济在维持住“L”形中高速增长的基础上，开启了一轮有质量、有效益的新增长时代。

5.5　结论与建议

综上所述，从供给侧结构性改革的绩效程度和变迁趋势来看，自 2015 年 11 月中央财经领导小组会议提出实施供给侧结构性改革以来，供给侧结构性的任务得到了有效执行，目标得到了相应完成，这表明实施绩效是比较明显的。从“三去一降一补”的具体任务来看，供给侧结构性改革提出以后，“补短板”和“去杠杆”的绩效最为显著，“去产能”“去库存”和“降成本”事实上在2015年11月供给侧结构性改革的概念明确之前就已经开始，其中“去库存”和“降成本”在持续进行过程中，但“去库存”已经呈现出区域分化特征，而“去产能”则由于经济回暖，传统过剩产能行业出现了量价回升的态势。随着“三去一降一补”的实施，我国供给体系的质量和效率得到了有效提高，“去产能”“去库存”和“去杠杆”的持续推进在一定程度上实现了供给出清。从供给侧结构性改革的目标来看，供给侧结构性改革实施以来，目标层绩效实现了“U”形反转，扭转了经济供给面恶化的态势，这为未来长期过程中的经济中高速增长奠定了基础，为实现21世纪中叶的第二个百年奋斗目标创造了条件。未来要继续深化供给侧结构性改革，进一步加快推进实施供给侧结构性改革的任务，特别是要在供给出清的基础上，继续大力推进具备中长期特性的降成本和补短板任务，从而实现供给侧结构性改革长期目标的实现。

供给侧结构性改革是系统化改革，既包含无效供给的出清，也包括有效供给的培育，通过改革实现潜在增长率的提升。未来中国经济要保持长期平稳较快发展，必须要将供给侧改革的短期任务和长期目标结合起来，以实现向新时代中国经济的高质量发展。

在供给侧结构性改革任务实现的层面，要继续推进“三去一降一补”，一是继续通过“去库存”和“去产能”来优化供给结构，主要是要建立有效供给的长效机制，提高供给结构的适应性和灵活性，通过结构调整和产业升级，提高生产的产品质量和技术档次，提升供给的能力和结构，解决有效供给不足和无效产能过剩并存的问题。二是继续通过“去杠杆”和“降成本”激发企业活力，给实体经济企业减负，减少对企业的行政干预，建立良好的激励性体制，特别是通过为实体经济企业减税、降息、减费等手段，促进微观经济主体的成长，以调动其增加有效供给的积极性。三是继续实施“补短板”，推进“大众创新、万众创业”的实施，加快新型经济模式和新兴产业的成长，为实现经济增长动力从传统的资源驱动向创新驱动转变创造条件。

在供给侧结构性改革目标实现的层面，一是加大力度推进国有企业改革，特别是混合所有制改革，提高国有资本配置和运行效率，主动适应和引领经济发展新常态，实现各种所有制资本取长补短、共同发展，推动我国经济保持中高速增长；二是继续加快发展创新型经济，培育创新型经济的发展模式，通过创新型经济的倍加效应，培育经济增长的新动能，促成新产业的成长；三是积极培育人力资本，增大经济发展过程中的技术供给和制度供给，在传统要素禀赋优势逐渐消失的情况下，以提高全要素生产率为核心，以人力资本和创新培育起新的禀赋优势，从而提升潜在生产能力，实现经济整体迈向中高端水平。

参考文献

[1] Zhang, W., Li, S. The Structural Reform of the Supply Front during the New Normal of Economy in China: Theories, Reality and Policies[J]. *Contemporary Economic Management*, 2016(4).

[2] Feng, Z. F. On The Theory Logic and Practice Path to Structural Reform of The Supply Front[J]. *Economic Problems*, 2016(2).

[3] Liu, X. A Review and Reflection of Economic Theory and Economic Policy Changes: Both a Discussion of the Supply - side Structural Reform of China's Macro - economy[J]. *Journal of Management*, 2017(4).

[4]洪银兴．准确认识供给侧结构性改革的目标和任务[J]．中国工业经济,2016(6).

[5]谢春玲,费利群．供给结构改革与需求结构改革互动关系研究[J]．经济学家,2017(5).

[6]金碚．基于价值论与供求论范式的供给侧结构性改革研析[J]．中国工业经济, 2017(4).

[7]周密,刘秉镰．供给侧结构性改革为什么是必由之路？——中国式产能过剩的经济学解释[J]．经济研究,2017(2).

[8]贾微晓．以生产力为标准的我国供给侧结构性改革再思考[J]．经济学家,2017(2).

[9]陈利锋．供求不匹配、产能过剩与供给侧改革——一个扩展的“新共识”分析范式[J]．贵州社会科学,2017(1).

[10]魏鹏．供给侧改革中“去杠杆”的困境、风险及对策[J]．湖北社会科学,2016(12).

[11]邵光学,王锡森．供给侧结构性改革研究述评[J]．经济学家,2016

(12).

[12]邓若冰,吴福象．供给侧结构性改革背景下提升中国经济增长质量的战略选择[J].天津社会科学,2016(6).

[13]黄群慧．论中国工业的供给侧结构性改革[J].中国工业经济,2016(9).

[14]白让让．供给侧结构性改革下国有中小企业退出与“去产能”问题研究[J].经济学动态,2016(7):65－74.

[15]刘霞辉．供给侧结构性改革助推中国经济增长——2015年宏观经济分析及思考[J].学术月刊,2016(4).

[16]丁任重．关于供给侧结构性改革的政治经济学分析[J].经济学家,2016(3).

[17]沈坤荣．供给侧结构性改革是经济治理思路的重大调整[J].南京社会科学,2016(2).

[18]汪红驹,汪川．国际经济周期错配、供给侧改革与中国经济中高速增长[J].财贸经济,2016(2).

[19]林毅夫．供给侧改革的短期冲击与问题研究[J].河南社会科学,2016(1).

[20]龚刚．论新常态下的供给侧改革[J].南开学报(哲学社会科学版),2016(2).

[21]贾康,苏京春．论供给侧改革[J].管理世界,2016(3).

6 新时代的中国经济增长质量：经济政策

6.1 引 言

回顾过去30年的经济增长轨迹，多年的高速增长总是被我们津津乐道。但随着我国社会主要矛盾的变化，党的十九大报告提出，现阶段我国经济发展的基本特征就是由高速增长阶段转向高质量发展阶段。实现高质量发展，是保持经济社会持续健康发展的必然要求，是适应我国全面建设社会主义现代化国家的必然要求。随着从高速增长向高质量发展迈进，中国经济正在开启新的时代。

在数量高速增长的时代，政府的行为以及政策对增长的影响框架是清晰的。首先，以凯恩斯需求管理政策为核心的宏观经济政策作为政府宏观经济调控中最常用的经济手段，它运用的基本目的在于实现宏观经济四大目标，其中经济增长是最为核心的目标。所以短期的总量问题，一般是宏观经济政策有为的重点，相关研究的历史源远流长。

但除了短期总量问题，长期结构问题等日益成为重点问题。所以政府的政策不拘于宏观经济政策，还有诸如产业政策、区域政策以及其他政策互相补充，相互支撑。在产业政策层面，一个国家或地区要想获得较快的经济发展，非常关键的一环就是看是否具备较强的产业结构，所以产业政策与增长之间的密切关系已在学界取得共识。林毅夫（2003、2007、2012）认为产业政策应当引导产业发展。产业结构应内生于要素禀赋结构，遵循比较优势的战略，所以政府应在产业政策方面发挥因势利导的作用。潘士远等（2008）曾对我国的产业政策3个阶段进行了梳理，认为我国产业政策在扶助产业成长、促进产业结构优化以及应对金融危机保持增长方面发挥了重要作用。但近些年关于产业政策是否应该存在产生了非常大的争议，如著名的“林张辩论”，张维迎（2016）明确认为产业政策中政府的行为会造成企业之间不公平的竞争。贾根良（2017）也提出了相比演化经济学的理论范式，认为新结构主义框架下产业政策的逻辑已经不适用于中等收入国家。在区域政策层面，区域政策是指政府根据区域差异而制定的以协调区域间关系和区域宏观运行机制的一系列政策之和。区域政策作为由政府制定和实施，用于规范区域经济活动的一项制度安排，是现在区域经济增长不可或缺的影响因素和驱动力。我国针对区域不平衡的问题，制定了诸如沿海城市及特区优先发展、浦东开发及长三角腾飞、西部大开发、中部崛起、东北老工业基地振兴等政策，都对我国不同区域的发展、开放以及对全国经济增长的影响产生了不可磨灭的作用。

除此之外，我国还采用了其他政策工具干预经济，如人力资本政策、投资政策、消费政策、外贸政策等，各项政策相互作用，共同构成经济政策体系。在我国经济发展的数量阶段，政府综合运用各项政策，达到了经济快速增长的目标。但在我国经济由高速增长转向高质量发展的重要转型阶段，曾经的经济政策对经济增长质量影响的逻辑是什么；对新时代我们构建现代化经济体系中，经济政策的着力点是否要改变；如何改，改的方向是什么；这些都是当下亟待回答的问题。

6.2 经济政策对经济增长质量影响的一般框架：理论分析和假说

6.2.1 中国单一的非平衡政策对经济增长质量的负面影响逻辑

改革开放之初，面对一穷二白的经济现实，中国在此时点探索自身作为最大发展中国家发展的问题。通过对当时经济事实的观察，发现传统发展经济学中均衡发展理论的不适用性，在发展过程中更多地吸收了以赫尔希曼（1958）等为代表的非平衡增长的理论逻辑：在整个国民经济体系中，以某些产业、部门、地区优先启动、率先发展、首先增长为核心，而后带动其他行业、部门和地区的增长和发展。可以说，中国的这种非均衡发展战略和政策对于经济的迅速崛起和增长具有重要的意义。因为这种发展政策引致的发展方式通过选择可以支配或影响全局的优势地区、优势部门、优势产业作为增长极加以重点发展，可以获得比均衡发展更高的经济增长速度和效益，进而可通过增长极的辐射、扩散效应带动全局发展。

但是中国特殊的政体，即特有的财政安排和人事制度形成了地方官员积极推动地方经济增长的主要激励基础（徐现祥等，2007），特别是地方官员的政治激励最核心的升迁标准变为经济绩效，在这样的政绩观下，官员为增长而竞争，一切“唯 GDP”，基本手段是“短平快”，既能形成明显的外在“政绩工程”，又能带来辖区内的经济增长，从而在地区竞争中占优。官员这种“急功近利”的心态根源来自两个方面：一是官员的任期。关于任期限制以及政府执行力的文献（Besley 和 Case，1995；Economides 等，2003）都证明了一个观点：有限的任期内官员的行为都会采取短期政策，不会考虑将当前政策负效用完全内部化。王贤彬等（2008）研究发现，1978—2005 年，中国省长、省委书记任职时间长度 8 年或者以下所占比例达到 92%。二是“唯 GDP”的增长绩效的晋升激励机制。官员的升迁概率与省份 GDP 的增长率呈显著的正相关关系（Li 和 Zhou，2005）。而这种以 GDP 增长为导向的“政治锦标赛”会存在于省、市（地区）、县和乡镇各级地方政府，且逐层放大（周黎安，2007）。于是，一层一层的地方政府都以此为“指挥棒”对上负责，不择手段地追求 GDP 成为唯一的目标。在这样的激励下，中国各级政府均会充分利用倾斜的权力将政策重点放在晋升考核的基本指标方面，所有有偏的政策和单一非均衡的政策会不断加强，即在此过程中，各级政府以非均衡发展为幌子，通过人为地倾斜和推动来实施有助于经济增长数量不断扩张的经济政策。

由此可见，单一非均衡、以增长数量为基本导向的政策对中国经济奇迹的形成具有巨大的正面意义，但是这种有偏向的政策造成了目前日益严重的经济增长质量问题。魏婕等（2016）已经证明官员会通过有偏的财政政策，在有限时间内对政治激励作出强烈的反应，从短期和显性释放体现自身能力的信号以获取竞争优势。但这种有偏政策明显的危害在于会带来经济结构偏差、经济效率不高和严重的资源环境代价。除财政政策之外，有偏的区域政策、产业政策以及收入分配等政策都会有碍于经济增长质量的提高，因为这种非均衡的政府政策是经济数量显著提高的最好手段，但和经济增长质量核心之意通常背道而驰。

假说 1：以数量型增长为基本目标的政府政策对长期质量型增长缺乏兴趣，对增长质量的负面影响显著。

6.2.2 多维视角的市场功能补充政策对中国经济增长质量的正面影响逻辑

在中国一穷二白的起步阶段，对于经济增长总量积累的诉求，使得我们尽可能地利用我国廉价劳动力和资源土地等要素的优势，追求经济增长数量，在此发展的起步阶段，传统单一非均衡的政策具有一定的适宜性。但随着中国经济总量的不断上涨以及占世界份额的比重越来越大，对经济增长数量的诉求退居次席，特别是长期对数量追求的诸多“不和谐”问题的凸显使得追求经济增长的质量成为当下增长和发展的主题。

对于经济增长质量的内涵解读，经济增长质量是经济数量增长到一定阶段时，经济增长的效率提高、结构优化、稳定性提高、福利分配改善、创新能力提高，从而使经济增长能够长期得以提高的结果。数量型增长反映的是经济增长的速度，而质量型增长反映的是经济增长的优劣程度（钞小静、任保平，2011，等）。由此可见，经济增长数量关注的是短期，而经济增长质量则是一种长期的视角。经济增长数量较为单一，核心是 GDP（总量抑或是人均）增长率，而经济增长质量相对较难，是一个复杂的多维标准。

鉴于此，相比过去阶段单一非均衡的政策，与高质量发展阶段相适应的政策更为复杂和多维。总结来说，市场功能补充政策对中国经济增长质量的正面意义明显。市场功能补充政策有 3 层含义：一是弥补市场失灵的政府政策。众所周知，市场在外部性、公共产品和信息不对称方面会存在失灵，所以政府应发挥在“市场失灵”领域配置资源的能力，同时明确政府和市场的界限，充分给予市场基础配置资源的权力，从而提高对资源的配置效率，如创新驱动引导政策、创新及技术进步的补贴政策、政策性商品的供给政策、放松管制等政策。二是促进市场主体成长的政策。如有利于中小企业进行融资、兼并、收购及重组以及促进新的组织形式设立等政策。另外，还包括促进形成公平竞争的经营环境政策等。三是政府对市场相关制度予以补充的政策。如各种再分配政策、养老金、公积金政策，或各种对市场“协调失灵”的补充政策，这类政策通过使微观主体协调顺畅、激励约束相容来引导出动态的资源配置效果。

从“市场功能补充政策”的含义来看，它强调的是政府对市场的补充而非替代作用，以及市场对政府的补充或替代作用。与林毅夫（2012）在“新结构经济学”中提出的产业政策的机制是一贯的，即“只有在某些障碍因素使市场调节不能正常发挥作用，或者市场反应滞后的情况下，才有必要采取某些导向性的产业政策来消除市场瓶颈，或提前为市场布局。总体而言，政府的产业政策应该是市场调节的补充，而不应取代市场调节的作用或者逆市场调节而行”。所以“市场功能补充政策”首先对经济增长数量的影响主要通过政府与市场对资源配置的动态效率过程来实现；其次对经济增长质量的影响，主要通过优化结构、降低发展成本和实现共享从而提高整个经济系统的效率来实现。总之，市场功能补充政策不仅是经济增长数量的引擎，也是引领高质量发展的动力机制。

假说2：多维视角下的市场功能补充政策不仅是经济增长数量的引擎，也是中国转向高质量发展的重要推手。

6.3 经济政策对经济增长质量影响的效应识别：以高新技术开发区设立政策为例

1988年8月，中国国家高新技术产业化发展计划——“火炬计划”开始实施，其中创办高新技术产业开发区和高新技术创业服务中心被明确列入火炬计划的重要内容。之后，我国各地高新技术产业开发区如雨后春笋般迅速成立。高新技术开发区是国家为发展高新技术为目的而设置的特定区域，是依托于智力密集、技术密集和开放环境，依靠科技和经济实力，吸收和借鉴国外先进科技资源、资金和管理手段，通过实行税收和贷款方面的优惠政策和各项改革措施，实现软、硬环境的局部优化，最大限度地把科技成果转化为现实生产力而建立起来的，促进科研、教育和生产结合的综合性基地。所以高新技术开发区的设立，就是明显的市场功能补充政策，其着眼点在于针对创新行为等仅靠市场机制会出现不足的事实，通过导向性的政策来消除市场瓶颈，从而促进我国创新水平的提升以及增长质量的改善。鉴于此，在此采取国家级高新区设立的案例，作为市场功能补充政策的一种，来识别其对经济增长质量的明显影响意义。

6.3.1 经济增长质量的一种测度方法：基于微观上市公司数据的TFP计算

对经济增长质量的研究，最早狭义的增长质量可理解为效率的同义语。所以狭义的经济增长质量衡量的是要素投入产出的比例、经济增长效果以及经济增长的效率，体现的是经济增长方式转变的问题。很多学者都认为一个国家或地区的经济增长质量，是以投入要素的产出效率（生产率）来衡量的（武义青，1996；郭克莎，1996；魏婕等，2009）。

但狭义的以宏观层面投入和产出计算的生产率来衡量经济增长质量时常被诟病，被认为过于粗糙。所以经济增长质量的衡量和测算扩展到多维指标的合成（钞小静等，2009；钞小静等，2011），能够更充分和准确地反映经济增长质量内涵的六大维度涉及的基本状况。但这种测算方法的明显缺点是总量方法，仅涉及宏观层面的各大指标，缺乏针对宏观经济中各个主体微观企业生产率的考察。鉴于此，借用目前新发展起来的以微观企业数据为主要衡量的基于一致半参数估计值方法来计算企业层面的全要素生产率，然后从城市层面对企业的TFP进行加总，形成对中国城市层面经济增长质量的衡量。

（1）基于上市公司数据衡量企业TFP的方法：OP和LP

关于企业全要素生产率计算方法，常见的有OLS，FE，OP，LP，GMM等几种（鲁晓东等，2012），学术界对此存在较大的争论（Beveren，2012）。一般认为，用OLS和FE的方法计算企业全要素生产率有较大的缺陷，不足以解决内生性问题，且会损失有效信息。通过参考现有文献（余淼杰，2010；Hsieh和Klenow，2009；杨汝岱，2015），并对比OP方法（Olley和Pakes，1996）和LP方法（Levinsohn和Petrin，2003），鲁晓东等（2012）强调OP方法对企业层面生产函数的一致估计值，需要满足代理变量（投资）与总产出始终保持单调关系。鉴于此，本章以LP方法为计算基本方法。对于LP方法不在此追溯，有兴趣的读者可参考Levinsohn和Petrin（2003）以及鲁晓东、连玉君（2012）的介绍。

在此，本章使用的估计模型按照Olley和Pakes（1996）的基本思路，估计如下模型

$$\ln Y_{it} = \beta_0 + \beta_k \ln K_{it} + \beta_L \ln L_{it} + \beta_a age_{it} + \beta_s state_{it} + \sum_m \delta_m year_m + \sum_n \lambda_n reg_{it} + \sum_\kappa \zeta_\kappa ind_{it} + \varepsilon_{it} \tag{6-1}$$

其中，Y_{it}表示企业 i 在 t 年的营业收入；K 和 L 分别表示企业固定资产和从业人员规模；*year*，*reg* 和 *ind* 分别代表企业年份、地区和行业虚拟变量；i 代表企业；j 代表行业；*age* 代表企业的年龄；*state* 表示企业是否为国有企业；ε 表示随机干扰或者测量误差。

采用 OP 和 LP 的方法估计，其中状态变量 *state* 为 ln*K* 和 *age*；控制变量 *cvars* 为 *state*；代理变量 *proxy* 为企业的投资 ln*I*，同时考虑到由于企业缺乏投资数据会造成样本丢弃的问题，按照 LP 法的设计，将中间投入 ln*M* 代替投资作为可观测生产率的代理变量使用。另外，在估计过程中融入广义矩的方法，用资本当期值和代理变量的一阶滞后值作为工具变量；其他变量如 *year*，*reg* 和 *ind* 均为自由变量 *free*；而退出变量 *exit* 为 *exit*，该变量根据企业的是否退市情况生成。

（2）数据来源

本章针对中国上市公司企业的全要素生产率估算，数据时间段为 2000—2015 年，来源于国泰安 CSMAR 数据库。剔除数据缺失严重的公司后剩余观测值为 28359 个。另外，在此运用上市公司的“营业收入”作为产出衡量的变量。

对于企业层面的固定资本存量的核算，采用固定资产净额指标作为基础。同时参照宏观资本存量的核算方法，参考张军等（2004）、单豪杰（2008）等的研究对各企业的资本存量进行估算，其中以固定资产投资价格指数平减，数据来源于“中经网统计数据库”。在此，劳动则为企业的“员工人数”。

另外，为了客观反映资本和劳动对经济增长的贡献，样本中的所有名义变量都是以 2000 年为基期的实际值，其中营业收入使用企业所在地区工业品出厂价格指数平减。经以上处理，本章主要变量的统计特征如表 6－1 所示。

表 6-1 统计描述

变量名称	变量	观测值	均值	标准差	最小值	最大值
ln*Y*	总产出	28269	20.89	1.621	7.125	28.69
ln*K*	资本	27982	20.65	1.644	9.924	27.95
ln*L*	劳动	28248	7.432	1.419	0	13.22
ln*I*	投资	28299	19.86	1.734	4.635	27.32
ln*M*	中间投入	27859	20.44	1.738	6.400	28.63

（3）具体结果及解释

通过估算，根据已有文献的方法，由企业层面 TFP 直接加总求平均得到整体的 TFP。中国总体全要素生产率呈不断上升态势，但年均增长仅有 1.54%。与以往的研究相比，接近李红玉等（2008）、鲁晓东等（2012）和杨汝岱（2015）运用工业企业数据库计算的总体 TFP 在 1999—2007 年年均增长速度为 2% ~5% 的结果。但相比之前其他计算结果，如王志刚等（2006）、邵军（2011）等、姚战琪（2009）等，近些年中国总体 TFP 增长率呈明显增速放慢的趋势。

分地区来看，东部地区整体 TFP 水平值最高，中部次之，西部最低。但年均增长率东、中、西部增长率分别为 1.18%、1.96% 和 1.75%，可以看出内陆企业有较高的 TFP 增长率，说明地区间总体存在收敛的趋势，这与谢千里（2008）和鲁晓东等（2012）的结论相类似，其中中部地区个别城市追赶现象明显。

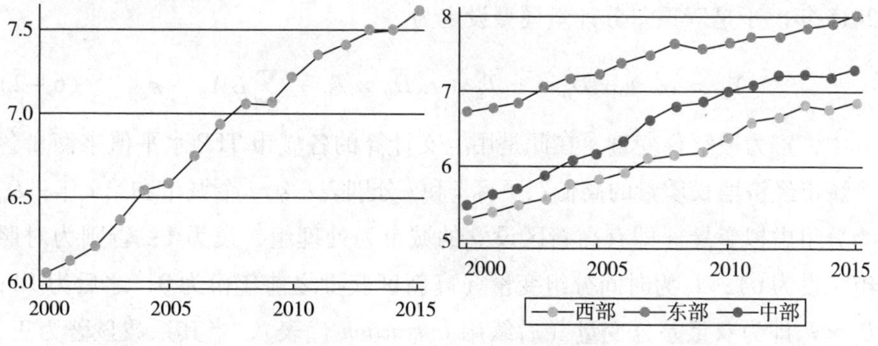

图 6-1 2000—2015 年中国总体及各地区 TFP 的水平值

6.3.2 经济政策——高新区设立政策对经济增长质量影响的效应识别

1988年，为了促进国家高新技术产业化的发展，中国开始实施著名的“火炬计划”，而设立和发展高新技术产业开发区就是“火炬计划”的一项重要内容。同年5月，中国第一个国家级高新技术产业开发区——中关村科技园获得国务院批准，成为新兴科技产业园区的代表和示范区。在随后的20多年里，各地区根据高新技术产业的发展状况和国家高新区的评定要求，设立了大量的国家级高新区。截至2015年年底，全国共设立了145家国家级高新区。

为了检验设立高新区对地区经济增长质量的作用，我们采取一个简单的评估公共政策效果的方法——双重差分（DID），来估计高新区设立的“增长质量效应”。具体来说，我们的样本剔除了其中TPF异常值或缺失值太多的城市后剩余共计232个地级城市，其中有98个地级市获批建设国家级高新区，这98个地级市就构成了处理组，其余没有获批建设国家级高新区的地级市自然就构成了对照组。同时，国务院在批准地方建设国家级高新区时采取了分期批复的方式，1988—1997年批复44家，之后2007年批复1家，2009年批复2家，2010年批复26家，2011年批复5家，2012年批复17家，2014年批复9家，2015年批复16家。这样，各地区高新区被批复的时间存在差异。根据地方获批建设高新区的时间，我们设置时间变量T，地区在获批建设高新区前$T=0$，之后$T=1$。样本时间范围为2000—2015年。于是双重差分计量模型设定为

$$Y_{it} = \alpha_0 + \alpha_1 D_{it} + \alpha_2 T_{it} + \alpha_3 D_{it} \times T_{it} + \sum_{j=1}^{M} \beta_j X_{it} + \varepsilon_{it} \qquad (6-2)$$

其中，Y_{it}为被解释变量，在此是用上文计算的各城市TFP水平值来衡量各个城市经济增长质量的高低；下标i和t分别表示第i个城市和第t年；D_{it}为分组虚拟变量（即有高新区设立的城市为处理组，设为1；否则为对照组，设为0）；T_{it}为时间分组变量（高新区获批之前年份为0，之后为1）；$D_{it} \times T_{it}$即为双重差分变量（后续用*Interaction*代表），当其系数显著为正，则说明高新区设立的事件对经济增长质量的影响是正向的，反之，当其系数显著为负，则说明影响为负。对于该模型，我们最关心的重点是双重差

分变量的系数 α_3，它度量了高新区设立的政策对经济增长质量的净影响。①

本章使用上市公司2000—2015年的微观数据计算的企业TFP加总后求的城市数据来评估国家级高新区设立政策对经济增长质量的影响。由于经济增长质量所涉维度过多，在考虑高新区设立政策效应之外，还需引入其他控制变量来显示其他经济因素对经济增长质量的影响。X_{it}是一组控制变量：①经济增长质量的核心要义之一是经济增长数量的保证。所以对经济增长质量的影响因素中要纳入经济增长的数量指标，在此对各城市总量GDP取对数（lnGDP）加入控制变量中。②对于驱动中国经济数量持续增长的动力，学界共识是投资驱动（Chow等，2002；郑京海等，2008；王小鲁等，2009；Brandt等，2010），在此计算地区固定资产投资增长率来衡量增长数量动力中的投资因素 *Far*，但单纯依靠投资驱动的模式会对经济增长质量产生负面影响，即增长方式还是要素投入型增长，所以加入该控制变量，来衡量增长方式的具体形式。③钱纳里等（1989）发展了“多国模型”，阐释了产业结构变动对经济增长的影响，所以在此借鉴干春晖等（2011）的研究，我们选择产业高级化 *Adanind* 作为对产业结构变动的一种衡量，来控制产业结构的演进特别是经济服务化对地区增长质量的影响。④城市化率 *Gurb* 的高低也是城乡结构的一个重要反映，所以在控制变量中加入城市化的衡量指标。但由于城市数据中城市非农业人口数据、前后连续性不够，在此我们退而求其次，选择各城市市辖区中第二、第三产业就业人数作为非农人口的衡量，并计算其增长率来衡量一个城市的城市化水平。⑤人力资本外溢效应已被反复论证过（Lucas，1988；Romer，1990），地区高素质的人才对经济增长质量具有重要作用（蔡昉等，2000；Fleisher et al.，2010），在此用“城市高等教育人数/总人口”来捕捉地区教育水平 *Edu* 状况。⑥对于东亚的奇迹，长期持续被人认为政府在其中扮演了非常重要的角色（雷文·格立夫等，1997），因此参考已有文献的做法，本章采用“城市政府消费支出/城市GDP”指标来衡量政府规模 *Gov* 对经济增长质量的作用。⑦贸易是各国经济不可或缺的因素，同样对对外直接投

① 鉴于我们最关心的系数为双重差分变量的估计系数，后文在计量结果报告中在核心解释变量的系数报告中只报告 α_3 的估计值。

资FDI、外贸对中国经济增长的贡献研究（江小涓、李蕊，2002；尹敬东，2007）都证明了一个结论：中国经济增长依赖于外部经济。同时，开放程度 *Open* 的高低与经济增长质量也息息相关，开放包容程度越高，融入世界市场越充分，其反映了地区经济竞争力越强，质量程度相对也越高。在此，考虑到数据的可得性，采用"城市进出口总额/城市GDP"来衡量。

6.3.3 结果及分析

我们首先依据上述模型来检验高新区设立的政策对地区经济增长质量的影响，基本的双重差分结果如表6－2所示。其中前3列是没有加入其他控制变量时的估计结果，4－5列是加入其他控制变量的结果。在此我们重点关注的交互项的系数除了第3列其他回归系数均为显著为正。第3列是控制了时间固定效应和个体固定效应后的结果，但没有排除其他因素对经济增长质量的影响。后续在第6列加入控制变量后交互项系数显著为正，所以这有理由表明高新区设立政策的实施对区域经济增长质量具有显著的推动作用。

表6－2 基本DID结果

	(1) OLS	(2) FE	(3) 双向固定	(4) OLS	(5) FE	(6) 双向固定
Interaction	0.656*** (8.424)	0.802*** (8.963)	−0.045 (−0.477)	0.155** (2.010)	0.185** (1.966)	0.067*** (2.748)
lnGDP				0.555*** (16.265)	0.593*** (15.047)	0.125** (2.159)
Far				−0.000*** (−5.186)	−0.000*** (−4.580)	−0.000*** (−3.343)
Adanind				0.002* (1.881)	−0.001 (−0.163)	0.001** (2.047)
Gurb				−0.117 (−1.293)	0.098 (0.495)	0.114 (0.549)
Edu				0.000** (2.555)	0.000*** (2.675)	0.000** (2.074)
Gov				0.025*** (4.713)	0.019*** (3.364)	0.011* (1.800)

续表

	(1)	(2)	(3)	(4)	(5)	(6)
	OLS	**FE**	**双向固定**	**OLS**	**FE**	**双向固定**
Open				0.013 (0.341)	0.042 (0.759)	0.019 (0.381)
Constant	16.212 * * * (263.329)	16.154 * * * (571.195)	17.141 * * * (316.272)	6.476 * * * (7.100)	6.542 * * * (5.596)	14.180 * * * (6.553)
Year FE	No	No	Yes	No	No	Yes
Fixed_ Effect	No	Yes	Yes	No	Yes	Yes
Cluster	Yes	Yes	Yes	Yes	Yes	Yes
N	3349	3349	3349	2951	2951	2951
R^2	—	0.059	0.530	—	0.530	0.545

注：括号中为t值；*、**、***分别表示显著性水平为10%、5%和1%。

6.3.4 稳健型检验

为了进一步提升本章结论的可靠性，我们进行了一系列的稳健性检验。

(1) 控制省份或地区的差异效应

中国各城市所处省份或地区在经济发展程度、市场化程度以及政府施政理念等方面存在巨大的差异。上述基本模型中仅控制了时间和城市个体效应，不予观察其他随时间变化的因素。所以在此分别控制城市所在省份或地区的效应，具体结果如表6-3所示。表6-3不同模型的交互项均显著为正，这进一步印证了我们的结论。

表6-3 控制省份和地区的结果

	(1)	(2)	(3)	(4)
	控制省份1	**控制省份2**	**控制地区1**	**控制地区2**
Interaction	0.165 * * (2.010)	0.070 * (1.832)	0.176 * * (2.137)	0.079 * (1.941)
lnGDP	0.585 * * * (16.265)	0.132 * * (2.177)	0.579 * * * (16.156)	0.124 * * (2.221)
Far	-0.000 * * * (-5.186)	-0.000 * * * (-3.422)	-0.000 * * * (-5.583)	-0.000 * * * (-3.521)

续表

	(1) 控制省份1	(2) 控制省份2	(3) 控制地区1	(4) 控制地区2
Adanind	0.002 *** (2.481)	0.003 ** (1.912)	0.002 *** (2.753)	0.004 ** (2.071)
Gurb	-0.137 (-1.293)	-0.038 (-0.371)	-0.150 (-1.386)	-0.009 (-0.088)
Edu	0.000 ** (2.555)	0.000 ** (2.421)	0.000 *** (2.698)	0.000 * (2.007)
Gov	0.024 *** (4.713)	0.011 * (1.869)	0.024 *** (4.825)	0.010 * (1.896)
Open	0.015 (0.341)	0.009 (0.213)	0.010 (0.228)	0.009 (0.203)
Constant	6.476 *** (7.100)	14.881 *** (11.218)	8.029 *** (10.654)	14.914 *** (14.306)
省份虚拟变量	控制	控制		
地区虚拟变量			控制	控制
Year FE	No	Yes	No	Yes
Cluster	Yes	Yes	Yes	Yes
N	2951	2951	2951	2951

注：括号中为t值；*、**、***分别表示显著性水平为10%、5%和1%。

（2）平行趋势假定检验

DID的唯一前提就是平时趋势假定，即实验组和对照组在受高新区设立的影响之前因变量的发展趋势应该一致。如何检验样本是否满足平行趋势，在此参考Moser和Voena（2012）的方法，即加入处理前各年的虚拟变量与处理变量交互项，如果不显著，说明平行趋势假设满足，具体如表6-4所示。从中可以看出，表6-4中3个方程的政策实施时点提前三年，均没有通过显著性检验，说明满足双重差分的平行趋势假设。

另外，我们发现检验动态效应，即加入高新区设立政策之后各年虚拟变量与处理变量交互项后，从高新区设立后的第2年开始，交互项系数均显著为正，说明高新区设立这一利好在设立当年正向反映较为微弱，但从第二年开始这种明显的促进作用就开始凸显。

表6-4 平行趋势假定检验

	(1)	(2)	(3)
	FE	FE	双向固定
Inter_ before3	0.562 (0.574)	-0.005 (-0.063)	0.019 (0.226)
Inter_ before2	0.034 (0.332)	-0.110 (-1.048)	-0.109 (-1.010)
Inter_ before1	0.030 (0.753)	-0.037 (-0.927)	-0.043 (-1.021)
Interaction	0.117 (1.602)	0.006 (0.072)	-0.008 (-0.095)
Inter_ after1	0.173*** (4.164)	0.074* (1.686)	0.117** (2.220)
Inter_ after2	0.029** (1.719)	0.030** (1.728)	0.059*** (2.605)
Inter_ after3	0.220* (1.912)	0.083*** (2.689)	0.026** (2.286)
Constant	16.026*** (349.753)	15.555*** (281.531)	12.917*** (6.606)
控制变量	未控制	未控制	控制
N	3349	3349	2951
Year FE	No	Yes	Yes
R^2	0.082	0.530	0.545

注：括号中为t值；*、**、***分别表示显著性水平为10%、5%和1%。

(3) PSM-DID 的结果

为了克服因样本选择问题而存在估计偏误，同时进一步检验基本 DID 结果的可靠性，我们利用倾向评分匹配（PSM）的匹配法来选择合适的控制组。首先通过使用上述控制变量作为解释变量，对是否是高新区（*D*）的0-1变量进行 Logit 回归，结果是除了 *Far* 和 *Adanind* 两个变量，其余均通过显著性检验，说明协变量对处理变量具有较强的解释力。在此运用核匹配（Kernel Matching）进行 PSM-DID 的估计，具体结果如表6-5所示。由此可见，运用 PSM-DID 的方法检验后，高新区设立政策对经济增长质量有显著的正向影响。

表 6-5 PSM-DID 的结果

	TFP 水平值	t 值	P>|t|
Before			
Control	9.917		
Treated	10.265		
Diff（T-C）	0.348	7.52	0.000***
After			
Control	10.792		
Treated	11.443		
Diff（T-C）	0.651	6.89	0.000***
Diff-in Diff	0.303	4.21	0.000***

注：*、**、***分别表示显著性水平为10%、5%和1%。

6.4 新时代下的中国追求经济增长质量：宏观经济政策的完善和改进

新时代我国经济增长的目标由追求数量转向追求质量与效益，在这一转型的关键阶段，政府政策及行为对经济增长起到了至关重要的作用，经济从数量型增长向质量型增长的转型不是一个自发的过程，需要宏观政策的正确引导。根据以上对宏观政策与经济增长的研究内容，本章提出以下几条政策建议。

第一，宏观经济政策基本导向转变，本章研究表明，以数量型增长为基本目标的政府政策对长期质量型增长缺乏兴趣，对增长质量的负面影响显著。因此，我国的宏观经济政策基本导向应进行调整，在新常态下，政府应由原先以经济增长数量为基本导向的政策转向以长期经济质量增长为基本导向的政策，通过运用多样化的调控手段对经济增长进行微调，在保持经济增长稳定性的同时考虑经济增长质量的提升。

第二，地方政府考核机制改革，政府应转变“唯 GDP”的增长绩效的晋升激励机制，将地方官员晋升的衡量标准多样化，增加经济质量方面指标的权重，用“绿色 GDP”等多个综合指标代替“唯 GDP”的官员升迁标准，以避免地方官员为追求政治晋升而过分追求经济绩效，忽略经济增长的质量问题，从而在推动经济效率提升的同时降低对生态环境的破坏。

第三，实施差别化区域发展政策，根据本章的研究，分地区来看，东部地区整体 TFP 水平值最高，中部次之，西部最低，地区间总体之间存在收敛的趋势，其中中部地区个别城市追赶现象明显。政府应该实行差异化的区域政策，根据各地区的自身特点及资源禀赋实行不同的经济政策，从而发挥不同区域的优势，优化区域资源配置，实现区域之间的协调发展。

第四，提高市场功能补充政策所占权重，本章以国家级高新技术开发区设立政策为例，来识别其对经济增长质量的影响意义，并采取双重差分的方法来估计其政策效果，并发现高新区设立政策的实施对区域经济增长质量具有显著的推动作用。因此，可认为多维视角下的市场功能补充政策不仅是经济增长数量的引擎，也是中国转向高质量发展的重要推手。故在新常态下，需要增加对于中国经济增长质量有更加明显正面意义的市场功能补充政策，从而提高资源配置效率，促进市场主体成长，引领我国经济高质量发展。

参考文献

[1] Besley, T., Case, A. Does Electoral Accountability Affect Economic Policy Choices? Evidence from Gubernatorial Term Limits[J]. *Nber Working Papers*, 1995, 110(3): 769 - 798.

[2] Beveren, I. V. Total Factor Productivity Estimation: A Practical Review [J]. *Journal of Economic Surveys*, 2012, 26(1): 98 - 128.

[3] Brandt, L., Zhu, X. Accounting for China's Growth[C]. University of Toronto, Department of Economics, 2010.

[4] Economides, G., A Philippopoulos, S Price. How Elections Affect Fiscal Policy and Growth: Revising the Mechanism[J.] *European Journal of Political Economy*, 2003(19).

[5] Hsieh, C. T., Klenow, P. J. Misallocation and Manufacturing TFP in China and India[J]. *Quarterly Journal of Economics*, 2009, 124(4): 1403 - 1448.

[6] Levinsohn, J., Petrin, A. Estimating Production Functions Using Inputs to Control for Unobservables[J]. *Review of Economic Studies*, 2003, 70(2): 317 - 341.

[7] Li Hongbin, Li - An Zhou. Political Turnover and Economic Performance: The Incentive Role of Personnel Control in China[J]. *Journal of Public E-*

conomics,2005,89 (9 - 10) :1743 - 1762.

[8]Olley,G. S. ,Pakes,A. The Dynamics of Productivity in the Telecommunications Equipment Industry [J]. *NBER Working Papers*, 1996, 64 (6): 1263 - 1297.

[9][美]艾伯特．赫尔希曼．经济发展战略[M]．北京:经济科学出版社,1991.

[10]蔡昉,都阳．中国地区经济增长的趋同与差异——对西部开发战略的启示[J].经济研究,2000(10).

[11]钞小静,惠康．中国经济增长质量的测度[J].数量经济技术经济研究,2009(6).

[12]钞小静,任保平．中国经济增长质量的时序变化与地区差异分析[J].经济研究,2011(4).

[13]干春晖,郑若谷,余典范．中国产业结构变迁对经济增长和波动的影响[J].经济研究,2011(5).

[14]郭克莎．论经济增长的速度与质量[J].经济研究,1996(1).

[15]贾根良．演化发展经济学与新结构经济学——哪一种产业政策的理论范式更适合中国国情?[J].南方经济,2017(12).

[16]李玉红,王皓,郑玉歆．企业演化:中国工业生产率增长的重要途径[J].经济研究,2008(6).

[17]林毅夫,李永军．比较优势、竞争优势与发展中国家的经济发展[J].管理世界,2003(7).

[18]林毅夫．潮涌现象与发展中国家宏观经济理论的重新构建[J].经济研究,2007(1).

[19]林毅夫．新结构经济学:反思经济发展与政策的理论框架[M].北京:北京大学出版社,2012.

[20]鲁晓东,连玉君．中国工业企业全要素生产率估计:1999—2007[J].经济学(季刊),2012(11).

[21]潘士远,金戈．发展战略、产业政策与产业结构变迁——中国的经验[J].世界经济文汇,2008(1).

[22]邵军,徐康宁．转型时期经济波动对我国生产率增长的影响研究[J].经济研究,2011(12).

[23]王贤彬,徐现祥．地方官员来源、去向、任期与经济增长——来自中国省长省委书记的证据[J]．管理世界,2008(3).

[24]王小鲁,樊纲,刘鹏．中国经济增长方式转换和增长可持续性[J]．经济研究,2009(1).

[25]王志刚,龚六堂,陈玉宇．地区间生产效率与全要素生产率增长率分解(1978—2003)[J]．中国社会科学,2006(2).

[26]魏婕,任保平．要素生产率和经济增长质量的理论与实证分析——基于1952—2007年的数据[J]．山西财经大学学报,2009(11).

[27]魏婕,许璐,任保平．财政偏向激励、地方政府行为和经济增长质量[J]．经济科学,2016(3).

[28]武义青,史如海,郜明信．经济增长方式的界定[J]．管理现代化,1996(4).

[29]谢千里,罗斯基,张轶凡．中国工业生产率的增长与收敛[J]．经济学(季刊),2008(3).

[30]徐现祥,王贤彬,舒元．地方官员与经济增长——来自中国省长、省委书记交流的证据[J]．经济研究,2007(9).

[31]杨汝岱．中国制造业企业全要素生产率研究[J]．经济研究,2015(2).

[32]姚战琪．生产率增长与要素再配置效应：中国的经验研究[J]．经济研究,2009(11).

[33]余淼杰．中国的贸易自由化与制造业企业生产率[J]．经济研究,2010(12).

[34]张维迎．产业政策是与非[J]．商业观察,2016(11).

[35]郑京海,胡鞍钢,Arne Bigsten．中国的经济增长能否持续？——一个生产率视角[J]．经济学(季刊),2008(3).

[36]周黎安．中国地方官员的晋升锦标赛模式研究[J]．经济研究,2007(7).

7 中国经济增长质量：基于语言文化转型的视角

7.1 引 言

中国经济的发展离不开制度变革，中国经济社会转型的背后是文化转型，而语言正是文化精神层面的主要表现形式之一，并随着一国经济与政治的不断发展，逐步作为综合国力“硬实力”的重要内容得到了政府和学界的普遍认可。当中国已经从传统农业文明转向工业文明，从融入全球化到主导全球化，语言文化也发生了从文言文到现代简体字、从“外语浪潮”重归“国学运动”的巨大转变。基于此，研究语言文化转型与经济发展的关系问题就成为国内外学界普遍关心的热点和难点问题之一，也为语言经济学的兴起与发展提供了新的契机，尤其是在全球经济增速放缓的背景下，研究语言影响经济发展的逻辑机理不仅有利于解决中国当前经济与文化发展过程中存在的瓶颈问题，也是广大发展中国家实现经济发展、语言文化振兴的重要依据。

制度生成必定有语言的维度，那么制度必须经由某人的言说宣布或书写话语界定下来。因此，“人的言语在一定情景中可以创生制度实在或制度规则，这似乎是一件不言自明的事实了”（韦森，2014）。如若文化能够对经济施加影响，那么语言作为文化最直接的符号，也必定能够施加于经济主体，从而在整个社会经济活动中扮演着重要的角色。同理，若以语言规范的变革来重新审视中国经济增长质量将是对中国经济发展问题研究的一个重要深化和拓展。

语言既是文化的传承，也是文化的具体表现形式。人类社会所形成的文化都存在于语言之中，并以语言的形式流传下来，因而语言是文化最重要的组成部分。在我们习得文化时，总是要通过习得语言，因此人们在认识和感受文化时总要受到语言的影响，并在接受前人语言的基础上进行思维和创新，语言能够提供广泛的有关使用该语言的国家的文化习俗和制度等方面的有效信息，并标明使用该语言的民族心理特征。随着世界经济联系的越发紧密，人们在政治、经济、文化、科技等方面的融合与交流越发频繁，人们之间的语言也在相互碰撞、相互交流，形成了独特的语言现象。洪堡特（1836）的“语言世界观”认为，民族语言受到了来自民族思维的限制，由于各民族认识事物的角度不同，由语言表达出的世界观肯定也有所不同。同样，萨丕尔—沃尔夫的语言弱相对假设也同样认为一个人对待世界的认识受制于自身语言。因此，某种语言总能表现出文化的一种状态，经典的语言学家们认为，语言反映了人们的思维方式，因此也可以看作是社会变革的一个重要标志。从汉语的行文规范来看，近现代中国发生了4次语言文化变革：白话文运动、简体字运动、英文运动与国学运动。中国文化从以马克思主义、西方自由主义思想和传统儒家文化分裂对峙到3种思想文化融合，形成了新的儒家文化思想，并走出国门。伴随着中国语言的变革，同期中国经济也逐步开始了从封闭走向开放、从数量走向质量的过程。

这一系列文化与经济历史的变革，也是一次各种制度冲突到融合的过程，因此，如何讲述中国语言文化与经济发展的“新丝绸之路”现象，是一个重要且有趣的命题。它不但关乎中国过去的历史发展轨迹，也影响着中国未来的“文化自信”与文化复兴，然而传统学者较少关注到语言文化转型与经济增长质量的关系。经济学者主要关注语言（文化）对经济增长的影响，而语言学家则更关注语言的历史变革，然而如何用语言变革进一步解释中国经济从数量到质量的发展转型问题，显然将这二者融合在中国经济史研究的文献相对较少。因此，本章试图将中国近现代的语言文化转型置于中国经济增长质量的历史长河中，分析语言文化转型与经济增长质量的关系，并借用现代政治经济学、制度经济学与语言学、心理学的相关理论，构建语言文化转型与经济增长质量的作用机理框架。

7.2 中国语言文化转型的发展脉络及历史沿革

以语言作为文化转型的主要手段可追溯至春秋战国时代，从秦始皇统一六国“书同文，车同轨，行同伦”开始，第一次简化了战国七雄“言语异声，文字异形”的复杂局面，统一将篆体作为书写语言，至隋唐时期，以科举制度规定了官方语言的文体、字体、格式等，用于统一官方语与地方方言的差异①。可以说，中华历史上一次次的繁荣统一盛世之下都有语言文化改革伴随始终，显示了中华语言文字的博大精深和源远流长的历史轨迹。然而日益完善的封建社会体制使中华文字躺在了腐败的温床上，日趋严格的“八股文”不但扼杀了中国知识分子的思想，也阻碍了与其他世界的交流，昭示着中华文字即将迎来百年的曲折。伴随着资本主义世界的兴起，封建体制开始动摇，中华文化被迫要求转型，与之相适应的“迂腐且毫无生机”的中华文字甚至一度有被消灭的危险。近现代中国语言文化才开始进行了真正的改革：在二战前的1919年以《新青年》创刊为重要发端的白话文运动使中华文字第一次与世界接轨，“德先生与赛先生”打开了民主与科学的大门，民族工业发展迎来短暂的春天；新中国成立后至改革开放前夕，是中华文字的加速转型时期，简体字运动使国家面貌焕然一新，国人识字率不断上升，国内市场繁荣发展；改革开放后，面对纷繁的国际经济交往，中国人民开始以“英语”作为主要学习语言，“英语热”兴起，中国在国际市场上开始立足；21世纪的开端，中国GDP仅次于美国位居世界第二，人均收入水平已经从一穷二白的发展中国家跃居中等发达国家水平，中国人民在思考经济增长数量的同时开始反思经济增长质量，并践行以“国语、国学”为代表的文化自信，“丝绸之路”走向世界各地，“孔子学院”遍布五大洲数十个国家。语言文化改革与中国经济发展互相扶植，互相影响。

7.2.1 战前语言文化转型与中国民族经济的春天：白话文运动（1919—1949年）

明清开始，“闭关锁国”等一系列国策使封建主义制度达到了高度的稳定状态，资本主义萌芽出现，但在庞大的封建制度下缓慢发展，昭示着封建社会即将崩塌的危险。肇始于1840年的鸦片战争以及其后多年的中外战争使中华民族认识到自己已经落后于世界其他国家，救亡图存使中华文

① 这里指提供一系列韵书（包括《广韵》《集韵》《礼部韵略》等），唐代以《切韵》为主要韵书来要求韵律规则，极大地协调了南北声韵差异较大的问题。

化被迫要求转型，中国人民必须“开眼看世界”，然而传统的“君君臣臣、父父子子”等封建等级文化观念仍烙印在国人的思维之中，部分原因在于传统文言文是独立于日常交流体系的一种语言，它复杂难懂，格式规范不容有变，严重禁锢了知识分子思想与传播先进思想的效率，如傅斯年所说：

“中国文人，每置文章根本之义于不论，但求之于语言文字之末。又不肯以切合人情之法求之，但出之以吊诡，骈文之涩晦者，声韵神情，更与和尚所诵偈辞咒语，全无分别。为碑志者，末缀四言韵语。为赞颂者亦然。其四言之作法，直可谓偈辞咒语，异曲同工。又如当今某大名士之文，好为骈体，四字成言，字艰意晦，生趣消乏，真偈咒语之上选也。”①

在这里，文言文最重要的弊端在于它并不适合大众化的交流，中华文字本就是音义不同形，文言文不但在文法格式上有着严格的要求，甚至在语音语言上也复杂于常人，造成字面意思与实际表达意思相去甚远，如鲁迅在《孔乙己》中描述“茴”字的多种写法，这对于在当时以扩大市场交易规模的经济发展方式是完全不合适的，普通民主需要的是简单易懂的文字用于科学与民主、平等与自由的启蒙，用简单的语言文字进行市场交易，从而提高生存概率。在此情形之下，需要一种比文言文简单易懂同时也能快速推广的语言，白话文运动应运而生，它是中国发展的需要，它简练、通俗易懂。以白话文运动为发端的文学革命，对传播新思想、繁荣文学创作、推广国民教育、提高人力资本起到了重要作用。

1920 年 1 月 18 日《申报》10 版《小学国文科改授国语之部令》，要求小学一、二年级“改国文”为“语文体”，1920 年 4 月，教育部明令国民学校其他各科教科书，亦相应地改用语体文。从此，白话文占据教育这块高地，白话文运动取得完全胜利。

成功的市场活动要求商业信息的畅通（罗斯基，2009），在农业方面，由于交通运输与通信业的发展，市场信息的流通非常充分，白话文的出现使教育能够普及到普通民众及农民中，20 世纪 30 年代，约有 30% 的人可以读写（Perkins，1975），由于普通农民能够获取大量有用的信息，种植农作物的方式以及技术手段等都能够完成，也能够应付普通经济周期，从

① 《新青年》第四卷第四号著文《中国学术思想界之基本误谬》。

而获得收益。在工业方面，外国商人经营企业之初，由于中国普通员工能够顺利读些普通文字和交流传播，积攒了最初的原始资本以及丰富的产品和技术经验，为中国民族工业的发展奠定了基础。

7.2.2 新中国成立后中国的第一次文化转型与新中国成立初期的发展：简体字运动与普通话推广（1949年至今）

1949年中华人民共和国成立，不仅在经济上建立了社会主义公有制的经济体制，在文化上也改革成为以马克思列宁主义、毛泽东思想为基础的民族的、科学的、大众的社会文化，与之相适应，对国家的官方语言也进行了改革，初步形成了以汉字地位规划（以汉语语言为官方使用语言、多民族语言大融合）、字形规划（汉字简化与异体字统一）、字音规划（以拉丁字母为主的汉语拼音音注汉字）、字量规划（建立通用汉子表）、字序规划（汉字的笔顺与笔画）、字典规划（编写《新华字典》）、社会用字规划（规定地名用字简化与计量用字）、教育规划（大力推广汉语拼音）和传播规划（对外汉语传播）为主要内容的汉字规划立体系统。在上述语言改革中，以简体字与汉语拼音标注为最重要的内容，1952年文字改革研究委员会汉字整理组成立，开始着手拟定《常用汉字简化表草案》，至1964年出版2236字的《简化字总表》，即今天中国通行的简体字。汉字的简化消除了古代文言文中诸如"茴"字的多种写法与通假字的混乱，以拉丁文字母为汉语拼音形式并对汉字进行音注，使普通话的迅速普及成为可能，在汉语拼音的基础上，1982年将"国家推广全国通用的普通话"写入宪法，并定义普通话为"以北方话为基础方言、以北京语音为标准音、以典范的现代白话文著作为语法规范的汉民族共同语"，这样中国终于形成了共同简化语的传播规范。

虽然在新中国成立初期经济发展还处于恢复之中，但简化字体的改革与普通话的推广无疑是在文化领域中给传统落后的生产方式以致命的一击，汉字简化与汉语拼音标注极大地提高了普通人的识字水平，有利于人力资本水平的迅速积累；以普通话代替传统方言的形式冲击着传统的等级观念与封闭主义思想，推动了国内市场的统一。普通话普及对中国经济增长产生了重要的影响。众多学者开始研究方言（普通话）对经济增长的影响，如陆铭和张爽（2007）、刘毓芸等（2015）。陈媛媛（2016）认为当人们讲同一种语言时就会有相同的身份认同，从而提高了个体与组织的社会资本并影响着他们的劳动力流动与收入的提高，反之，跨方言的存在则会影响劳动力的流动从而不利于地区经济发展。作为非正式制度的语言，它能够影响个体与组织的激励与行为，从而影响经济增长（陆铭、李爽，2008）。徐现祥等（2015）则认为，由于方言带来的理解障碍会增加人们社会交往中的心理距离，从而阻碍了信任、沟通与技术进步，不利于现代经济的发展，在控制其他因素的情况下，消除城市中的方言多样性可将人均产出水平提高到原来的30%左右。

7.2.3 改革开放后的语言文化转型与中国融入经济全球化：英文运动（1978年至今）

20世纪80年代以后，中国进入了改革开放时期。大量的国际经贸交流繁荣起来，加速了中国现代化进程，并引起人们价值观和行为准则的变化，物质资料的极大丰富以及渴望与世界融合使中国人民开始频繁接触外语和外国思想。随着国家发展目标的转型，我国外语学习政策也在发生着深刻的变化，而其中英语测试改革作为新中国成立以来最大的外语学习战略部署，可谓是我国外语学习政策调整的“风向标”，不仅引领着其他语言考核体系的变化，也对国家发展所需人才储备的建设发挥着积极作用。

首先是正规教育体系的外语培训。为了适应改革开放发展战略的要求，1978年作为高考重新恢复的开局之年，教育部将外语考试的语种定为英语、俄语、法语、德语、日语、西班牙语、阿拉伯语，但是外语考试成绩不计入总分；从1983年开始，报考所有院校外语成绩都按100%计入总成绩。1989年教育部正式要求英语标准化考试在全国范围内实施。在这一阶段，不仅考试题型从简单的词汇和作文扩展到选择、完形填空、阅读等多种形式，而且从词汇大纲和英语教材都作了大幅度调整，和语言测试恢复阶段相比，标准化政策的实施更加强调阅读、写作等能力的提高，外语学习的应用性得到进一步增强。通过标准化考试，为全社会公民外语学习提供了方向，保证了英语测试选拔人才的公平性与科学性，使高等教育培养的外语人才能够有效满足对外经济发展的需要。伴随着改革开放的逐步深入以及市场经济体系的确立，尤其是在世界政治经济一体化趋势背景下，对外语人才的培养要求不再仅局限于读写能力与应试能力的培养，而是朝着培养外语能力人才“听、说、读、写”阶段全面发展。鉴于此，1999年教育部出台了新的高考英语改革方案，正式提出在英语标准化测试之外加入听力试验，以充分筛选出优秀的外语能力人才。英语成绩也从原先的100分提高至150分，除试题形式更加多样化之外，考试内容还涉及了西方国家文化、经济、科技等，考试难度也在逐年加大。此后，新的外语教学与考核体系基本成形，各命题单位在标准化英语测试基础上进一步深化完善，最终保障外语人才的选拔能够满足我国加入WTO以及“引进来、走出去”战略的需要。

其次是其他教育培训体系。与改革开放同时进行的是教育的开放，为了迎接来自中国的学术和工作人员，美国教育考试服务中心（ETS）于1981年首次登陆中国内地，进行第一次托福考试（The Test of English as a Foreign Language，TOEFL），为申请去美国、加拿大等地区的留学生提供英语评估测试，首次使用了美国标准化测试试卷以及机读答题卡与听力测试，为中国本土举办的各种英语测试提供了改革的范本，随着托福的引进，GRE、GMAT、SAT以及TOEIC等考试也陆续开始，为中国考生的外语水平提供了可参考的学习依据。1987年雅思IELTS（International English Language Testing System，国际英语测试体系）测试登陆中国内地，为申请英国、澳大利亚、加拿大等高校的中国留学生提供英语测试服务。由这两个大型语言考试衍生出其他教育培训产业机构，如“新东方”（纽交所股票代码：EDU）占据了北京80%、全国50%的出国培训市场，年培训学生超过15万人次，是中国最大的私立教育服务机构。此外，环球雅思、ABC外语学校、北外成功英语等私人培训机构如雨后春笋般出现，中国的“外语热”浪潮席卷全国。国内大型外语培训机构已超过3000多家，培训产业的年产值约为300亿元，并有不断上升趋势。

从整个英语测试改革的历程来看，英语测试的标准化程度和内容深度均在不断提高，“听、说、读、写”的难度在不断加大。当然，遵循英语运动浪潮的历史足迹可以发现，重大外语学习政策的调整均与我国经济发展的历史阶段存在密切的联系，尤其是在开放经济背景下，国民经济的发展迫切需要合适的语言为其服务，而外语学习政策的调整也恰恰有效促进了我国经济全球化和一体化进程。此外，由于外语学习加剧了国人接触西方的“创新精神”与“市场精神”，为国人完善市场经济体系、促进经济发展奠定了文化基础。学者左秀兰（2006）、郝成森（2014）等认为，外语学习政策的调整恰恰是形成国际经济交往的驱动因素，有利于深化国家之间经贸等多领域的交流与合作。同样，围绕语言学习政策调整而兴起的语言产业对 GDP 的增长贡献接近 1%（苏剑，2014）。不仅如此，从人力资本视角来看，外语学习对城市中劳动者的收入回报率达到 70%，对提高劳动者收入水平有显著的促进作用（刘泉，2014）。张卫国（2011）、赵颖（2016）等从语言竞争力和人力资本角度探讨了外语学习对居民收入的积极作用，他们通过微观调研问卷，进一步证明了在多语并存的国家，拥有双语的个人要比那些没有的在劳动市场的竞争力更大，获得的收入也较高，尤其是拥有英语能力与劳动者收入的关系更甚，在考虑了内生性问题等情形下，这些结论依然成立。从国际贸易视角来看，在中国对外开放初期，由于语言差异造成了较大的贸易壁垒，严重影响到我国贸易规模的扩大（李景峰、刘英，2004；宁继鸣，2008）。为了降低语言差异对国际贸易的影响，我国教育部门主动推进英语学习政策改革，积极提高居民的外语能力水平。通过外语政策的实施，我国经济主体外语水平有了明显提升，而在控制其他因素的情况下，外语成绩的提高显著地促进了我国贸易规模的扩展（苏剑、葛加国，2013；张卫国、孙涛，2016）。

7.2.4 进入 21 世纪的语言文化转型与经济增长质量的提高：以“汉语桥”“丝绸之路”为主的国学运动

改革开放后中国进入了加速增长时代，到 2010 年，中国 GDP 成功打败日本，跃居世界第 2 位，然而伴随着经济高速增长下的困局，中国经济发展进入新常态，我们不但要关注经济增长发展的数量方面，也要看到中国经济增长中的结构变化、经济效率低下、社会福利分配不均、国民素质不高以及环境污染等增长质量问题，使中国人民重新开始关注传统文化中的“忠孝礼仪仁智信”“天人合一”等思想。与此同时，当今世界也处在变革与发展中，经济全球化不断深入与知识技术爆炸，各种语言文化开始交流碰撞，文化软实力也成为一国综合国力的象征，一国的话语权与其官方语言紧密相连，在英文制霸中国近一个世纪后，面对经济增长的繁荣与经济增长质量的困局，习近平总书记在 2014 年提出要“增强文化自信和价值观自信”“增强文化自觉和文化自信，是坚定道路自信、理论自信、制度自信的题中应有之义”“中国有坚定的道路自信、理论自信、制度自信，其本质是建立在 5000 多年文明传承基础上的文化自信”。中国人民开始反思自己的母国文化与母语，并带着这些走向世界。

目前，全世界学习汉语的外国人数已超过4000万，全球有109个国家、3000多所高等学校都开设了汉语课程，并同时在各大洲纷纷建立了“孔子学院”与“汉语桥”，传播中国传统文化。汉语教学的增长不仅表现在数量上，还表现在伴随着语言地位的明显变化，在汉语国际推广形势的推动下，为母语为非汉语的海外人士提供的汉语水平考试（HSK）的发展也异常迅速。从1991年在海外首考开始，经过26年的发展，汉语考试人数从数千人发展至60万人。特别是2005年以来，汉语考试步入了快速发展的轨道，海外参加汉语考试的人数已经从2005年的3万人次增加到2016年的60万人次。海外考点从2005年的96个考点、分布在37个国家，发展到目前，海外已有161个考点，分布在59个国家。2017年7月，日本关西外国语大学孔子学院汉语测试中心举办的2017年第三次汉语水平考试，考试内容涵盖HSK和HSKK全部级别，共有690人参加考试，再创考试人数历史新高。与此同时，2016年火爆荧屏的《中国诗词大会》约有4.86亿人次收看，成为继《中国汉字听写大会》《中国成语大会》之后的又一文化品牌。国人对于中华文化节目的高度关注正是中国文化再掀浪潮的铁证，这3档节目从字、词、篇的角度，展现了我国语言文字的魅力，体现了中华优秀语言文化的博大精深。

7.3 中国语言文化转型对经济增长质量的影响：理论框架

7.3.1 语言的工具性与经济增长

无论是隶属于同一国家（地区）内的方言，还是不同国家之间的官方语，当语言作为经济交流的手段时，都体现了其较强的工具属性，从而使语言具有难度。语言作为一种交流工具、一种思维表达方式，能够影响个体行为的选择与群体关系的协调，建立起语言→行为个体（社会组织）交易成本→经济绩效→语言演化之间的逻辑关系。

语言文化转型与经济发展是数次制度安排不断适应经济发展并促进经济发展的过程。根据Ostrom（1990）对制度的定义，语言制度可以被定义为一组运行规则，它们被用来决定在交易场合谁有资格作出决策，什么行为是被允许的或者是被限制的，哪些语言可以被采用，应该遵循什么样的程序，并根据语言的使用绩效确定制度条件，当个人在他们的行为中作出选择时，所采用的、监督和执行的正是这些规则。显然，需要投入真实的资源去建立和运行语言制度安排，从而保证它们得以运行，因此需要涉及交易费用，然而交易费用的大小直接影响到市场的规模与发展，从而间接影响了地区经济增长。

由语言引起的市场交易费用包含两个层次：一是由语言制度安排引起的交易费用，由于语言特质的存在，不同的语言制度安排下交易费用一般是不尽相同的。例如，在封建社会前期，科举考试提供一系列韵书（包括《广韵》《集韵》《礼部韵略》等）来要求韵律规则，极大地协调了南北声韵差异，从而提高了科举制度的甄别水平与效率，促进了人力资本的提高；然而到了明清时代，以八股文确定语言的声韵、文体、格式等却严重地限制了新知识思想的传播，空有格式而无实质内容的八股文制度并不适合已经开始瓦解的自给自足的小农经济，也增加了社会的交易成本。二是在国家（组织）确定了语言制度的安排下，市场内部的交易费用，即语言制度的安排确定下每笔交易的交易成本，根据威廉姆森对交易费用的定义，包括以下内容。

第一，从签订契约、规范双方权利与责任到事后解决契约中存在的语言沟通障碍，在国内市场中表现为地区方言之间的交流障碍，在国际市场中表现为较大的翻译费用。语言的重要作用不仅仅在于签订契约维护契约，也影响到双边贸易对象的管理层与普通员工，人们不得不花费更多的时间以语言的沟通来顺利完成交易与生产，甚至外国企业在进行FDI时还需要额外进行员工的语言培训，从而提高生产效率。对交易效率的追求，促使双方倾向于使用更简便易懂的语言，即使后来翻译出现，受翻译成本的限制，双方也会选择更为便利的语言即相对难度较小的语言；同时，语言像其他知识一样具有公共物品的属性，它能够以零成本进行外溢，一旦形成规模效应，这种语言的便利特质则更明确地体现了出来——无论在何种地方交易，只要是使用双方都能以较小成本使用的语言，那么这笔交易总能顺利进行，在这种情形下，反而更加强了简单语言的地位。

第二，拥有母语的个人如何选择其他种类外语从而在市场上减少搜寻与谈判的费用。对于个体来说，学习语言一方面是一种技能（劳动者必须付出大量时间与经历去学习具有不同语言特质的语言），熟练的共同语言能够增加劳动者层级间的交流，从而提高工作效率，同时可以扩大劳动者的社会资本，增加其接触更多群体和阶层的机会，从而获得更多的经验、知识和技能的积累。另一方面在市场上可以作为一种信号用来被企业甄别，在企业与个人信息不对称的情况下，良好的普通话能力（外语能力）可以作为一种高工作能力被显示出来，从而降低劳动者和企业组织在市场上互相搜寻与谈判的费用。因此，即便是不需要外语翻译的企业，仍然将掌握数门外语（普通话）作为选择劳动者的标准之一。例如，在现行韩文（谚文）制度的安排下，拥有母语的个人，尤其是法律专业的个人必须学习汉字才能完整无误地表达韩国法律的意义，从而在甄别合格律师和工作者上，无形中增加了市场交易费用。而在瑞士、加拿大等官方语为多语的国家，劳动者掌握双语或者三语将极大地提高其求职成功率。对于那些今后并不以语言为主要业务的求职者来说，选择相对难度较低的第二外语进行学习是其理性选择。

第三，在用差异化语言进行交流时，会产生文化理解偏误与道德风险。文化理解的差异主要来自于语言，交流双方语言差距越大，越有可能造成误解，从而加剧信息不对称的程度，进而造成双方在缔结约定前发生的逆向选择与缔结约定后的道德风险。由于语言特质的存在，企业更趋向于与那些语言特质差异较小的企业进行交易，即便它们的产品质量可能并不是最好的；企业更愿意雇用那些拥有良好语言能力的员工，即使他们的其他表现并不尽如人意。与传统逆向选择造成的市场失灵不同，在这种情况下，卖方很有可能对本国的语言制度进行重新安排，从而避免可能的逆向选择问题，于是我们可以看到在二战之后整个亚洲都陷入了疯狂的外语学习与“全盘西化”的文化改造倾向，以期待在进行国际经济交流时避免较大的语言成本。

因此，我们作出以下基本假设：①语言学习上的个人主义。在这里我们强调，假设每个人都要学习语言：母语和外语，那么母语即具有语言特质的绝对难度，而学习外语就有相对难度，每个人学习语言都有不同的目的与想法，而这些个体行为将决定集体或组织使用哪种语言的概率。②语言学习的利益最大化要求。个体学习语言能够观察到他们在既定语言制度约束条件下追逐自己的自身利益，实现效用的最大化。③语言差异越大，信息不对称的可能性越大。因此我们推论，经济交往要求降低语言的交易成本，这可以由语言文字统一与使用简单语言两种制度来安排。在国内语言差距仅表现为声韵、声调变化时，各种语言（方言）没有难易程度之分，语言统一是最好的决策；而在国际市场下，语言差距表现为各国文字到语法的完全差异，在这种情况下，弱势经济体需要学习简便语言来提高交流效率。每个东道国都更偏向于语言学习成本更小的经济交往，从而造成经济一体化情况下的语言趋同现象。

因而以语言难度进行区分，由于人类总有趋易避难的属性，总倾向于学习简单语言。这种语言绝对难度上的差异致使双方在身份认同与文化认同上具有强烈的差别，而心理学的文献从实验上证明，对于语言感知的相似性能够影响人与人之间的吸引力，人们总是趋于与相似的人进行交流活动，相比那些具有强烈反差的人，个体行为人更容易与相似身份的人进行互动，而之所以会出现这种现象，在于相似个体相通的文化属性与交流方式。而语言作为一种文化的象征符号，可以传承文化的精神，因而影响了个体的经济决策。经济主体的行为能够通过经济交往中的模仿与示范效应传播与扩散开来，从而影响与之交往经济主体的行为，并形成自己独特的企业文化，这些企业文化成为企业竞争力的核心，并表现在语言当中，形成共同遵守的行为准则与价值观体系。

由于语言特质所体现的这种文化认同有所差别，在跨国公司的投资决策中，它们会更偏向于拥有相似文化底蕴的贸易伙伴或者倾向于低难度语言国家，这种相似性体现在共同的文化理解和商业精神（包括法律与政治经济环境、商业水平和语言），促使双方获得足够的信任与交易信息。在国内市场中，个人也偏向于与拥有相似地方文化经历的人进行交往，形成了经济市场中独特的文化圈，如“晋商”“徽商”“浙商”等，这些商业圈的进一步发展则需要同一的语言，显然普通话的交流为这些各系派别的商业文化圈提供了合作与扩大的可能。因此，由于国际经济交往中企业文化的融合与趋同同样能够便于企业之间的交流合作，协调来自文化差异的企业之间的矛盾，降低隐性的摩擦费用，可以为区域实现规模经济以及范围经济打下坚实的制度基础，因而企业合作的演化要求语言差异化能够降到最低。

命题1：语言具有工具属性，这种属性突出表现在语言学习的成本之上，因此，共同语言的制度能够有效降低交易成本，从而提高国内市场与国际市场的交易效率，带来经济增长。反过来，经济的快速增长要求语言弱化工具属性，因而无论在全球范围还是在全国范围内，语言都具有区域同一和简明的属性。

7.3.2 语言的文化属性与经济增长质量

经济增长质量是经济的数量增长到一定阶段的背景下，经济增长的效率提高、结构优化、稳定性提高、福利分配改善、国民素质提高，从而使经济增长能够长期得以提高的结果。数量型增长反映的是经济增长的效率，而质量型增长反映的是经济增长的优劣程度。当经济的数量增长到一定阶段时就必须要考虑经济增长的质量问题。现实中，日益凸显的增长与效益的矛盾、增长与环境生态的矛盾、经济增长与社会发展的矛盾、经济增长与自主创新能力不足的矛盾，都是传统的数量型增长模式的缺陷，在这种背景下，就需要更多地强调经济增长的质量。而语言作为一种文化价值观念，影响着个体行为的选择偏好与群体关系的协调，从而建立了语言文化→行为个体（社会组织）的交易行为偏好→经济增长质量之间的逻辑关系。

语言是人类用来传递信息和交流思想的信息系统和符号系统，是人类最为重要的交际工具和文化属性，对于衡量不同人群的文化差异尤为重要（邓辉，2010）。一个民族的精神特征与语言形式之间的关系非常密切，无论从哪一方面入手，都可以从中推导出另一个方面。这是因为民族特征的形式与语言的形式必须相互适合。语言仿佛是民族精神的外在表现；民族的语言即民族的精神，民族的精神即民族的语言，二者的同一程度超过了人们的任何想象（洪堡特，1836）。因此，语言是文化最重要的手段，因为语言蕴含着文化最丰富的属性。如拉丁文之于欧洲文明与政治制度的意义一样，汉字之于汉字文化圈就是一种文明载体，它意味着汉文化中的“忠、孝、礼、仪、仁、智、信”有了具型的存在。因此，语言的第二重属性，就是语言的文化属性。

语言作为一种文化价值观，决定了人们的思维形式与思维过程，它将文化价值观以语言的表达方式镌刻在人们的思想与情感之中，从而决定了人们进行经济行为时的主观模型。因此，语言不仅能够影响个体行为者的时间偏好从而带来储蓄与消费的长期性变动，还能够影响人们积累财富的方向以及对生产函数中物质资本、人力资本与技术创新的看法，从而造就了国家间不同的增长模式。传统的宏观经济学模型在刻画家庭效用函数时，认为家庭行为偏好受一国历史文化因素的影响，从长期来看，它保持不变。然而，由于不同国家的历史文化不同，对消费偏好的决策就会有所不同，对于时间的概念、储蓄与消费，不同文化有着不同的原则。萨丕尔—沃夫认为语言决定了人们的心智与思维，因此，作为文化的母语决定了人们的价值观，并表现为一国包含民族精神与品格在内的社会核心文化价值观体系，从而影响着个人与组织的经济行为，决定了他们在经济活动中的经济目标函数和行为规范（佩鲁，1987；茹少峰、任保平，2013），决定了他们是“彻头彻尾滴着血的不惜一切代价的创造财富”还是“各尽所能，按需分配”，是“Learning by Doing（干中学）”还是“加强基础教育”。不同的语言文化制度在内可以影响人们的好奇心，为增长的动力创造源源不断的智力资源，并转化为人力资本提高生产效率（姜琪，2016）；在外则引导人们对生产要素、生产技术、市场制度与分配制度进行一系列选择，进而决定一国经济增长模式，从而影响经济增长质量。

例如，以屈折语系为代表的西方文化具有强烈的规范与契约精神，由词源和句法双重规范构成的屈折语与黏着语具有较为完整的学习规范，相比汉语而言，这类语言不需要太多的“体悟”就可以理解，从而构成了欧洲世界文化核心的内核——“契约”“规范”“效率”等，将西方文化框在一个没有“融合”余地的范式之中。因此，严谨的契约精神和规范的市场制度以及强烈的追求效率成为西方资本主义迅速发展的文化积淀，形成了西方经济学典型的“市场精神”与“创新精神”，从而促进了经济数量的提高。与此相反，以中文为代表的中国文化具有同中文一样的柔性与包容的传统精神，汉语没有现代意义上的显性的语法形式（洪堡特，2001），词与词之间的衔接仅仅依靠虚词，甚至可以自由搭配，从而带来汉语变化多端的意义和复杂的学习过程。这种语言恰恰构成了中国传统“中庸”的儒家文化的最核心内涵，从而显示出儒家文化对中国经济领域的深刻影响：首先，在生产方面，儒家文化要求人们要勤于耕作，为家庭赚取更多的财富，而最优的消费支出水平是保证家庭成员的消费达到社会平均消费水平，并且限制家庭成员超前消费、借贷消费，主张物质资本的积累，特别是代际财富的积累（李娟伟，2014）。其次，在人力资本方面，有“望子成龙，望女成凤”观念的人将大部分资本用于下一代的人力资本投入，形成了较高的人力资本水平。最后，以“天人合一”“言而有信”等儒家传统观念为道德伦理基础，约束市场经济主体的行为，使经济主体不仅具有传统西方经济学的“经济人”思维，更具有增长质量中“道德人”的要求，这种要求表现为传统文化中的“忠、孝、礼、仪、仁、智、信”，它要求经济主体从经济运行的整体看待发展，不能罔顾自身利益忽视他人利益；讲求“人有恒产有恒心”“不患寡而患不均”，重视福利分配中公平与效率的兼顾；抨击“竭泽而渔”，提倡“网开一面”，实现环境与经济的可持续发展；倡导人们践行“礼、乐、射、御、书、数”，提高民众文化素养，从而促进经济增长数量和质量的提高。

命题2：语言具有文化属性，这种文化突出表现在对于文化的认知与践行，不同的语言表达了异质性的文化，这些文化内核中的某些因素能够通过改变经济增长中的物质资本、人力资本、技术创新等要素带来经济增长。同时，语言文化中的伦理道德能够约束市场经济主体的行为，从而有利于改变增长效率、福利分配、环境保护、国民素质等方面，带来经济增长质量的提高。

7.3.3 语言文化转型与经济发展：一个简单的理论框架

基于上述分析，我们大致勾勒出了中国文化转型与经济发展相互作用的机理：由于语言不仅具有工具属性，而且具有文化属性。当语言的工具属性与文化属性相互作用时，就能够影响经济发展的轨迹：语言的工具属性与文化属性同步弱化时，语言文化趋于统一性，意味着经济主体使用共同语言，享受着共同的文化价值观，在这种情况下，共同语言文化能够降低市场交易费用，提高交易效率从而带来经济增长；当增长数量达到一定阶段时，语言的工具属性与文化属性之间相互强化，表现为语言文化强烈的异质特征，它能够影响经济主体对要素的选择、福利分配制度的改变、环境问题的重视与国民素质的提高，从而间接影响经济增长质量。

语言的工具属性能够影响个体与组织的交易成本，并反之降低了语言工具特征，无论是二战前的白话文运动还是新中国成立以来的简体字与普通话推广运动，都以降低语言的工具性特征来降低个人与组织的交易费用，防范委托—代理风险的加剧，进而提高国内市场的交易效率与统一，并随着中国经济不断融入全球化的过程中企图通过学习英语并将外来词大量汇入汉语之中，提高个体与组织在国际市场的交易效率；在这一过程中，汉语的文化属性在逐渐减弱，突出表现为对中国传统儒家文化与西方“市场精神”的相互碰撞与冲突，并以现代市场经济逐渐取代中国传统文化为特征，中国逐渐融入世界经济一体化的过程中。

语言的文化属性影响着经济增长质量的提高。而当中国进入增长的高阶段，需要反思经济发展过程中的非市场因素时，汉语的文化属性被强调，同时汉语的工具性特征也被加强，表现为汉语文化传播的不断扩张，中国传统儒家文化中的“忠、孝、礼、仪、仁、智、信”与“天人合一”等重新引起国人的重视，并与西方“市场精神”进行相互融合，在中国经济主导全球化的过程中，通过西方精神与儒家文化的结合，使人们在发展经济增长过程中重视道德伦理与人文精神。中国文化的输出再不仅仅只是“中国功夫”“中国瓷器”“麻婆豆腐”等实物形式，而是用带有中国精神的“仁义道德”主导世界价值观体系，汉语语言与中国经济增长质量相互影响。经济快速发展会迫使语言趋同，但语言趋同并不是经济增长的归宿，恰恰是增长质量的起点：

第一，经济发展并不是只有单纯 GDP 数字的增加，也不仅仅是经济增长效率的不断提高，还反映了经济主体的整体格局与人文情怀，因而经济发展需要经济增长质量的提高，是“增长与效益、效率”的统一，要求在增长过程中要注意经济的平稳发展、国民收入的福利分配水平、国民素质的提高与环境效率的统一。显然，在改革开放时期，强大的外来语言与外来文化侵蚀了中国传统语言中的“均”“俭”“合”，让“efficiency”“market”“development”这些个人主义成功地深入每一个为之奋斗的人的心中，使得经济发展中罔顾伦理道德，传统的资本主义“商业精神”使得人们在追求经济利益的同时滋生了逐利拜金的行为，衍生出资本主义的不可调和的“经济周期”与腐败盛行、诚信缺失等弊端，严重阻碍了经济增长质量的提高，反思西方发展模式与恢复传统文化的“国文运动”应运而生。

第二，面对外语入侵母语并遵循经济发展规律很有可能替代母语的情况下，必须通过“国语回归”运动向世界推广，从而实现中国文化的“走出去”战略。将中国文化融入世界文化当中，通过展现中国文化的传统魅力与影响力，发挥中国在构建国际政治新秩序和经济发展新模式中的重要作用（齐勇锋，2010）。通过保留传统文化中的精华部分，如“天人合一”“勤俭有度”“睦邻友好”等传统儒家文化思想，以“孔子学院”“汉语桥”的形式向外国推广中国和谐友好的普世价值观。因此，党的十八大提出了“富强、民主、文明、和谐，自由、平等、公正、法治，爱国、敬业、诚信、友善”的社会主义核心价值观。将从近代史开始有识之士追求的完全西化和“去中国化”与现代“新儒家思想”完美地结合起来，共同促进增长质量的提高。

推论：语言具有其本身的二重性：工具属性与文化属性，经济发展有其二重含义：增长数量与增长质量。语言的工具属性与文化属性同步弱化时，能够降低市场交易费用，提高交易效率，从而带来经济增长；当经济增长数量达到一定阶段时，语言的工具属性与文化属性之间相互强化，能够影响经济主体对要素的选择、福利分配制度的改变、环境问题的重视与国民素质的提高，从而间接影响经济增长质量。

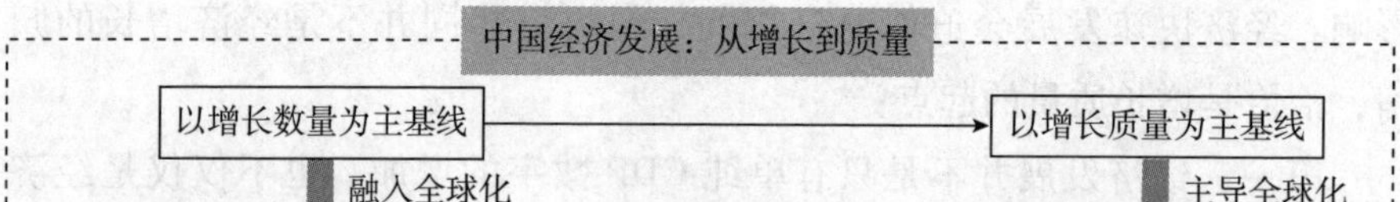

图7-1　中国语言文化转型的历史轨迹及其与经济增长质量的关系

7.4 语言文化转型对增长影响的实证分析：基于增长数量的视角

7.4.1 理论分析与模型设定

语言文化转型能够影响经济增长，表现为语言的工具属性能够影响市场交易费用，从而改变了经济主体与组织的激励行为进而对经济增长产生影响。新中国成立之后到21世纪到来之前，中国经历了两次较大的语言文化转型，第一次是以汉字简化和注音为标志的转型，其结果是将普通话推广成为中国大陆的通用语；第二次是以英文潮为标志的转型，其结果是将英语普及成为中国融入经济全球化的重要方式。虽然普通话和英文潮看起来是两种截然不同的语言，但是它们都突出展示了语言的工具属性：在新中国成立初期百废待兴的情形下，通过汉字简化和注音将普通话定为官方语，使人们能够迅速掌握汉字并进行高效率的交流。对于一个人力资本水平低下的发展中国家，这项伟大的举措直接降低了市场交易费用，从而促进了当时商品与服务的交易；而在改革开放后，普通话的推广已初见成效。面对世界经济全球化的新机遇，我们必须要通过语言文化转型来打开国门，英语浪潮应运而生——较之于复杂的其他语言，英语规范的屈折变化与音义同行使得英语学习成为一件比较简单的工作，在全世界范围内，英语的便利性都非常高。在此情况下，学习英语融入世界经济之中能够降低在世界市场的交易费用，一个地区的英语能力越高，则越有可能吸收外来的资金、先进技术与管理经验，从而获得更高水平的增长。因此，根据前文对于语言对经济增长发生路径的分析，拟采用如下面板数据的计量模型进行数据检验：

$$Y_{it} = \alpha_i + \beta_t + \gamma P_{it} + \mu Z_{it} + \varepsilon_{it} \tag{7-1}$$

式（7－1）中，Y_{it}代表一国人均产出；α_i为固定效应，是一个地区地理位置、环境因素等固定效应对增长的影响；β_t为时间效应；P_{it}为当年该地区语言文化转型事件的结果，所以我们使用普通话普及率和参与英语能力分别考察了简体字运动的结果与英文潮运动的结果对地区经济增长数量的影响；Z_{it}代表一系列控制变量。普通话普及率与英语能力本身与经济增长互为因果关系，因而可能存在内生性，当我们利用面板数据估计语言文化转型时就会无法确定它们的反向因果关系，因此我们使用二阶段最小二乘法（2SLS）来解决语言文化转型变量的内生性问题。为此我们必须去设法找出一个与普通话普及率（外语能力）相关而与长期经济增长不相关的变量，我们引入各地区省会城市距离首都的地理距离作为普通话普及率（外语能力）的工具变量，从普通话的定义来看，它是指“以北方话为基础方言、以北京语音为标准音、以典范的现代白话文著作为语法规范的汉民族共同语”。距离首都北京越近的地区，越容易学习普通话，从而具有更高的普通话普及率，而这些普通话普及率高的地区往往代表了更好的语言学习能力，因此外语能力也就越高，并且这一变量显然与地区经济增长无关。

7.4.2 变量说明与数据来源

本章使用中国1980—2011年的省域数据评估普通话普及对中国经济增长的影响，除去了西藏及港澳台地区，由于重庆市在1997年前依然归属于四川省，为了将四川省和重庆市区分开来，1997年四川省的数据剔除了重庆市。分省数据主要来源于《中国统计年鉴》《新中国60年统计资料汇编》以及各省的统计年鉴和统计公报，其中，被解释变量为人均实际产出y_{it}，我们以1978年价格水平为基期，利用分省GDP指数和名义GDP先计算出分省GDP平减指数，再对各省名义人均GDP进行折算。

核心解释变量：普通话普及率。我们利用中国综合社会调查CGSS（2010）、CGSS（2012）以及CGSS（2013）关于普通话表达能力的数据估计每年普通话的普及率，关于普通话能力，最权威的调查来自1998—2004年进行的“中国语言文字使用情况调查”①，然而该项目出版物至今未公布调研数据，但根据其公布的普通话普及率的年龄分布情况，可以发现30～35岁的人群普通话水平是一个固定值，在这个年龄段之内，他们已经能够通过教育或者社会经历形成自己固定的语言模式，低于这个年龄段的语言可塑性极强，高于这个年龄段语言的可塑性极弱。因此，我们使用要估计年份当年30～35岁人群的普通话表达能力高于“比较差”和“完全不会说”的比率作为普通话普及率，最后对这三套数据进行算

① 调查项目持续时间较长，但全国大多数省、自治区和直辖市完成实地调查的时间是在2000年前后。中国语言文字使用情况调查领导小组办公室．中国语言文字使用情况调查［M］．北京：语文出版社，2006.

术平均，得到当年普通话普及率的数据。例如，我们要估计 1990 年的普通话普及率，首先从 CGSS（2010）、CGSS（2012）和 CGSS（2013）中分别筛选出 1955—1960 年出生的人，统计他们的普通话表达能力为“一般”“比较好”和“很好”的人占总体的比例，并对这 3 个比例进行算术平均，得到 1990 年普通话普及率数据。我们使用同样的方法估计了地区的外语能力水平。

控制变量。①贸易水平：使用人均实际贸易额 *Trade* 这一指标作为贸易水平的变量，利用各地区的进出口贸易总额除以劳动力人数代替，由于报告值为美元，先用当年汇率折算成人民币，再利用 GDP 平减指数进行折算。②外商直接投资水平：使用人均实际外商直接投资 FDI 这一指标，利用各地区报告的外商直接投资除以劳动力人数代替，并利用 GDP 平减指数进行折算。③技术创新水平：使用人均研发支出 *tech* 这一指标作为技术创新水平的变量，使用各地区财政支出中的科技支出除以劳动力人数代替，并用 GDP 平减指数进行折算。④人均物质资本 k：我们依然按照永续盘存法的思想对物质资本进行估计，先利用公式 $K_{it} = I_{it} + (1-\delta)K_{it-1}$ 对总资本存量进行估计，其中 δ 表示固定资产折旧率，取 $\delta = 0.05$，各省份基期固定资本存量 $K_{i,1978}$ 计算公式为 $K_{i,1978} = I_{i,\ 1978}/(g_i + \delta)$，式中 g_i 表示各省份固定资产投资实际年均增长率，同时利用各省份固定资产价格指数将历年投资额 I_{it} 转化为以 1978 年为基期的实际值，最后用资本存量除以同期劳动力人数 L。⑤人均人力资本 H：通过各地区高校在校学生人数占总人口的比重来衡量地区人力资本水平。⑥城市化率 *Urban* 用各省份历年城市人口与各省总人口之比表示。各变量统计描述如表 7－1 所示。

表 7－1　各变量统计描述

变量名称	观测数	平均	标准差	最小值	最大值
人均产出 *Y*/元（取对数）	960	7. 6155	1. 1103	5. 3123	11. 0145
普通话普及率	960	0. 6431	0. 2666	0. 0000	1. 0000
外语能力	960	0. 3144	0. 2519	0. 0000	1. 0000
人均研发支出 *Tech*/元	960	11. 0039	49. 9353	0. 0745	716. 9815
人均 FDI/元	960	153. 6472	353. 9341	0. 1376	2843. 0730
人均贸易额 *Trade*/元	960	2362. 4880	8110. 2630	0. 3554	88581. 7900
人均政府财政支出/元	960	600. 0387	1076. 8790	1. 2251	12271. 1400

续表

变量名称	观测数	平均	标准差	最小值	最大值
人均物质资本 *k*/元	960	7470.6200	11530.9300	75.1337	83693.7300
人力资本 *H*（%）	960	0.0063	0.0069	0.0004	0.0358
劳动力 *L*/万人	960	5.8699	0.7106	3.7015	7.0952
城市化率 *Urban*（%）	960	0.3605	0.1671	0.0760	0.8931

7.4.3　计量结果

利用二阶段最小二乘法对中国语言文化转型（普通话普及和英语学习两次改革事件）影响经济增长进行估计，估计结果如表 7-2 所示。在一阶段回归中，IV1、IV2 与普通话普及率及英语能力显著相关，且弱工具变量 F 检验显著拒绝了该工具变量为弱工具变量的假设检验。经过工具变量的重新估计可以发现，普通话普及率对经济增长的影响系数显著为正，英语能力与地区经济增长的影响系数也显著为正，这表明中国 20 世纪以来的语言文化转型对经济增长具有较强的正向影响。

表 7-2　语言文化转型事件对中国经济增长影响的 2SLS 估计结果

被解释变量	*Y*			
解释变量	(1)	(2)	(3)	(4)
Putonghua	0.3991* (0.1819)	0.0383** (0.0165)		
English			0.4545* (0.2575)	0.0482*** (0.0268)
ln*tech*	0.0372 (0.0247)	0.0100 (0.0099)	0.0178 (0.0337)	0.0050 (0.0099)
lnFDI	0.0266*** (0.0115)	0.0349*** (0.0044)	0.0636*** (0.0266)	0.0385*** (0.0046)
ln*Trade*	0.0752*** (0.0172)	0.0686* (0.0062)	0.0908*** (0.0074)	0.0696*** (0.0061)
ln*k*	0.4312*** (0.0179)	0.4957*** (0.013)	0.5724*** (0.1556)	0.5108*** (0.0153)
Urban	0.0541*** (0.3048)	0.1804*** (0.0654)	0.0580 (0.4312)	0.1608*** (0.0651)

续表

被解释变量	Y			
解释变量	(1)	(2)	(3)	(4)
H	27.97522*** (2.5459)	23.8970*** (1.5393)	21.2150*** (8.9207)	23.2235*** (1.5833)
Cons	3.213442* (0.1528)	2.9307*** (0.0845)	2.6099*** (0.7471)	2.8637*** (0.0936)
R^2	0.9728	0.9757	0.9682	0.9761
一阶段回归				
IV1 = distance	-0.1516*** (0.0620)		0.1331* (0.0711045)	
IV2 = L1.		0.9602*** (0.0100)		0.7820*** (0.0206)
Cragg - Donald Wald F statistic	15.98	10894.13	12.69	1442.09

注：（·）中报告值为标准误，*、**、***分别代表显著性水平为10%、5%、1%。

7.5 语言文化转型对增长质量的影响机制分析：基于增长质量的分析框架

7.5.1 语言的文化价值：从增长效率到增长质量的转型

语言的工具属性强调了交易成本对经济绩效的影响，然而却不能对经济增长进行价值判断，经济增长要以社会文化发展为前提。质量型经济增长的终极目的是人，而文化作为人的行为与思想的重要支配因素，为经济增长打上了价值的烙印，只有依据一定的文化才能理解经济增长，只有借助于一定的文化价值规范才能对经济增长作出价值判断（任保平、王蓉，2013）。因此，有质量的经济增长需要跨越数量型的经济增长并以终极的人文关怀为增长目标，增长方式从效率导向转向质量导向。进入21世纪的中国“国学潮”正是这种质量型导向的重要表现，以恢复国人“文化自信”为目标，在发展数量型经济的同时反思了现代“个人主义”的自由市场经济带来的经济运行不稳定、福利分配不公平、发展方式不持续，以及国民存在的“拜金主义”“效率至上”的倾向，通过语言文字的具型传播——“孔子学院”“汉语桥”“一带一路”合作等方式，向世界传播中华民族“中庸”与“仁、义、礼、智、信”的汉语文字与道德标准，形成了独具特色的“社会主义核心价值观”来勉励国人，规劝世界在发展经济数量、提高增长效率的同时，不忘以“仁义道德”肃清市场德行，不忘以“诚实守信”节约市场成本，不忘以“网开一面”发展循环经济，不忘以“君子喻于义”克制极端的“拜金主义”，从而达到有质量的经济增长。因此，语言文化的每一个字都切切实实地反映了人们对于社会、环境、政治、经济行为的诉求与渴望，反映了一个国家的经济增长。在质量型经济增长中，经济增长必须同国家民族的文化尺度相一致，一旦偏离了文化价值尺度就会与社会发展的基本方向相偏离，文化价值是判断经济增长质量的重要标准。当人们笃信“不患寡而患不均”时就会协调“效率优先，兼顾公平”的分配方式，资本收益与劳动收入的份额差距就有可能被缩小；当人们了解“天人合一”的思想时，就会以己度人，主动关注环境经济的可持续发展，从而改变“公地悲剧”的困局。因此，在新的时代以新儒家文化思想与现代市场精神融合的文化价值的推动下，经济系统能够更加富有动力与效率，也更加稳定。

7.5.2 语言文化转型与经济增长质量：基于国家的比较

在分析了中国语言文化转型的历史沿革与基础理论以后，我们将考察汉字圈内国家（地区）[①] 的经济增长质量并进行国际比较。因此，我们使用汉字圈国家（地区）内年度汉字评选活动中选出的年度代表汉字来考察其传统文化对经济增长质量的影响。年度汉字的评选根据各地区人民本年度内发生的重要事项选定一个“汉字”来反映全年的焦点问题，日本从1995 年开始此项活动，中国从 2006 年开始每年选择一个国内词和一个国际词，中国台湾从 2008 年、新加坡和马来西亚则从 2011 年开始汉字评选[②]，从这几个国家和地区来看，进入 21 世纪后，汉语的国际地位明显增

① 指受汉字影响的语言群，这些国家和地区包括中国、日本（“汉字”作为其词语的一部分）、马来西亚（第二语言为华文）、新加坡（第二语言为华文）以及中国台湾。韩语由于已经废除汉字全部使用谚文，故不在本章的考察之中。

② 中国 2006—2016 年分别为：炒/乱、涨/油、和/争、被/浮、涨/乱、控/债、梦/衡、房/争、法/失、廉/恐、规/变；日本 1995—2016 年分别为：震、食、倒、毒、末、金、战、归、虎、灾、爱、命、伪、变、新、暑、绊、金、轮、税、安、金；马来西亚 2011—2016 年分别为：转、改、涨、航、苦、贪；新加坡 2011—2016 年分别为：涨、色、霾、乱、耀、变；中国台湾 2008—2016 年分别为：乱、盼、淡、赞、忧、假、黑、换、苦。

强，表现为汉字活动在21世纪后开始活跃起来。

对于经济增长质量的判断，我们利用任保平等（2015）探讨的中国经济增长质量指数构建时建立的理论框架，从经济增长的效率、经济增长的结构、经济增长的稳定性、经济增长的福利变化与成果分配、资源利用和生态环境代价以及国民经济素质6个维度来构建经济增长质量指数。

首先来看年度汉字的词性，从国家和地区情况来看，无论任何国家，其年度汉字的贬义词都多过中性词和褒义词，表达了人民群众对现实经济社会的态度，而其中又以新加坡、中国与中国台湾的贬义词比例最大，超过了50%，反映出经济增长质量过程中的社会稳定性不高。从词意上看，中国最关心经济运行结果，突出表现为近年对"物价""房地产"等问题的看法，但对于社会福利等反映增长质量的问题也逐渐开始关心起来；日本和新加坡的年度汉字词意涉猎和涵盖了经济增长质量的方方面面，其经济腾飞时间较早，近年已经走上了质量型经济增长之路，作为亚洲区域内增长质量较高的国家，它们的年度汉字反映了整体民众对于清明廉政、福利分配、社会文化以及经济增长的和谐要求。中国台湾和马来西亚由于近些年经济增长数量的下滑，主要关注物价与经济增长方面。

表7－3　汉字圈内国家和地区年度汉字分析及经济增长质量的排名情况（1995—2016年）

国家/地区	词性			词意					增长质量指数		
	中性词	贬义词	褒义词	食品与环境	经济	社会与福利	政治	科技与国民素质	2000	2005	2010
中国	22.73%	54.55%	22.73%	—	36.36%	27.27%	36.36%	—	21.72	13.81	14.23
日本	41.18%	41.18%	29.41%	23.53%	23.53%	5.88%	35.29%	11.76%	29.95	32.93	24.04
中国台湾	22.22%	55.56%	22.22%	22.22%	33.33%	22.22%	22.22%	—	21.15	24.50	26.35
马来西亚	33.33%	50.00%	33.33%	—	33.33%	50.00%	16.67%	—	12.12	14.04	15.42
新加坡	33.33%	66.67%	—	16.67%	16.67%	—	66.67%	—	27.95	29.70	29.73

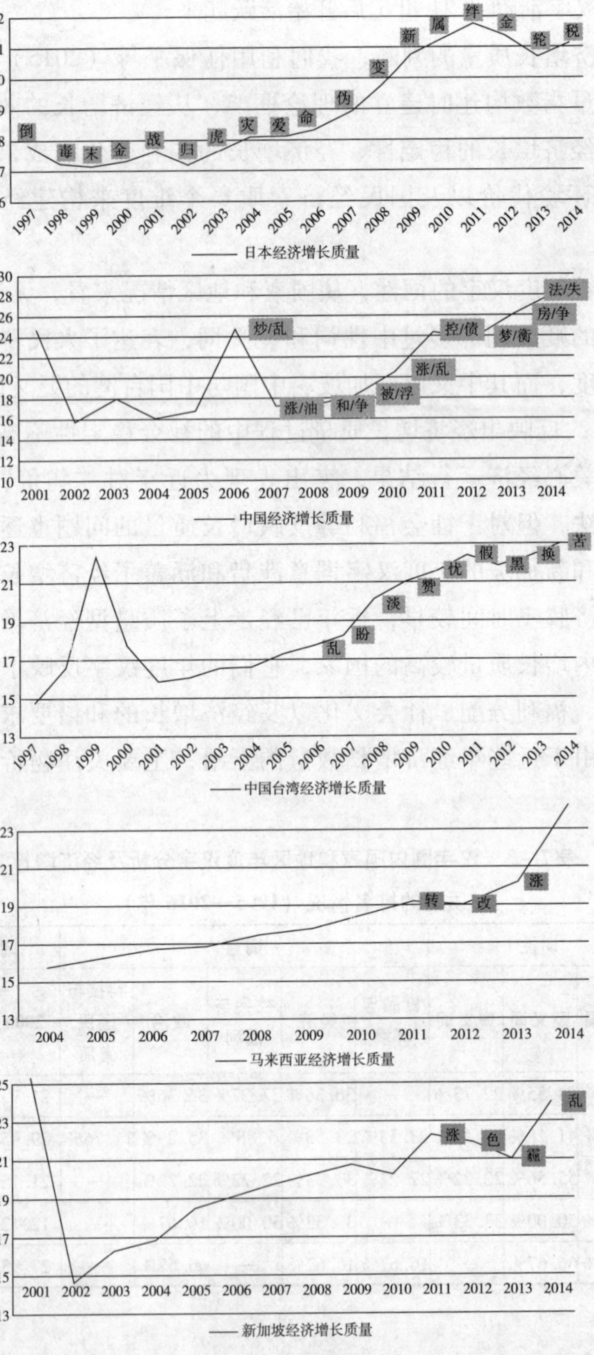

图 7－2　汉字圈内国家和地区经济增长质量与年度汉字的关系（1997—2014 年）

7.6 结论与政策建议：中国文化“走出去”的重要战略意义

本章以近现代中国语言文化转型的四次变革与中国经济增长的数量与质量的历史回顾为起点，分析了语言文化转型与经济增长质量相互作用的机理。经济增长是经济基础，语言文化转型是上层建筑，它们相互作用、互相制约、互相影响。近现代中国语言文化制度的四次转型恰恰就是遵循着“语言文化→经济增长→语言文化制度转型→经济增长（质量）”的理论逻辑与历史轨迹促进经济发展。在这一历史框架下，我们认为语言具有其本身的二重性——工具属性与文化属性，而经济发展具有二重含义——增长数量与增长质量。在经济发展初期，人们更加强调语言的工具属性给交易成本带来的影响；当语言的工具属性与文化属性同步弱化时，能够降低市场交易费用、提高交易效率，从而带来经济增长；当增长数量达到一定阶段时，人们更加强调语言的文化属性对经济发展的影响；语言的工具属性与文化属性之间相互强化，能够影响经济主体对于要素的选择、福利分配制度的改变、环境问题的重视与国民素质的提高，从而影响经济增长质量的提高。利用微观数据与宏观数据相结合的方法，我们考察了新中国成立以后语言文化转型对经济增长数量的影响，研究发现，普通话普及率与外语能力作为新中国成立后两次文化转型的标志性成果，能够显著地促进经济增长数量的提高。此外，我们利用年度汉字评选这一事件考察了作为文化属性的语言对经济增长质量的影响，在比较了汉字圈内的国家和地区以后我们发现，汉语作为表达经济增长质量的文化价值观念已经深入汉字圈的国家和地区内，并与其经济增长质量具有相关性，因此我们需要坚持“文化走出去”战略，将中国汉字文化展示在世界面前。

然而，在经济规律的驱动下，语言文字具有趋于同一化、简单化的特征，而汉字天生综合语的复杂程度使得仅仅凭借经济发展并不能顺利完成文化“走出去”这一战略。如何才能将中国汉字文化立足于世界之中并保持自身文化特征并得到世界认同是一个非常重要的问题。幸运的是，“丝绸之路”与“孔子学院”的快速发展给了我们以启示，汉语的“走出去”已经到了千钧一发的时刻，以汉语为载体分享中国文化概念中的仁爱、民本、仁政、廉洁、公正、向上、诚信、尊严等基本价值得到了世界的肯定，并在外来语与汉语的融合中体现出汉语与汉文化的博大精深。

参考文献

[1]Perkins,H. D. *Introductionin China's Modern Economy in Historical Perspective*[M]. Stanford,1975.

[2]陈媛媛．普通话能力对中国劳动者收入的影响[J]. 经济评论,2016(2).

[3][法]弗朗索瓦·佩鲁．新发展观[M]. 北京:华夏出版社,1987.

[4]郝成淼．给外语热降温？——从外语教育政策角度理性思考当前争议[J]. 语言教育,2014(2).

[5]苏剑．语言产业对我国经济增长贡献率的定量估算[J]. 社会科学家,2014(4).

[6]胡晓明．如何讲述中国故事？——"中国文化走出去"的若干理论与实践问题[J]. 华东师范大学学报(哲学社会科学版),2013(5).

[7]姜琪．政府质量、文化资本与地区经济发展——基于数量和质量双重视角的考察[J]. 经济评论,2016(2).

[8]李景峰,刘英．国际贸易的新制度经济学分析[J]. 国际经贸探索,2004(2).

[9]刘泉．外语能力与收入——来自中国城市劳动力市场的证据[J]. 南开经济研究,2014(3).

[10]张卫国．语言的经济学分析:一个综述[J]. 经济评论,2011(4).

[11]刘毓芸,等．劳动力跨方言流动的倒"U"型模式[J]. 经济研究,2015(10).

[12]陆铭,李爽．社会资本、非正式制度与经济发展[J]. 管理世界,2008(9).

[13]陆铭,张爽．"人以群分"非市场互动和群分效应的文献评论[J]. 经济学季刊,2007(3).

[14]罗斯基．战前中国的经济增长[M]. 杭州:浙江大学出版社,2009.

[15]宁继鸣．从交易成本角度看语言国际推广对全球化经济合作的影响[J]. 山东大学学报(哲学社会科学版),2008(3).

[16][日]平田昌司．文化制度和汉语史[M].北京:北京大学出版社,2016.

[17]齐勇锋,蒋多．中国文化“走出去”战略的内涵和模式探讨[J].东岳论丛,2010(10).

[18]任保平,王蓉．经济增长质量道德基础构建[J].当代经济研究,2013(1).

[19]任保平,王蓉．经济增长质量价值判断体系的逻辑探究及其构建[J].学术月刊,2013(3).

[20]任保平,王竹君,周志龙．中国经济增长质量的国际比较[J].西安财经学院学报,2015(1).

[21]茹少峰,任保平．先进文化何以提高经济增长质量[N].光明日版(理论版),2013-01-03.

[22]苏剑,葛加国．基于引力模型的语言距离对贸易流量影响的实证分析——来自中美两国的数据[J].经济管理研究,2013(4).

[23]孙希有．经济发展的人文向度——面向21世纪的中国市场经济转型与文化转型[D].长春:吉林大学,2015.

[24]韦森．语言与制序——经济学的语言与制度的语言之维[M].北京:商务印书馆,2014.

[25]徐现祥,刘毓芸,肖泽凯．方言与经济增长[J].经济学报,2015(6).

[26]许念一．中国汉字规划研究[D].武汉:武汉大学,2010.

[27][德]威廉·冯·洪堡特,著．洪堡特语言哲学文集[M].姚小平,编译．北京:商务印书馆,2011.

[28]张卫国,孙涛．语言的经济力量:国民英语能力对中国对外服务贸易的影响[J].国际贸易问题,2016(8).

[29]赵颖．语言能力对劳动者收入贡献的测度分析[J].经济学动态,2016(1).

[30]周有光．中国语文的时代演进[M].北京:人民文学出版社,2009.

[31]左秀兰．面对英语渗透的语言规划[J].语言文字应用,2006(2).

8 新时代的中国经济增长质量：增长质量的收敛性

8.1 引 言

改革开放之初，"先富带动后富，最终实现共同富裕"成功释放了中国经济的活力，经过30余年的快速发展，中国经济总量和居民收入均卓有成效地实现了多次倍增。新古典增长理论的"收敛铁律"（Barro，2012）表明，发达经济体和欠发达经济体间人均GDP差距将以年均2%的速度缩减，基于对共同富裕的向往以及用经济增长理论解释中国奇迹的探索，众多经济学家长期关注着中国经济快速增过程中的收敛性（魏后凯，1997；蔡昉、都阳，2000；沈坤荣、马俊，2002；林毅夫，2002；刘树成、张晓晶，2007；周业安、章泉，2008；Barro，2016）。1992—2015年中国地区人均实际GDP的基尼系数呈现出倒"U"形变动特征，由1992年的32.6%降至2015年的30.4%，简单来看，地区间的差异趋于缩减。然而更多的研究证据显示，20世纪90年代中期后中国经济增长并未趋同。已有文献从渐进式改革、劳动力流动以及地区工业化程度不平衡等视角解释了中国经济增长的非收敛性特征。值得注意的是，自1994年财政分权以来，面对晋升激励，地方政府发展经济的积极性被充分调动，地方政府间竞争行为在很大程度上促进了经济增长（周业安等，2004）。并且地方政府往往会竞争性对标邻近地区或者发展水平相近地区，形成空间上的竞争格局，而Elhorst等（2010）研究发现，忽略空间交互效应会导致对收敛速度的有偏估计，那么纳入空间效应的地区间策略性竞争行为会对经济增长收敛机制产生怎样的影响？

中国经济快速增长的同时也产生了环境污染、收入差距拉大以及创新不足等“副产品”，进而引发了对经济增长质量的思考（Barro，2002；钞小静、任保平，2011；陈诗一，2012；郝颖等，2014）。相较于经济增长数量，经济增长质量内涵更为丰富已成为理论界的共识，其囊括了效率、分配和环境等因素。借鉴新古典增长理论中边际报酬递减导致经济增长收敛的思想，本章认为在理论机理上，环境治理和缩减城乡收入差距的公共品供给存在边际成本递增以及技术进步的“天花板效应”，会引致经济增长质量的趋同。在代表性研究中，林伯强和黄光晓（2011）、江春等（2016）以及白俊红等（2009）分别发现，省际碳排放、城乡收入差距和技术进步存在收敛性。综合来看，中国经济增长质量是否也具有收敛性特征？此外，数量和质量作为经济增长“硬币”的两面，二者间的空间分布有所差异。以四大直辖市为例，北京、上海、天津和重庆2013年经济增长质量在全国排名分别为第1、第3、第6和第11位，而经济增长数量排名仅为第15、第10、第17和第22位（任保平等，2016）。但也不可否认，经济增长数量和质量必然存在内在关联。经济增长质量对经济增长数量可能具有两种截然相反的作用机制：一方面，经济增长质量提升会借助于技术进步以及绿色而公平的发展环境促进长期数量型增长；另一方面，改进经济增长质量意味着需要增加研发支出、环保投入以及农村公共产品供给，从而替代经济建设投资，导致经济增长数量短期下滑。更进一步分析，数量和质量的相互作用是否会影响经济增长收敛机制？在新常态的经济结构性减速背景下，中国经济增长率已由2010年的10.3%降至2015年的6.3%，东、西部地区平均增长率也分别从12.6%和13.9%滑至7.2%与8.5%，投资驱动型模式的增长潜能已释放殆尽，地区间“为增长而竞争”亟须向“为增长效益和质量而竞争”转型。地区间最终需要通过塑造“空间新竞争格局”带动经济向高质量水平收敛，从而摆脱中“等收入陷阱”、迈向经济增长新阶段。

本章与已有研究的不同之处在于，首先，在投入—产出的分析框架下使用基于Metafrontier的方向性距离函数，测度涵盖环境污染、城乡收入差距和技术效率信息的省际狭义经济增长质量指数。进而比较分析省际经济增长数量和质量收敛特征的异同，并厘清二者的互动机制。其次，基于地区空间竞争格局的分析视角，采用SDM模型分解出经济增长数量和质量收敛方程中各因素的直接效应和空间溢出效应，并围绕直接效应估计中国经济增长收敛速度。余下的结构安排为：第二部分综述经济增长收敛性以及经济增长质量研究的相关文献，第三部分对经济增长收敛回归模型和数据进行说明，第四部分报告实证结果，最后是主要结论和政策建议。

8.2 文献综述

新古典增长理论问世以来，围绕落后经济体能否追赶发达经济体的收敛性研究（Barro 和 Sala - i - Martin，1992），一直激发着经济学家的研究兴趣。先后涌现出大量测算美国、加拿大、印度、巴西以及非洲等地区经济增长收敛性的研究（Baumol，1986；Coulomber 和 Lee，1993；Cashin 和 Sahay，1995；Magalhaes 等，2000；Rodrik，2014）。伴随着增长理论的发展，新的分析视角被广泛地引入收敛性研究中。Barro（2013）系统分析了教育、法律和秩序等现代化因素与增长收敛的关系，Enamorado 等（2014）研究犯罪对增长收敛性的作用，Delgado 等（2014）分析专业化、产业集聚对增长收敛性的影响，Barro（2016）以及 Arunachalam 和 Shenoy（2017）探讨贫困性陷阱与经济趋同的关系。

对中国地区间经济增长收敛性研究的成果也十分丰富，学者从不同角度展开分析，得到了收敛性结论。蔡昉和都阳（2000）基于人力资本研发、吸收新产品和新思想以及外溢效应的视角，经验分析发现中国地区间存在显著的条件收敛。沈坤荣和马俊（2002）认为中国各地区存在条件收敛，由于市场化改革在空间上由东向西逐级推进，引发了地区间的俱乐部收敛。林毅夫和刘明兴（2003）从经济增长需要遵循比较优势原则出发，指出要采用与本地禀赋结构相吻合的技术结构实现中国地区间条件收敛。赵伟和马瑞永（2005）研究经济增长收敛的微观机制，发现1978—2002年技术收敛机制较好地发挥了作用，劳动生产率机制和资本收敛机制仅在1978—1989年发挥了收敛效应。

还有研究发现，中国经济增长收敛性具有阶段性特征。魏后凯（1997）指出1985年之前农村人口占比较大的低收入地区从以农村为导向的改革中获得了较大实惠，实现了地区间增长收敛。1985年之后，经济体制改革的重点主要向城市和东部沿海地区转移，导致地区发展差距拉大。

刘强（2002）结合渐进式改革与劳动力流动的分析视角也得到了阶段性收敛的证据。刘夏明等（2004）认为经济、地理和历史因素使得沿海地区发展占优，而地区发展战略、政府政策、全球化和要素市场扭曲使得地区间发展差距拉大，造成中国经济增长在20世纪80年代趋于收敛，但在90年代却开始发散。

更多学者证实了20世纪90年代中期后中国地区间经济趋于发散。沈坤荣和唐文健（2005）发现较大规模的劳动力转移会引发经济增长先发散、后收敛的动态变化，指出20世纪90年代中期以后劳动力大规模转移导致中国经济增长出现发散特征。许召元和李善同（2008）研究表明，劳动力跨区域流动在资本和知识的外部性以及拥挤效应的作用下扩大了地区差距。彭国华（2015）应用匹配理论模型的分析表明，东部地区引进了相对更多的高技术型工作岗位，当劳动力流动限制放松时，中西部技能型劳动力向东部流动拉大了地区发展差距。此外，马拴友和于红霞（2003）认为虽然中央从20世纪90年代中后期提出了缩小地区差异和西部大开发战略，但因为结构性问题转移支付没有达到缩小地区差距的效果，中国经济增长并未出现收敛。戴觅和茅锐（2015）指出工业部门劳动生产率在省际表现出稳健的绝对收敛特性，但由于非工业部门劳动生产率不收敛以及各地区工业化程度不平衡，工业部门的收敛没有导致整体经济的收敛。

值得注意的是，现有文献在实证层面研究发现俱乐部收敛多发生在地理空间聚集的地区（Borsi 和 Metiu，2015），理论层面分析认为地理因素往往会通过影响要素流动、技术外溢和市场整合而作用于收敛机制（朱国忠等，2014）。随着空间计量经济学的完善，研究逐渐将空间计量技术应用于增长收敛性分析（Rey 和 Montouri，1999；Ertur 和 Koch，2007；Olejnik，2008；吴玉鸣，2006；张晓旭、冯宗宪，2008；刘生龙、张捷，2009；潘文卿，2010；Elhorst 等，2010）。

近年来，随着全球气候变化加剧、生态环境破坏以及收入分配的不平衡，对经济增长的研究开始更多地关注质量问题。Barro（2002）从预期寿命、生育率、环境条件、收入公平性、政治制度以及宗教信仰等角度对经济增长质量进行了探讨。温诺·托马斯（2001）认为经济增长质量应该在发展速度的基础上涵盖机会分配、环境可持续性以及全球性风险管理等因素。钞小静和任保平（2011）则从经济增长的结构、稳定性、收入分配以及生态环境代价等4个维度研究中国经济增长质量。Mlachila 等（2014）认为对于发展中国家而言，增长率更高、更持久的社会友好型增长是高质量的增长，并将增长质量分解为增长的基本面和社会成果。在对经济增长质量界定和测算的基础上，学者从经济结构、产业发展、经济开放性、政府官员行为以及企业投资等宏观和微观层面，对经济增长质量的影响因素和作用机制展开研究（毛其淋，2012；郝颖等，2014；刘燕妮等，2014；何强，2014；高艳红等，2015；魏婕等，2016）。而对增长质量收敛性的研究相对较少，钞小静等（2016）使用半参数个体时间异质模型的研究显示，地区经济增长质量的增长率随时间收敛，中西部地区增长质量差距具有条件收敛特征，而东部增长质量差距呈发散趋势。肖攀等（2016）运用相对收敛模型实证检验发现，中国经济增长质量整体不具有收敛性，但存在5个收敛俱乐部。Mlachila 等（2014）使用跨国数据发现1990—2011年93个发展中国家的经济增长质量存在收敛性。

增长质量作为解释和分析经济增长的重要视角，受到的学术关注日益增加。地区间的增长质量必然呈现出差异化动态特征，收敛性能够保证各个地区都以较高质量实现发展的趋同。现有对经济增长质量收敛性的研究相对较少，并且由于测算方法的限制，钞小静等（2016）和肖攀等（2016）未采用 Barro 和 Sala－i－Martin（1992）的经典收敛模型，并且研究结果也不尽相同。本章尝试使用经典研究框架，比较分析1992—2015年中国省际经济增长数量和质量的收敛性，考虑到增长质量的环境、收入分配等因素更易受到空间地理的影响，我们纳入空间计量模型，在地区空间竞争格局的分析视角下经验分析经济结构等因素在收敛机制中的空间交互效应。

8.3 模型设定与数据说明

8.3.1 收敛模型设定

新古典增长理论给定边际报酬递减规律，得到经济增长具有稳态的结论，在经济体趋向稳态的过程中，经济增长率与初始产出水平负相关。从时点0和T之间，人均产出的平均增长率可表示为（Barro 和 Sala－i－Martin，1992）

$$(1/T)\cdot\ln(y_{i,T}/y_{i,0}) = x - [(1-e^{\beta T})/T]\cdot\ln(y_{i,0}) + [(1-e^{\beta T})/T]\cdot\ln(\hat{y}_i^*) + \mu_{i0,T} \quad (8-1)$$

其中，y 为人均产出；$\hat{y}^*$ 是稳态时人均产出水平；x 代表技术进步率。式（8－1）纳入了 $[(1-e^{\beta T})/T]\cdot\ln(\hat{y}_i^*)$，即经济增长率不仅取决于初始人均产出，还受产出稳态水平的影响。换言之，经济体将以稳态为条件，经济增长率与初始的人均产出水平负相关。如果不考虑稳态条件，则 T 期人均产出的绝对收敛表征如下

$$(1/T)\cdot\ln(y_{i,T}/y_{i,0}) = \alpha - [(1-e^{\beta T})/T]\cdot\ln(y_{i,0}) + \omega_{i0,T} \quad (8-2)$$

由于稳态产出水平在现实中无法准确估计，我们在式（8－2）的基础上构建条件收敛方程

$$(1/T)\cdot\ln(y_{i,T}/y_{i,0}) = \alpha - [(1-e^{\beta T})/T]\cdot\ln(y_{i,0}) + \gamma S_{i,0} + \omega_{i0,T} \quad (8-3)$$

其中，S 代表一组结构变量，通过控制经济结构因素考察地区间经济增长数量和质量的条件收敛方程

$$g_{i,t+T} = \alpha + \beta\ln(y_{i,t}) + \gamma S_{i,t} + \varepsilon_{i,t} \quad (8-4)$$

$$eq_{i,t+T} = \alpha + \beta\ln(\mathrm{QEG}_{i,t}) + \gamma S_{i,t} + \varepsilon_{i,t} \quad (8-5)$$

$g_{i,t+T}$ 和 $eg_{i,t+T}$ 分别表示 T 期内 i 地区劳均产出的平均增长率①和经济增长质量的平均增长率。由于数据的可得性以及 1992 年社会主义市场经济开始建立，本章选取的样本涵盖 1992—2015 年中国 30 个省、市、自治区。考虑到经济结构因素对经济增长的作用存在滞后期，并且为剔除经济波动的影响，我们借鉴许召元和李善同（2006）的处理方法，将整个样本期划分为 8 个时间段，每个时间段跨度为 3 年，相应地每个时间段 t 分别为 1992 年、1995 年、1998 年、2001 年、2004 年、2007 年、2010 年和 2013 年。

空间地理因素对要素的流动性和政策实施具有一定的影响，并且中国地方政府间存在“为增长而竞争”的关系，我们分别基于空间计量经济学的空间滞后模型（SAR）和空间杜宾模型（SDM）构建空间收敛回归方程

① Rodric（2013）及戴觅和茅锐（2015）认为不存在失业时劳均 GDP 和人均 GDP 是等价的，但使用劳均 GDP 衡量失业时的劳动生产率更为合适。

$$g_{i,t+T} = \alpha + \beta \ln(y_{i,t}) + \rho \sum_{j=1}^{N} [w_{i,j} \ln(g_{j,t+T})] + \gamma S_{i,t} + \varepsilon_{i,t} \quad (8-6)$$

$$gq_{i,t+T} = \alpha + \beta \ln(\mathrm{QEG}_{i,t}) + \rho \sum_{j=1}^{N} [w_{i,j} \ln(gq_{j,t+T})] + \gamma S_{i,t} + \varepsilon_{i,t} \quad (8-7)$$

$$g_{i,t+T} = \alpha + \beta \ln(y_{i,t}) + \gamma S_{i,t} + \rho_1 \sum_{j=1}^{N} [w_{i,j} \ln(g_{j,t})] + \rho_2 \sum_{j=1}^{N} [w_{i,j} \ln(y_{j,t})] + \rho_3 \sum_{j=1}^{N} (w_{i,j} S_{j,t}) + \varepsilon_{i,t} \quad (8-8)$$

$$qg_{i,t+T} = \alpha + \beta \ln(\mathrm{QEG}_{i,t}) + \gamma S_{i,t} + \rho_1 \sum_{j=1}^{N} [w_{i,j} \ln(qg_{j,t})] + \rho_2 \sum_{j=1}^{N} [w_{i,j} \ln(\mathrm{QEG}_{j,t})] + \rho_3 \sum_{j=1}^{N} (w_{i,j} S_{j,t}) + \varepsilon_{i,t} \quad (8-9)$$

SAR 仅纳入了内生交互效应，而 SDM 则进一步分析了外生交互效应。式（8－6）和式（8－7）分别为依据 SAR 构造的经济增长数量和质量收敛方程，式（8－8）和式（8－9）则是基于 SDM 的收敛方程。$w_{i,j}$ 为空间权重矩阵元素。为保证研究结果的稳健性，本章借鉴邵帅等（2016）和范欣等（2017）设定 3 种空间权重矩阵：地理距离权重矩阵 $W_1$①，用省会间铁路里程倒数测度；经济距离权重矩阵 W_2，以地区间人均实际 GDP 年均值的绝对差值的倒数表征；地理经济距离权重矩阵 W_3，$W_3 = \varphi W_1 + (1-\varphi) W_2$。为简化分析，令 $\varphi = 0.5$，即地理距离和经济距离具有同等重要性。3 组空间权重都进行了标准化处理。

8.3.2 变量与数据说明

经济增长质量（QEG）。现有研究的共识是经济增长质量涵盖多重因素，其测算更为复杂、内涵更为丰富。本章认为经济增长数量和质量是“产出”的两面，即通过投入得到相应产出的数量和质量，研究增长数量和质量需要遵循“投入—产出”分析框架，因而将各地区按照东、中和西

① 我们也测算了地理相邻权重矩阵，两个地区地理位置相邻取 1，否则取 0，回归结果与地理距离权重矩阵非常接近，限于篇幅，我们只报告了其他三类权重矩阵的实证结果。

部分组，采用基于共同边界（Metafrontier）① 的 SBM 方向性距离函数对经济增长质量的增长率进行测度。Barro（2002）提出了内涵极为丰富的广义经济增长质量指数，但为了使研究更为聚焦，这里借鉴钞小静和任保平（2011）的研究从经济增长的结构、稳定性、成果分配以及生态环境代价 4 个维度评价经济增长质量的思想，我们认为狭义经济增长质量应涵盖了技术效率、成果分配和生态环境代价 3 个层面。经济增长的结构和稳定性是增长的过程而非结果，同时结构和稳定性也不具备方向性，并且涵盖指标过多会导致经济增长质量的解释力模糊，因此将其剔除。由于使用方向性距离函数仅能测度经济增长质量的增长率指标，鉴于已有研究认为 20 世纪 90 年代中期后中国地区经济增长才趋于发散，1992 年中国开始建立社会主义市场经济体制，这里假定 1991 年各地区经济增长质量趋同为 1，之后历年增长质量按照各地区经济增长质量的增长率测算。

表 8-1 变量定义说明和统计性描述

变量名称	变量解释	均值	标准差	观察值
lny	实际劳均产出的自然对数	8.8833	0.7984	720
lnQEG	经济增长质量的自然对数	-0.0035	0.0867	720
g	劳均产出增长率	0.0987	0.0391	720
qg	经济增长质量的增长率	0.9964	0.0263	720
Fis	财政支出占 GDP 的比重	0.1635	0.0849	720
IS	第三产业增加值与第二产业增加值之比	0.9297	0.4033	720
Fix	固定资产投资占 GDP 的比重	0.4993	0.2181	720
Open	进出口与 FDI 占 GDP 比重的加权值	0.1742	0.2205	720
Urban	城镇人口占总人口比重	0.4333	0.1660	720

测度经济增长质量的投入指标有资本存量、劳动力和能源 3 个，产出指标包括实际 GDP、CO_2排放量以及用城镇人均可支配收入与农村人均纯收入差值衡量的收入分配指标②，其中，实际 GDP、资本存量和城乡收入

① 传统 DEA 方法测度效率问题往往忽略了不同评价单位的异质性，用相同的前沿面测算差异化单位的效率，会导致评价结果失真。为了弥补传统方法的不足，共同边界方法通过组群分类，首先构建组群边界（Group Frontier）计算组群内部效率，其次在组群边界的基础上构造共同边界并评价其效率，用两组效率相比得到相应的指数。

② 我们曾考虑纳入衡量要素分配的劳动力报酬，但其与 GDP 相关性过高，因而未将其纳入投入—产出分析。

差距均按1978年不变价格计算。资本存量来自单豪杰（2008），并按照其方法测算了2006—2015年的省际资本存量。CO_2排放量采用分品种能源消费和水泥生产的碳排放量之和计算。其中分品种能源消费的碳排放量按照杨翔等（2015）方法测算，水泥生产的碳排放量按照师博和沈坤荣（2013）的方法获得。产出变量中实际GDP为期望产出，而CO_2排放量和城乡收入差距均为非期望产出。

收敛回归方程中，控制的经济结构变量分别为：①财政支出占GDP比重*Fis*，用于衡量政府直接影响和干预经济增长的主要方式与手段；②产业结构高级化IS，即第三产业与第二产业增加值之比；③固定资产投资占GDP比重*Fix*，表征投资驱动型增长模式；④经济开放度*Open*，将进出口和FDI占GDP比重加权获得，并按照变异系数法确定权重；⑤城市化*Urban*，用城镇人口占总人口的比重作为代理变量。

上述数据除特别说明外，其余均来自《新中国60年统计资料汇编》、历年《中国统计年鉴》以及《中国能源统计年鉴》。

8.4 实证分析

8.4.1 不包含空间效应的收敛性分析

表8－2 不包含空间效应的收敛性检验

变量	增长数量 FE (1)	增长质量 FE (2)	增长数量 FE (3)	增长质量 FE (4)	增长数量 FE (5)	增长质量 FE (6)
lny	－0.0106*** (－3.73)		－0.0197 (－1.13)		－0.0204 (－1.21)	－0.0456** (－2.14)
lnQEG		－0.0013 (－0.08)		－0.0415** (－2.12)	－0.0250 (－0.48)	－0.0301*** (－3.28)
Fis			0.1240** (2.14)	－0.0889** (－2.59)	0.1189* (1.96)	－0.1099*** (－3.85)
IS			0.0973 (1.37)	0.0247 (0.80)	0.1047 (1.46)	0.0230 (0.68)
Fix			0.0842*** (5.29)	－0.0030 (－0.29)	0.0831*** (5.18)	0.0078 (0.78)
Open			－0.0139 (－0.57)	0.0010 (0.16)	－0.0135 (－0.55)	0.0044 (0.80)
Urban			－0.0911* (－1.84)	－0.0285 (－1.13)	－0.0849 (－1.59)	－0.0129 (－0.49)

续表

变量	增长数量 FE	增长质量 FE	增长数量 FE	增长质量 FE	增长数量 FE	增长质量 FE
	(1)	(2)	(3)	(4)	(5)	(6)
C	0. 1905 * * * (7. 74)	0. 9964 * * * (1009. 58)	0. 2289 (1. 58)	1. 0051 * * * (68. 16)	0. 2305 (1. 61)	1. 2300 * * * (19. 07)
Obs	240	240	240	240	240	240
Year			Yes	Yes	Yes	Yes
组内 R^2	0. 0624	0. 0000	0. 3936	0. 1642	0. 3950	0. 2134
Hausman	3. 90	10. 11	26. 69	19. 54	29. 58	32. 17

注：*、* *和* * *表示分别通过10%、5%和1%的显著性检验。

我们首先考察不包含空间效应的经济增长数量和质量的收敛性。由于使用了时间非连续型的面板数据，表 8 – 2 中模型（1）– 模型（6）依据 Hausman 检验选择固定效应或者随机效应模型，对收敛方程（4）和模型（5）进行实证检验。模型（1）和模型（2）均未加入控制变量表明，经济增长数量具有显著的绝对 β 收敛特征，而经济增长质量的绝对收敛特征不明显。由于中国 30 个地区经济发展的环境和条件差异较大，不纳入控制变量的实证检验可能会得到有偏的结果，我们在模型（3）– 模型（6）进一步加入经济结构的控制变量，同时控制了时间效应。由于可能存在无法观测到的跨期个体异质性，这里基于聚类修正标准误差对实证模型进行了调整。模型（3）表明，中国经济增长数量收敛性并不显著，仅符合弱条件收敛的特征，与现有研究发现 20 世纪 90 年代后中国经济增长并未出现收敛性的研究结论相似。从经济结构的控制变量来看，财政支出占比和固定资产投资占比均能显著提升数量上的经济增长率，然而城市化却会产生显著的反向作用。模型（4）显示，中国经济增长质量具有显著的条件收敛特征。财政支出占比则会显著降低经济增长质量增长率，其余变量均通过 10% 的显著性检验。

考虑到经济增长数量和质量存在相互影响，在模型（5）和模型（6）中分别纳入经济增长质量指数和劳均 GDP，发现增长数量和质量的收敛性特征以及控制变量的影响基本未发生变化。劳动 GDP 的提升会显著降低经济增长质量的增长率，而经济增长质量对经济增长数量增长率的影响却不显著。

8.4.2 空间效应的收敛性分析

在表8-2中模型（3）-模型（6）的基础上，表8-3和表8-4进一步采用空间计量技术，考察空间效应对中国经济增长收敛性的影响。表8-2中模型的Hausman检验均支持固定效应，Elhorst（2005）认为使用固定效应连续研究区域中邻近单位的空间—时间数据更合适，本章研究样本包含了中国大陆（港澳台地区除外）除西藏外的所有地区，表8-3和表8-4使用基于空间面板数据的固定效应分析方法①。表8-3中模型（7）和模型（8）选取仅包含内生交互效应的SAR模型，并以地理距离为权重。结果显示，经济增长数量和质量均具有显著的收敛特征，产业结构的高级化能够显著提升经济增长数量和质量的增长率，而城市化进程会显著降低经济数量增长率，其余控制变量的作用和不包含空间效应的计量结果基本一致。内生交互效应（w·g和w·qg的系数）显示出，相近地区经济数量增长率会显著提升本地区经济增长，而地区间经济增长质量却不存在交互影响。

J. 保罗·埃尔霍斯特（2015）认为仅考察一种类型交互效应的SAR模型过于局限，对空间计量经济学的研究重点应转移到包含两种交互效应的SDM模型。因此，模型（9）和模型（10）采用同时包含内生交互效应和外生交互效应的SDM模型，考虑到已有研究认为20世纪90年代中后期政策的地区差异导致了中国增长数量非收敛性以及政府行为对经济增长的显著影响，重点分析劳均GDP、经济增长质量指数以及财政支出占比的外生交互效应。与不包含空间效应的收敛性分析一致，经济增长数量的收敛性较弱，而经济增长质量显著收敛。控制变量和内生交互效应对经济增长数量和质量增长率的影响保持不变，外生交互效应没有通过显著性检验。模型（11）和模型（12）将空间权重矩阵设置为经济距离，仅劳均产出对经济数量增长率的作用方向由负转为正，但依然不显著，其余变量系数符号未发生变化。

① 使用固定效应分析SDM模型，控制时间效应后将无法进行后文的直接效应与间接效应分析。我们在表8-3和表8-4的空间效应收敛性检验中，分别考察了包含与不包含时间效应的结果，发现是否控制时间效应并不影响各因素的作用方向和显著性，而控制时间效应会得到相对较高的估计系数，囿于篇幅我们仅汇报了不控制时间效应后的收敛性检验。

表 8－3 空间效应的收敛性检验 I

变量	增长数量 SAR 地理距离	增长质量 SAR 地理距离	增长数量 SDM 地理距离	增长质量 SDM 地理距离	增长数量 SDM 经济距离	增长质量 SDM 经济距离
	(7)	(8)	(9)	(10)	(11)	(12)
lny	－0.0138 * （－1.86）		－0.0118 （－0.78）		0.0009 （0.06）	
lnQEG		－0.0470 * * * （－2.73）		－0.0485 * * * （－2.78）		－0.0480 * * * （－2.74）
Fis	0.0766 * （1.68）	－0.0742 * * * （－3.00）	0.1285 * * （2.11）	－0.0666 * * （－2.14）	0.0918 （1.53）	－0.0834 * * * （－2.87）
IS	0.0797 * （1.89）	0.0417 * * （2.08）	0.0826 * （1.92）	0.0462 * * （2.15）	0.0780 * （1.68）	0.0450 * * （2.16）
Fix	0.0662 * * * （4.08）	0.0005 （0.07）	0.0696 * * * （4.26）	0.0005 （0.06）	0.0611 * * * （3.41）	－0.0003 （－0.04）
Open	－0.0041 （－0.26）	0.0023 （0.29）	－0.0032 （－0.21）	0.0024 （0.30）	－0.0018 （－0.11）	0.0030 （0.38）
Urban	－0.0967 * * （－2.36）	－0.0087 （－0.57）	－0.0843 * * （－2.00）	－0.0025 （－0.13）	－0.0084 * （－1.94）	－0.0121 （－0.69）
w·*g*	0.7627 * * * （11.21）		0.7724 * * * （11.62）		0.5040 * * * （6.27）	
w·*qg*		0.1873 （1.14）		0.1652 （0.97）		0.1002 （0.97）
w·ln*y*			0.0033 （0.21）		－0.0198 （－1.23）	
w·lnQEG				－0.0340 （－0.49）		－0.0451 （－1.04）
w·*Fis*			－0.1716 （－1.48）	－0.0413 （－0.57）	－0.0057 （－0.06）	－0.0123 （－0.25）
log *L*	569.83	732.01	570.92	732.18	555.93	732.56
组内 R^2	0.0401	0.1165	0.0408	0.1182	0.1198	0.1201

注：*、* *和* * *表示分别通过10%、5%和1%的显著性检验。

表8－4中纳入了经济增长数量和质量的相互影响以及非线性因素。模型（13）和模型（14）显示，经济增长质量依然显著收敛，劳均产出的提升会显著降低经济质量的增长率，经济增长质量对经济数量增长率的影响却不显著。外生交互效应表明，经济发展水平相近地区劳均产出会促进本地区经济质量增长率。考虑到城市化水平对经济数量增长率有非预期的显

著负面影响，模型（15）和模型（16）进一步纳入城市化水平的二次项，考察其对经济增长的非线性作用，结果表明城市化率对经济数量增长率具有显著的倒“U”形作用机制。

表 8-4 空间效应的收敛性检验Ⅱ

变量	增长数量 SDM 经济距离	增长质量 SDM 经济距离	增长数量 SDM 经济距离	增长质量 SDM 经济距离	增长数量 SDM 经济地理	增长质量 SDM 经济地理
	(13)	(14)	(15)	(16)	(17)	(18)
lny	-0.0010 (-0.07)	-0.0207*** (-2.75)	-0.0004 (-0.02)	-0.0206*** (-2.74)	-0.0059 (-0.39)	-0.0227*** (-2.94)
lnQEG	0.0026 (0.07)	-0.0497*** (-2.88)	0.0030 (0.08)	-0.0498*** (-2.88)	-0.0053 (-0.16)	-0.0496*** (-2.89)
Fis	0.0998 (1.65)	-0.0979*** (-3.37)	0.0953 (1.58)	-0.0987*** (-3.40)	0.0891 (1.47)	-0.0969*** (-3.16)
IS	0.0721 (1.51)	0.0336 (1.47)	0.0858* (1.80)	0.0356 (1.55)	0.0942*** (2.05)	0.0343 (1.48)
Fix	0.0632*** (3.49)	0.0042 (0.48)	0.0543*** (2.96)	0.0032 (0.36)	0.0623*** (3.53)	0.0034 (0.39)
Open	-0.0034 (-0.21)	0.0031 (0.38)	0.0070 (0.41)	0.0043 (0.52)	0.0053 (0.32)	0.0038 (0.46)
Urban	-0.0831* (-1.78)	-0.0165 (-0.73)	0.0426 (0.60)	-0.0016 (-0.05)	0.0292 (0.44)	-0.0010 (-0.03)
*Urban*2			-0.1707** (-2.36)	-0.0202 (-0.59)	-0.1549** (-2.23)	-0.0174 (-0.50)
w·*g*	0.4970*** (6.14)		0.4610*** (5.51)		0.6697*** (8.09)	
w·*qg*		0.0981 (0.95)		0.0977 (0.95)		0.1295 (0.89)
w·*Lny*	-0.0186 (-1.15)	0.0234*** (3.02)	-0.0182 (-1.14)	0.0235*** (3.03)	-0.0102 (-0.64)	0.0264*** (3.30)
w·lnQEG	0.0842 (0.59)	-0.0326 (-0.76)	0.0917 (1.04)	-0.0322 (-0.75)	0.1863 (1.43)	-0.0546 (-0.83)
w·*Fis*	0.0290 (0.28)	-0.0294 (-0.58)	0.0650 (0.63)	-0.0260 (-0.51)	0.0796 (0.61)	-0.0533 (-0.79)
log *L*	556.38	737.09	559.15	737.27	569.42	738.20
组内 R^2	0.1345	0.1542	0.1851	0.1555	0.1641	0.1627

注：*、**和***表示分别通过10%、5%和1%的显著性检验。

进一步地，我们将空间权重设置为经济地理矩阵形成模型（17）和模型（18），其结论与之前模型基本相同，表明本章的实证研究具有稳健型。鉴于经济地理空间权重矩阵兼具经济和地理信息，我们重点围绕模型（17）和模型（18）结果展开报告。中国经济增长数量并未表现出收敛性特征，这与绝大多数研究结论相同，经济增长质量则具有显著的条件性收敛，与钞小静等（2016）的研究结果相一致。经济增长质量收敛性的原因可能在于，随着增长质量的提升地区技术水平越接近前沿面、技术进步的潜力衰减，而边际报酬递减规律使得为缩减城乡收入差距和缓解环境污染的边际成本增加，最终导致地区间经济增长质量趋同。值得注意的是，经济增长质量对经济数量增长率的影响却不显著，现阶段增长质量的改进对促进地区经济增长未产生积极作用，在“以 GDP 论英雄”的激励机制下，地方政府提升经济增长质量的动力不足。本地劳均 GDP 的攀升会显著降低经济质量增长率，提升经济增长质量具有一定的成本，并且经济质量增长率不能显著影响经济数量增长率，部分地区策略性地选择以牺牲经济增长质量为代价，实现了短期数量型经济增长。从内生交互效应来看，经济发展水平或者地理接近地区经济数量增长率能够显著刺激本地区经济增长加速，而地区间经济增长质量却没有显著的相互影响，进一步证明地区间仅“为增长数量而竞争”，缺乏“为增长质量而竞争”。外生交互效应显示，相邻或相近地区劳均 GDP 越高越有助于提升本地区经济质量增长率，经济发达省份具有相对成熟的市场化水平、制度环境以及合理的经济结构，从而能够对周边地区经济增长质量产生正向空间溢出效应。

产业结构高级化能够显著提升经济数量增长率，但对经济增长质量的影响却不显著。干春晖等（2011）研究认为产业结构高级化的演进对中国经济增长具有正面作用，但二者间的关系却不稳定，这可能是其对经济增长数量和质量差异化影响的原因所在，并且在不包含空间效应的收敛模型以及模型（13）和模型（14）中，产业结构高级化对经济增长的影响也未通过 10% 的显著性检验。固定资产投资能够显著提升经济数量增长率，这与我国投资驱动型发展模式的特征相吻合。城市化率与经济数量增长率呈倒“U”形关系，短期内城市人口占比的相对快速扩张会通过拓展市场规模带动经济增长，但在长期，如果教育、医疗和公共交通等公共产品供给不能与之相匹配，将诱发拥挤效应，进而抑制经济增长。财政支出占比对经济质量增长率具有显著的负面影响，并且这一结论在所有的模型中均成立，说明政府的过度干预可能会导致经济增长质量的损失。

8.4.3 直接效应和空间溢出效应分析

表 8-5 各因素对经济增长影响效应分解

变量	直接效应 增长数量	空间溢出效应 增长数量	直接效应 增长质量	空间溢出效应 增长质量
lny	-0.0077 (-0.52)	-0.0432 (-1.38)	-0.0227*** (-3.02)	0.0270*** (3.23)
lnQEG	0.0124 (0.31)	0.5629 (1.22)	-0.0503*** (-2.90)	-0.0685 (-0.86)
Fis	0.1034* (1.85)	0.4119 (1.12)	-0.0970*** (-3.41)	-0.0768 (-1.00)
IS	0.0991** (2.03)	0.2029 (1.42)	0.0336 (1.46)	0.0051 (0.61)
Fix	0.0674*** (3.32)	0.1393 (1.59)	0.0037 (0.40)	0.0007 (0.26)
Open	0.0055 (0.31)	0.0107 (0.28)	0.0038 (0.45)	0.0008 (0.35)
Urban	0.0323 (0.46)	0.0568 (0.38)	-0.0003 (-0.01)	-0.0001 (-0.01)
Urban2	-0.1675** (-2.28)	-0.3253* (-1.75)	-0.0185 (-0.53)	-0.0027 (-0.28)

注：*、**和***表示分别通过 10%、5%和 1%的显著性检验。

当具有空间交互效应时，某个影响因素的变化不仅会作用于本地区经济增长，也会对邻近地区经济增长产生影响，并通过循环反馈机制引起一系列变化。进一步，可以将各因素对经济增长的影响分解为直接效应和空间溢出效应：某因素变动对本地区经济增长的总体影响为直接效应，其中包括空间反馈效应，即某因素变动通过影响其他地区经济增长，其他地区经济增长又反过来影响本地经济增长；空间溢出效应为某因素变动对其他地区经济增长的影响。

表 8-5 汇报了表 8-4 中模型（17）和模型（18）各因素对经济增长影响效应的分解结果，我们重点分析通过显著性检验的变量。经济增长质量指数对经济质量增长率的直接效应为 -0.0503，其估计系数为 -0.0496，即经济增长质量指数的反馈效应为 -0.0007，为直接效应的 1.4%。需要

指出的是，Mlachila 等（2014）估计了 1990—2011 年 93 个发展中国家的经济增长质量收敛系数为 -0.066，与本章估计的直接效应较为接近。本章采用基于共同边界（Metafrontier）的方向性距离函数，通过构造分地区前沿面，测度各地的相对经济增长质量指数。换言之，某地增长质量指数上升，也必然意味着其他地区经济增长质量相对下滑。测算技术层面的原因导致了地区间经济增长质量指数的相互作用及反馈效应，因此其反馈效应相对较小。劳均产出对经济质量增长率的直接效应为 -0.0227，不存在反馈效应。但劳均产出的间接效应即空间溢出效应是 0.027，与其在模型（18）中的外生交互效应估计系数 0.0264 较为接近，本地区经济发展水平也会对其他地区经济增长质量产生正向空间溢出效应。此外，我们还可以根据收敛方程的估计系数 β，对比分析是否包含空间效应时收敛速度的差异，表8-2中模型（6）给出了不包含空间效应时 β 为 -0.0301，表8-5中包含空间效应时增长质量指数的直接效应达 -0.0503。收敛速度 λ 的测算方法为 $\beta=-[1-(1-\lambda)^T]/T$，当 $T=3$ 时可知，不包含空间效应时经济增长质量将以年均 3.1% 的速度收敛，而纳入空间效应时收敛速度将提升至年均 5.3%。因此，忽略空间交互效应会导致经济增长质量年均收敛速度被低估 2.2 个百分点，占直接效应收敛速度的 41.5%。虽然无论是否包含空间效应都无法得到经济增长数量趋同的证据，但我们依然能够比较空间效应对经济增长数量收敛性的影响。表 8-2 中模型（6）显示在不分析空间效应时，经济增长数量的收敛性系数为 -0.0204（t 检验为 -1.21），而表 8-5 中经济增长数量收敛的直接效应仅为 -0.0077，并且 t 检验也降至 -0.52，遗漏空间交互效应会高估经济增长数量的收敛性。这里与 Elhorst 等（2010）发现忽略空间交互效应会导致对收敛速度有偏估计的结论相一致。

财政支出占比对经济数量增长率的直接效应为 0.1034，反馈效应达 0.0143，占直接效应的 13.8%。虽然财政支出占比对经济数量增长率的作用系数没有通过显著性检验，但由于其他地区会对本地财政支出占比变动作出策略性反应，最终通过反馈效应对本地经济增长数量产生显著影响。财政支出占比对经济质量增长率的直接效应为 -0.0970，反馈效应为 -0.0001，相对较小。李永友和沈坤荣（2008）的研究表明，面对政治晋升，辖区间的竞争将由税价竞争向财政支出竞争演化，但由于收入能力的

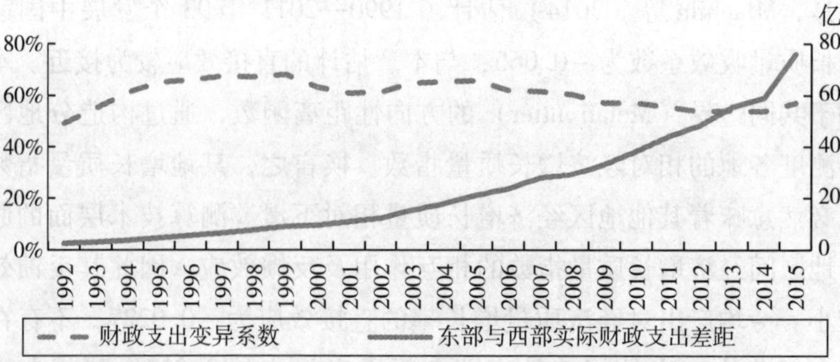

图 8－1　1992—2015 年中国省级财政支出变异系数及东、西部财政支出差距

限制，欠发达地区在支出来源上更依赖非税收入，并对其经济增长产生抑制效应。与此同时，为了提高竞争力，地方政府增加经济建设支出、减少社会性支出成为占优策略。我们认为正是地区财政支出的策略性竞争，造成财政支出占比的直接效应低于模型（5）不包含空间效应时对其的估计系数（0.1189），并且收入能力的差异导致发达地区与欠发达地区财政支出水平的拉大、地区间经济增长难以收敛。如图 8－1 所示，1992—2015 年中国省际实际财政支出的变异系数呈“倒 U”形，财政支出的变异系数由 1992 年的 49% 攀升至 2015 年的 57%。以 1978 年不变价格衡量的东、西部实际财政支出差距由 1992 年的 247.23 亿元增至 2015 年的 7587.53 亿元，地区间财政支出能力的差距逐步拉大，印证了本章的判断。东部和西部地区经济建设财政支出占比分别由 1997 年的 11% 和 8.2% 变动为 2011 年的 8.2% 和 9.7%，欠发达地区更易于产生经济建设偏向型的财政支出结构。此外，结构偏向性的财政支出竞争也会抑制经济质量的增长率（魏婕等，2016），表现为财政支出占比对经济增长质量具有显著的直接效应。

产业结构高级化对经济增长数量的直接效应为 0.0991，反馈效应为 0.0049，占直接效应的 4.9%。地方政府间的竞争也表现为“招商引资大战”“政绩工程”，形成产业模仿与结构趋同，但长期内地区产业结构相对稳定，产业结构高级化的反馈效应也相对较小。固定资产投资对经济增长数量的直接效应为 0.0674，反馈效应为 0.0051，是直接效应的 7.6%。城市化进程二次项对经济增长数量的反馈效应是 －0.0126，占直接效应的 7.5%，空间溢出效应达 －0.3253，超过了直接效应。教育、医疗以及公共交通等公共产品供给不能满足人口城市化时，人口跨区域流动导致“城市病”在地区间蔓延，因此，无法忽视地区间拥挤效应的反馈机制。

8.5 主要结论及政策建议

中国省际经济增长收敛性关系共同富裕目标的实现，并且在经济快速增长过程中，经济增长质量的重要性日渐突出，在统一的框架内分析经济增长数量和质量的收敛性，不仅能够借鉴历史发展经验，更能为未来经济增长模式的选择提供启示。我们在测算1992—2015年省际经济增长质量指数的基础上，遵循Barro和Sala－i－Martin（1992）的经典收敛分析框架，分别使用普通面板计量模型和空间面板计量模型考察经济增长数量和质量的收敛性。主要结论如下：①中国省际经济增长数量并未收敛，而经济增长质量却表现出显著的收敛性特征。②经济数量增长率上升会显著降低经济质量增长率，即部分地区以牺牲经济增长质量为代价，实现了数量型的经济增长。而经济质量增长率却未能对经济数量增长形成有效影响。③内生交互效应显示出，经济发展水平或者地理接近地区经济数量增长率能够显著刺激本地区经济增长加速，而地区间经济增长质量却鲜有互动，地区间仅“为增长数量而竞争”，缺乏“为增长质量而竞争”。④外生交互效应表明，相邻或相近地区经济发展水平越高，越会对对提升本地区经济质量增长率产生正外部性。⑤对影响因素的分解发现，虽然财政支出占比对经济数量增长率的作用系数没有通过显著性检验，但由于其他地区会对本地财政支出变动作出策略性反应，最终通过反馈效应对本地经济增长数量产生显著影响。并且由于收入能力的差异，地方政府间策略化竞争行为导致发达地区与欠发达地区财政支出水平的拉大、地区间经济增长难以收敛。⑥城市化对经济数量增长具有倒“U”形作用机制，并且过度人口城市化造成的拥挤效应会通过空间溢出效应传递到其他地区，对经济增长造成显著的负面影响，相应的拥挤效应的反馈机制也难以忽视。

经济增长数量和质量是观察和解释经济增长的不同角度，二者间应形成有效的良性互动机制，然而通过收敛性分析不难发现，现阶段地区间的策略性竞争导致了以牺牲增长质量为代价实现了数量的攀升，经济增长质量也未能给予经济数量增长有力的支撑。基于此，本章提出如下政策建议：首先，亟须形成地方政府间“为增长质量而竞争”的激励机制。地方政府在发展过程中需要“既看经济指标，又看人文环境指标”，从单纯追求经济增长数量，转向综合考量经济增长、环境质量、城乡收入差距、全要素生产率，构筑“为增长质量而竞争”的空间新竞争格局，实现经济增长数量和质量的协调发展。进而在新常态的阵痛期，坚持创新驱动、优化经济结构，通过提升经济增长质量和效益助推经济持续增长，在“腾笼换鸟”中实现“凤凰涅槃”。其次，有效平衡政府投资和民间投资的关系。弱化投资尤其是政府主导型投资对经济增长的拉动力，减少政府对资源的直接配置，防止地方政府间策略性竞争所导致的过度干预行为。同时，以供给侧结构性改革降低民营企业投融资成本，借助市场机制激发民间投资活力，有效平衡政府投资与民间投资的数量关系和作用领域，使增长成果更广泛地惠及居民部门，实现共同富裕。最后，建立政府作用和市场机制有机结合的创新驱动体制。一方面，发挥市场竞争激励创新的根本性作用，营造公平、开放、透明的市场环境，解放创新潜能；另一方面，政府加大对研发的专利保护和创新补贴，激发研发创新的正外部性，通过知识外溢促进发达地区和欠发达地区经济增长数量和质量共同收敛，缩小地区发展差距。

参考文献

[1] Arunachalam, R., Shenoy, A. Poverty Traps, Convergence, and The Dynamics of Household Income [J]. *Journal of Development Economics*, 2017 (126): 215-230.

[2] Badinger, H., Müller, W., Tondl, G. Regional Convergence in the European Union, 1985—1999: A Spatial Dynamic Panel Analysis [J]. *Regional Studies*, 2004 (38): 241-253.

[3] Barro, R. J., Sala-i-Mart, X. Convergence [J]. *Journal of Political Economy*, 1992 (100): 223-251.

[4] Barro, R. J. Quality and Quantity of Economic Growth [R]. *Working Paper from Central Bank of Chile*, 2002.

[5] Barro, R. J. Convergence And Modernisation [J]. *The Economic Journal*, 2013 (125): 911-942.

[6] Barro, R. J. Economic Growth and Convergence, Applied Especially to China [R]. *NBER Working Paper* NO., 21872, 2016.

[7] Baumal, W. J. Productivity Growth, Convergence, and Welfare : What the Long – Run Data Show[J]. *American Economic Review*, 1986(76): 1072 – 1085.

[8] Borsi, M. T., Metiu, N. The Evolution of Economic Convergence in the EuropeanUnion[J]. *Empirical Economics*, 2015(48): 657 – 681.

[9] Cashin, P., Sahay, R. Paradise Lost? Growth, Convergence and Migration in the State of India[R]. *IMF Working Paper NO.*, 28, 1995.

[10] Coulomber, S., Lee, F. C. Regional Economic Disparities in Canada [Z]. Unpublished, University of Ottawa, July, 1993.

[11] Delgado, M., Porter, M. E., Stern, S. Clusters, Convergence, and Economic Performance[J]. *Research Policy*, 2014(43): 1785 – 1799.

[12] Elhorst, P. Unconditional Maximum Likelihood Estimation of Linear and Log – linear Dynamic Models for Spatial Panels[J]. *Geographical Analysis*, 2005(37): 62 – 83.

[13] Elhorst, P., Piras, G., Arbia, G. Growth and Convergence in a Multiregional Model with Space – Time Dynamics[J]. *Geographical Analysis*, 2010 (42): 338 – 355.

[14] Enamorado, T., López – Calva, L. F., Rodríguez – Castelán, C. Crime and Growth Convergence: Evidence from Mexico[J]. *Economic Letters*, 2014(125): 9 – 3.

[15] Ertur. C., Koch, W. Growth, Technological Interdependence and Spatial Externalities: Theory and Evidence[J]. *Journal of Applied Econometrics*, 2007(22): 995 – 1152.

[16] Magalhaes, A., Geoffrey, H., Carlos, R. A. Spatial Dependence and Regional Convergence in Brazil[J]. *Mimeograph*, *University of Illinois at Urban-Champaign*, 2000.

[17] Mlachila, M., Tapsoba, R. and Tapsoba, S. J. A. A Quality of Growth Index for Developing Countries: A Proposal[J]. *IMF Working Paper*, NO., 172, 2014.

[18] Rey, S. J., Montouri, B. D. US Regional Income Convergence: A Spatial Econometric Perspective[J]. *Regional Science*, 1999(33): 143 – 156.

[19] Rodrik, D. Unconditional Convergence in Manufacturing[J]. *Quarterly*

Journal of Economics,2013(128):165 - 204.

[20]Rodrik, D. An African Growth Miracle? [R]. *NBER Working Paper*, NO., 20188,2014.

[21]Yao, Yudong., Melvyn, W. Province Income Convergence in China, 1953 - 1997: A Panal Data Approach[J]. *Mimeograph*, *University of Cambridge*, 2000.

[22]白俊红,江可申,李婧. 中国地区研发创新的相对效率与全要素生产率增长分解[J]. 数量经济技术经济研究,2009(3).

[23]蔡昉,都阳. 中国地区经济增长的趋同与收敛——对西部开发战略的启示[J]. 经济研究,2000(10).

[24]钞小静,任保平. 中国地区经济增长质量的时序变化与地区差异分析[J]. 经济研究,2011(4).

[25]钞小静,任保平,许璐. 中国经济增长质量的地区差异研究——基于半参数个体时间异质模型的检验[J]. 江西财经大学学报,2016(1).

[26]陈诗一. 中国各地区低碳经济转型进程评估[J]. 经济研究,2012(8).

[27]戴觅,茅锐. 产业异质性、产业结构与中国省际经济收敛[J]. 管理世界,2015(6).

[28]范欣,宋冬林,赵新宇. 基础设施建设打破了国内市场分割吗? [J]. 经济研究,2017(2).

[29]高艳红,陈德敏,张瑞. 再生资源产业替代如何影响经济增长质量[J]. 经济科学,2015(1).

[30]干春晖,郑若谷,余典范. 中国产业结构变迁对经济增长和波动的影响[J]. 经济研究,2011(5).

[31]郝颖,辛清泉,刘星. 地区差异、企业投资与经济增长质量[J]. 经济研究,2014(3).

[32]何强. 要素禀赋、内在约束与中国经济增长质量[J]. 统计研究,2014(1).

[33][荷]J. 保罗·埃尔霍斯特. 空间计量经济学从截面数据到空间面板[M]. 北京:中国人民大学出版社,2015.

[34]李永友,沈坤荣. 辖区间竞争、策略性财政政策与 FDI 增长绩效的

区域特征[J]. 经济研究,2008(5).

[35]林伯强,黄光晓. 梯度发展模式下中国区域碳排放的演化趋势[J]. 金融研究,2011(12).

[36]林毅夫. 发展战略、自身能力与经济收敛[J]. 经济学(季刊),2002(1).

[37]林毅夫,刘明兴. 中国的经济增长收敛与收入分配[J]. 世界经济,2003(8).

[38]刘强. 中国经济增长的收敛性分析[J]. 经济研究,2001(6).

[39]刘生龙,张捷. 空间经济视角下中国区域经济收敛性再检验——基于1978—2007年省级数据的实证研究[J]. 财经研究,2009(12).

[40]刘树成,张晓晶. 中国经济持续高增长的特点和地区经济差异的缩小[J]. 经济研究,2007(10).

[41]刘夏明,魏英琪,李国平. 收敛还是发散? ——中国区域经济发展争论的文献综述[J]. 经济研究,2004(7).

[42]刘燕妮,安立仁,金田林. 经济结构失衡背景下的中国经济增长质量[J]. 数量经济技术经济研究,2014(2).

[43]江春,司登奎,苏志伟. 中国城乡收入差距的动态变化及影响因素研究[J]. 数量经济技术经济研究,2016(2).

[44]马拴友,于红霞. 转移支付与地区经济收敛[J]. 经济研究,2003(3).

[45]毛其淋. 二重经济开放与中国经济增长质量的演进[J]. 经济科学,2012(2).

[46]潘文卿. 中国区域经济差异与收敛[J]. 中国社会科学,2010(1).

[47]彭国华. 技术能力匹配、劳动力流动与中国地区差距[J]. 经济研究,2015(1).

[48]任保平,魏婕,郭晗. 中国经济增长质量发展报告2016[M]. 北京:中国经济出版社,2016.

[49]单豪杰. 中国资本存量K的再估算:1952—2006年[J]. 数量经济技术经济研究,2008(10).

[50]邵帅,李欣,曹建华,杨莉莉. 中国雾霾污染治理的经济政策选择——基于空间溢出效应的视角[J]. 经济研究,2016(9).

[51]师博,沈坤荣．政府干预、经济集聚与能源效率[J].管理世界,2013(10).

[52]沈坤荣,马俊．中国经济增长的"俱乐部收敛"特征及其成因研究[J].经济研究,2002(1).

[53]沈坤荣,唐文健．大规模劳动力转移条件下的经济收敛性分析[J].中国社会科学,2006(5).

[54]魏后凯．中国地区经济增长及其收敛性[J].中国工业经济,1997(3).

[55]魏婕,许璐,任保平．财政偏向行为、地方政府行为和经济增长质量[J].经济科学,2016(3).

[56][美]温诺·托马斯,等．增长的质量[M].北京:中国财经出版社,2001.

[57]吴玉鸣．中国省域经济增长趋同的空间计量经济分析[J].数量经济技术经济研究,2006(12).

[58]肖攀,李连友,苏静．中国省域经济增长质量测度及其收敛性分析[J].财经理论与实践,2016(4).

[59]许召元,李善同．近年来中国地区差距的变化趋势[J].经济研究,2006(7).

[60]许召元,李善同．区域间劳动力迁移对地区差距的影响[J].经济学(季刊),2008(1).

[61]杨翔,李小平,周大川．中国制造业碳生产率的差异与收敛性研究[J].数量经济技术经济研究,2015(12).

[62]张晓旭,冯宗宪．中国人均GDP的空间相关与地区收敛:1978—2003[J].经济学(季刊),2008(2).

[63]赵伟,马瑞永．中国经济增长收敛性的再认识——基于经济增长收敛微观机制的分析[J].管理世界,2005(11).

[64]朱国忠,乔坤元,虞吉海．中国各省经济增长是否收敛?[J].经济学(季刊),2014(3).

[65]周业安,冯兴元,赵坚毅．地方政府的竞争与市场秩序的重构[J].中国社会科学,2004(1).

[66]周业安,章泉．参数异质性、经济趋同与中国区域经济发展[J].经济研究,2008(1).

9 新时代的中国经济增长质量：供给侧改革

9.1 引 言

改革开放30多年来，我国不断全面深化改革，提升对外开放水平，积极、主动地融入经济全球化的浪潮中，通过大力发展劳动、资源以及资本密集型产业，在投资、出口和消费“三驾马车”的拉动下，经济增长取得了举世瞩目的成就，生产力水平大幅提升，在国际分工体系中占据了“世界工厂”的地位。但2008年世界金融危机以来，世界经济进入深度调整时期，各国经济泥足深陷、复苏缓慢，国际需求持续低迷，贸易保护主义势力重新抬头，我国出口受阻，对经济增长的拉动力逐渐减弱。此外，我国经济经过数十年的高速增长，劳动力等各类生产要素的价格不断上涨，生产成本持续攀升，原有的比较优势正在加速消失。

习近平总书记指出，新时代背景下，我国经济社会发展过程中面临的主要矛盾是人民日益增长的美好生活需要与不平衡不充分的发展之间的矛盾。也就是说，在当前以及未来的很长一段时间内，我国经济发展的主要问题是结构性问题，而不是总量问题，是区域经济发展水平严重分化的问题，是消费者的个性化高端消费需求与大众化的低端供给之间的问题。因此，进一步促进经济持续稳定高质增长的关键在于，不断深化供给侧结构性改革，加快产业结构优化升级，进一步促进产业结构由多样化向合理化和高级化转变。

世界经济进入新常态，我国经济发展所面临的国际国内形势也发生了根本性转变。新时代背景下，要在深化供给侧改革、加快产业结构调整升级的过程中，大力发展科技含量高、竞争力强的知识经济是关键所在。知识经济的蓬勃发展促进了国际分工的进一步细化，催生了国际新一轮的产业梯度转移，知识、智力、信息成为至关重要的生产要素。而从根本上说，这一系列关键生产要素的获得都根源于人才培养，也就是我们常说的“人力资本”要素。蔡昉[1]指出，人力资本的积累水平将决定我国经济未来的发展；李德煌与夏恩君[2]的研究也表明，人力资本和技术进步正成为我国经济增长的主要动力，劳动力数量对我国经济增长的拉动力在不断减弱，而劳动力质量的影响则在不断加大；刘伟[3]等发现人力资本从物质部门向教育部门的转移可以加快人力资本的积累速度，从而对经济增长以及社会的整体福利水平产生不同程度的影响；朱承亮[4]等的研究表明，人力资本结构的经济增长效应存在明显的区域差异。新时代背景下，人力资本水平也是进一步深化供给侧改革、促进产业结构优化升级、解救结构性失衡问题、实现经济持续稳定高质发展的关键影响因素。

9.2 文献综述

远在供给侧改革的思想被提出之前，就有众多学者从各种不同角度对产业结构升级的问题进行了大量研究，主张通过促进产业结构的合理化与高级化来实现经济的持续高质量增长。随着供给侧改革的提出，对产业结构问题的研究又掀起了新一轮热潮，大量研究均显示出加快产业结构进一步优化升级是解决我国当前经济发展过程中的结构失衡以及产能过剩问题的必由之路。在新一轮的研究中，结合新时代背景，更多学者开始关注人力资本这一知识经济时代的关键生产要素在产业结构升级进程中的作用。

部分学者从人力资本存量的角度出发，研究了人力资本存量的积累对产业结构优化升级的影响。黄文正（2011）建立了人力资本与产业结构升级之间的 VAR 模型，指出产业结构随着人力资本积累的变化而演进，强调人力资本政策应当成为各国产业结构升级的核心部分。孔进和孔宪香(2007）的研究发现，人力资本积累与产业结构的优化升级之间存在相互作用的双向互动关系：人力资本的积累状况影响着产业结构优化升级的方向和进度，同时，产业结构的可持续调整通过增强经济发展对知识的需求，为人力资本的积累提供了更强的激励。而代谦与别朝霞（2006）通过构建动态比较优势模型，对发展中国家人力资本与产业结构优化升级之间的关系进行了研究，结果发现，人力资本不仅仅是一种单纯意义上的生产要素，同时还存在较强的外部性，对于降低产品的生产成本以及提高研发效率有着巨大的促进作用，从而有效促进了发展中国家的产业结构优化升级以及经济增长。

另外，一些学者在存量的基础上，进一步对人力资本的结构进行了研究，指出人力资本结构是影响产业结构升级的另一重要因素。林春艳（2017）通过构建动态空间 Durbin 模型，研究了人力资本对产业结构优化升级的空间传导路径，结果显示人力资本存量的提高会显著促进产业结构的合理化进程，而人力资本结构的改进则对产业结构的高级化有着正向的促进作用，但无论是人力资本存量还是结构，其短期直接作用均比其长期直接作用更为显著。靳卫东（2010）研究发现人力资本积累决定了产业结构转化的速度、方向和效果，人力资本与产业结构在数量、结构和类型上不匹配是导致失业增加、经济波动以及收入差距扩大的重要原因。我国目前人力资本结构的不合理以及区域分布不平衡是阻碍知识密集型产业发展的重要因素。赵芳和杨晓峰（2015）利用我国除西藏与港澳台地区之外 30 个省份 1998—2012 年的省际面板数据，构建了人力资本、产业结构与收入差距之间相互影响的关系模型。研究结果发现，合理的人力资本分布结构对产业结构优化升级有着很大的积极作用，但当前我国人力资本分布结构与产业结构的耦合效率较低，甚至存在相互掣肘的效率损失。张阳与姜学民（2016）利用我国 2002—2013 年的省际面板数据研究得出了相似的结论：我国目前的人力资本积累水平对产业结构合理化与高级化呈现出正向促进作用，但人力资本的分布结构并不利于产业结构的优化升级。张桂文与张亚南（2014）则采用灰色关联分析法测算了我国人力资本存量及其与产业结构演进的耦合度和关联度。研究结果表明，改革开放以来，我国人力资本与产业结构演进之间存在较强的耦合关联，但二者的耦合程度不够理想，主要表现为我国创新型及高技能性人才培养不足、科学研究的市场导向性不强，影响了产业结构的升级。

还有一些学者对人力资本与产业结构升级之间关系的区域差异进行了研究。周海银（2014）构建了我国人力资本影响产业结构升级的面板回归模型，研究发现人力资本是产业结构升级的重要支撑因素，从全国整体水平来看，人力资本积累对产业结构的高级化及服务业比重的提高均有着显著的促进作用，但由于区域发展阶段不同，东部地区受到的影响与中西部地区相比更为显著。刘忠璐和刘榆（2015）将人力资本结构分为专业人力资本与企业家人力资本两类，选取我国2003—2012年的省际平衡面板数据，建立了人力资本结构与产业结构优化升级之间的空间计量模型，研究发现，企业家人力资本的技术溢出效应显著地促进了产业结构整体水平的提高，但这种效应存在显著的地区差异：东部地区企业家人力资本的技术外溢性为负效应，产业结构的优化升级主要依赖于专业人力资本，而在中西部地区，专业人力资本的作用并不显著，企业家人力资本的影响更大。张国强等（2011）研究发现人力资本对我国及东部地区的产业结构升级有显著的促进作用，但这一相关性在全国整体水平上及中西部地区不够明显，这主要是由我国投入导向的增长模式和劳动力质量水平不高所决定的。

虽然已经有众多学者对人力资本在产业结构升级中的作用进行了大量深入研究，但我们发现目前对人力资本是如何促进产业结构优化升级的机制研究仍比较少。因此，本章将在前人的基础上，对人力资本促进产业结构优化升级的机制与途径进行研究。

9.3 指标选取、模型构建与机制分析

本章选用我国除西藏与港澳台地区之外的30个省份1996—2015年的省际面板数据，构建了人力资本存量与产业结构升级之间的计量模型，对人力资本存量与产业结构优化升级之间的关系进行了研究。本章中所使用的数据均来自《中国统计年鉴》、各省份统计年鉴以及万德数据库。

9.3.1 指标选取

学术界用来度量产业结构高级化程度的指标主要有两类：一类是产值指标，即非农产业总产值占国内生产总值的比重；另一类是劳动力指标，即非农产业劳动力占劳动力总量的比重。这两类指标的数值越高，产业结构的高级化程度就越高。本章选用产值指标来对产业结构的高级化程度进行度量。

本章的解释变量主要包含以下几个：核心解释变量为人力资本水平，采用各省份的人均受教育年限作为人力资本存量的衡量指标；许多研究表明，外商直接投资也会对产业结构升级产生重要影响，对于这一指标本章选用各省份实际利用外商直接投资额来衡量；劳动力数量作为最基本的生产要素，毋庸置疑，将会对我国产业结构升级状况产生巨大的影响，由于数据可得性原因以及总人口与劳动力数量之间的显著相关关系，本章选用各地区年末常住人口数作为劳动力数量的度量指标；众多研究表明，我国目前的财税政策也是产业结构升级的重要影响因素，本章中采用各省份财政支出占中央财政支出的比重来表示财政分权状况；基础设施是产业结构升级所必须具备的基本条件，本章采用各省份每平方的公路里程数来衡量基础设施水平。

为了研究人力资本水平是如何对产业结构升级产生影响的，本章引入了两个中介变量：技术创新水平以及劳动生产率，来解释从人力资本积累到产业结构优化升级的传导机制。技术创新水平采用各省份发明专利授权数来衡量，本章采用有效劳均产出来衡量劳动生产率，有效劳动用人均受教育年限与就业人数的乘积表示。

9.3.2 模型构建与机制分析

本章用来检验人力资本水平积累的产业结构升级效应的基准模型如下

$$struc_{it} = \alpha_{it} + \beta_1 human_{it} + \delta X_{it} + \varepsilon_{it} \qquad (9-1)$$

其中，ι 代表气度；t 代表时间；*struc* 代表产业结构；*human* 代表人力资本；X 表示其他控制变量。在本章模型中，我们分别用 *labour*，*fdi*，*gov* 以及 *infra* 表示劳动力数量、外商直接投资、财政分权以及基础设施建设水平。

根据现有的理论研究结果，本章认为人力资本积累会通过技术创新效应以及劳动生产率增进效应等途径促进产业结构升级。为了对这一机制进行实证研究，本章构建以下模型对中介效应进行检验

$$M_{it} = \alpha_{it} + \gamma human_{it} + \varphi X_{it} + \varepsilon_{it} \qquad (9-2)$$

$$struc_{it} = \alpha_{it} + \beta_2 human_{it} + \tau X_{it} + \theta M_{it} + \varepsilon_{it} \qquad (9-3)$$

其中，M 为中介变量，即技术水平与劳动生产率，分别用 *tech* 与 *effi - productive* 表示，其他变量含义与前文相同。

本章的回归步骤如下：首先，对基准模型（1）进行回归，检验人力

资本水平对产业结构优化升级的促进作用是否真实存在，若 β_1 显著为正，则说明人力资本积累确实存在显著的产业结构升级效应；其次，对中介方程（2）进行回归，对中介变量与人力资本水平之间的关系进行检验，预期 γ 的值为正且显著，说明人力资本与技术创新以及劳动生产率的提高之间存在显著的正向关联；最后，将所有中介变量全部纳入基准模型，在 β_1 与 γ 均为正的情况下，若 θ 为正且 β_2 小于 β_1，则说明中介变量确实对产业结构优化升级存在正向的促进作用，人力资本积累通过中介变量传导的产业结构升级效应是真实存在的。

9.4 实证分析结果

9.4.1 描述性统计

表 9－1 给出了各变量的均值以及极差的描述性统计结果。从表 9－1 中可以看出，各变量在全国不同地区之间存在较大的变异性。被解释变量产业结构升级指数在全国范围内的均值为 0.85599，东部地区为 0.8975317，高出全国平均水平 4.15 个百分点，而中西部地区的产业升级指数则低于全国水平约 2.4 个百分点，为 0.8319883；核心解释变量人力资本水平的情况与此相似，东部地区的人力资本积累水平（8.627309）高出全国平均水平（8.05523）约 57 个百分点，而中西部地区（7.724698）则低于全国平均水平 33 个百分点，东中西部差异明显。其他控制变量及中介变量的均值也都与我们的常规认知以及现实情况相符：代表人口数量、对外开放水平、财政分权以及基础设施的指标均呈现出“东高西低”的状况，

东部地区的技术创新能力以及有效劳动生产率也高于全国平均水平，而中西部地区则始终处于全国平均水平之下。

表 9－1　变量说明及统计性描述

变量类型	变量名	符号	全国	东部	中西部
被解释变量	产业结构升级	*struc*	0.85599 (0.35918)	0.8975317 (0.35918)	0.8319883 (0.30909)
核心解释变量	人力资本	*human*	8.05523 (7.33580)	8.627309 (5.74231)	7.724698 (4.78799)

续表

变量类型	变量名	符号	全国	东部	中西部
其他控制变量	劳动力数量	*labour*	8.12575 (3.08244)	8.150041 (2.67424)	8.111719 (2.99132)
	外商投资	ln*fdi*	11.76622 (8.79263)	13.14608 (4.41893)	10.96896 (7.91899)
	财政分权	*gov*	0.11416 (0.40757)	0.1471328 (0.29470)	0.095109 (0.29286)
	基础设施	*infra*	0.575380 (2.02858)	0.8158503 (1.78739)	0.4364412 (1.52896)
中介变量	技术创新	ln*tech*	5.699451 (10.0535)	6.443828 (10.0535)	5.266963 (8.645059)
	劳动生产率	*effi*	0.4551955 (1.10315)	0.6275683 (1.66439)	0.3553248 (0.620063)

注：括号内为各个变量的极差。

通过分析各个变量的极差，我们可以对各地区的这些变量随时间变化的情况有一个大致了解。1996—2015年，东部地区的产业结构升级指数的变化范围为0.63555～0.99473，增加了近36个百分点，而中西部地区在同一时期增加了约31个百分点，从1996年的0.63555增长到了2015年的0.9947，可以看出，中西部地区的产业结构高级化程度无论是绝对值还是增加值均低于东部地区。核心解释变量人力资本积累水平的总体变化趋势与产业结构相同。20年间，东部地区的人力资本水平从最初的6.598509增加到了9.272752，而中西部地区则由开始的6.190315增长到了9.181632，人力资本的绝对水平与增加量仍小于东部地区。在其他控制变量与中介变量中，财政分权、基础设施、技术创新能力以及劳动生产率指标的增加值均呈“东高西低”的状况，而对于人口数量与外商投资两个变量，中西部的增加值超过了东部地区。本章认为，一方面，出现这种状况的原因之一在于东部地区经济社会发展水平的提高所形成的“推力”：东部地区自改革开放以来始终是我国人口密度最大以及吸引外资规模最大的地区，但随着经济发展水平的提高，东部地区各项生产要素的价格，尤其是劳动力以及土地的价格大幅攀升，而外商对我国的投资主要集在劳动密集型以及资本密集向行业，这导致东部地区原有的吸引外资入驻的优势在不断减弱。在经济发展过程中，劳动力流动方向始终跟随产业转移的方向是一条基本的事实规律，因此，在东部地区的劳动密集型产业逐渐向中西部转移的过程中，劳动力也在逐渐回流，最终导致了我们看到的这种东部地区的外商直接投资与劳动力增长小于中西部的现象。另一方面，中西部地区经济发展水平的提高以及基础设施等各项投资环境的改善所形成的“拉力”，也是导致出现这种现象的原因之一。再加上新时代背景下，我国在进一步提升对外开放水平、发展更高层次的开放经济过程中开始注重向西开放，不断加大与中西亚国家间的经济合作，为中西部外商投资开拓了新的来源，进一步吸引了劳动力的回流。我国城镇化水平的提高以及乡镇企业的发展也是导致这种现象出现的重要原因：中西部地区乡镇企业的发展提供了大量就业机会，劳动力可以在当地实现就近就业，不必再背井离乡，农民工向东部地区的外流不断减少。

另外，为了更直观地考察产业结构升级状况与核心解释变量及中介变量的关系，本章还分别绘制了产业结构升级与人力资本水平、产业结构升级与技术创新、产业结构与劳动生产率之间的散点图（见图9-1至图9-3）。

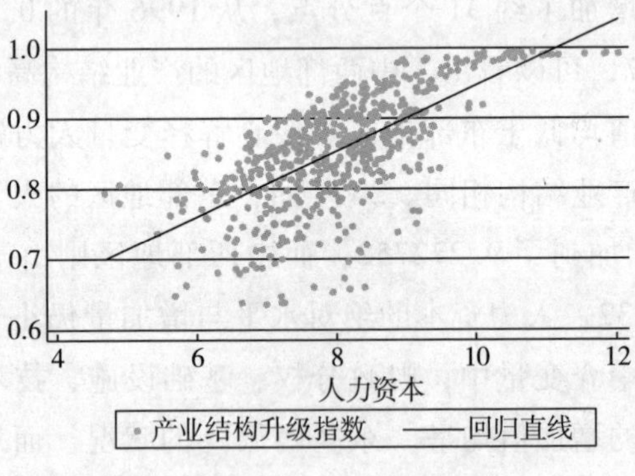

图9-1 人力资本与产业结构升级指数

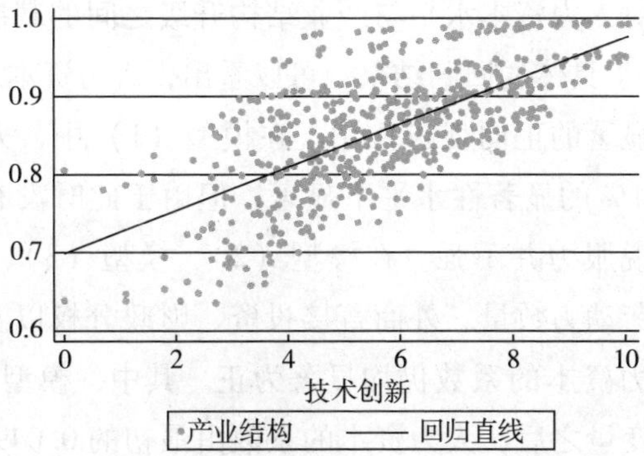

图 9-2 技术创新与产业结构升级指数

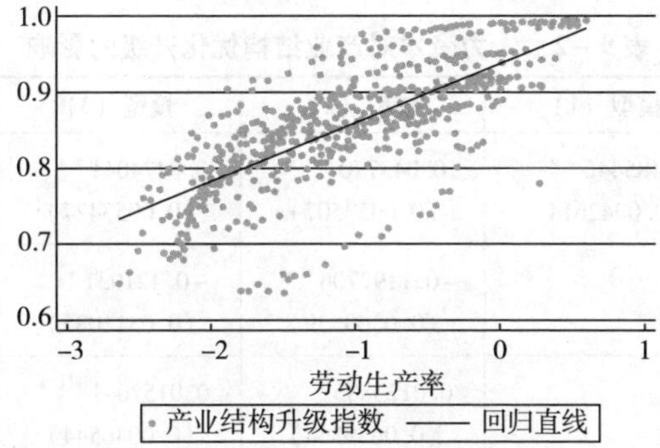

图 9-3 劳动生产率与产业结构升级指数

从散点图中可以看出，核心解释变量人力资本以及中介变量技术创新和劳动生产率与产业结构升级之间均存在明显的正相关关系，但两项中介变量与产业结构升级之间的正相关关系存在一定的差异。劳动生产率的提升与产业结构升级之间的正相关关系在散点图中表现得最为明显，而技术创新与产业结构的正向关系则相对较弱，这说明就我国的状况而言，劳动生产率的提升可能比技术创新在促进产业结构升级中发挥着更大的作用。

9.4.2 估计结果与分析

（1）人力资本的产业结构升级效应的基准模型估计

在对模型形势进行检验的过程中，回归结果显示本章中的所有模型均存在显著的个体效应，且豪斯曼检验结果显示，固定效应更适合本章的具体情况。因此，本章中的所有模型均采用固定效应模型进行回归。

首先，我们对人力资本水平与产业结构升级之间的基准模型进行了估计，表9－2报告了具体的回归结果，可以看出，人力资本水平对产业结构的优化升级存在显著的正向促进作用。在模型（1）中，人力资本水平的系数为正，且在1%的显著性水平下显著，但由于此时没有排除其他因素的影响，结果的说服力并不强。在模型（2）、模型（3）、模型（4）中，我们逐步控制了劳动力数量、外商直接投资、财政分权以及基础设施水平等变量之后，人力资本的系数仍均显著为正。其中，模型（4）在控制了所有的其他控制变量之后，人力资本的系数由最初的0.049下降为0.045，意味着我国人力资本积累水平每提高1个单位，产业结构升级指数将提升约0.045个单位。

表9－2　人力资本对产业结构优化升级的影响

	模型（1）	模型（2）	模型（3）	模型（4）
human	0.485446*** （0.0042614）	0.043770*** （0.0053507）	0.0474041*** （0.0053427）	0.0447097*** （0.0050602）
labour		－0.1197706*** （0.0309539）	－0.121931*** （0.0311085）	－0.1348259*** （0.0342374）
ln*fdi*		0.0123885*** （0.0039364）	0.0157041*** （0.0046544）	0.014518*** （0.0052763）
gov			－0.1296397** （0.0555578）	－0.2061147** （0.0605519）
infra				0.0273933** （0.0128699）
R^2	0.6564	0.7156	0.7224	0.7342
N	568	568	568	568

注：*、**、***分别表示在10%、5%、1%的显著性水平下显著，括号内为标准误，常数项没有包含在报告表格中。

在其他控制变量中，劳动力对产业结构升级的影响显著为负，这与当前我国的现实情况相符。近年来，随着社会发展水平的提高以及人们生育观念的转变，我国的人口出生率不断下降，老龄化程度不断加剧，劳动年龄人口与经济活动人口都在不断减少。蔡昉指出，随着我国新生劳动力数量的不断减少，人力资本总量也将以相同的速率下降。此外，经过数十年的转移，农村剩余劳动力的转移潜力已经很小，无论是以户籍人口还是常住人口衡量的城镇化水平的提升空间都在不断缩小，劳动力资源的重新配置对产业结构升级的促进作用已经十分微弱。外商直接投资对产业结构升级有着显著的正向促进作用。外商投资的同时一般都伴随着先进的技术以及管理经验的引进，为我国产业结构的升级提供了先进的技术及资金支持。完善的基础设施建设是产业结构升级所需的关键硬性条件之一，刘秉廉（2013）等的研究表明，基础设施建设会通过空间溢出效应及蒂伯特机制促进产业结构优化升级。本章的回归结果显示财政分权对产业结构升级产生了显著的负效应，崔志坤（2015）等的研究指出，在财政分权体制下，地方政府很可能会由于财力不足而试图寻找制度外收入，最具代表性的行为就是在各地大量涌现的土地财政。土地财政带动的产业大多为建筑业等技术含量不高的第二产业，从而阻碍了产业结构的优化升级。

（2）人力资本积累的技术创新效应及劳动生产率效应检验

表 9-3　人力资本对产业结构升级的技术创新效应与劳动生产率效应

	模型（5）	模型（6）	模型（7）	模型（8）	模型（9）
human	1.210115 * * * （0.0995321）	0.0158878 * * * （0.0030474）	0.405193 * * * （0.0419594）	0.0250162 * * * （0.0047924）	0.0106773 * * * （0.0029128）
labour	2.128368 * * （0.9088035）	-0.1853469 * * * （0.0307337）	-0.0102339 （0.2794733）	-0.1346914 * * * （0.0303822）	-0.1720465 * * * （0.0288549）
ln*fdi*	0.0803406 * * （0.0579391）	0.0125986 * * （0.0046943）	0.1448005 * * * （0.0474101）	0.0073775 （0.0040756）	0.0084633 * * （0.0036347）
gov	2.616747 * * （1.055147）	-0.2651579 * * （0.0526236）	2.492719 * * * （0.6426815）	-0.3287777 * * * （0.060097）	-0.32949 * * * （0.0559753）
infra	1.157691 * * * （0.1821613）	0.0001292 （0.0125537）	0.277214 * * * （0.0915578）	0.0139096 （0.0117362）	-0.0014551 （0.0113969）
ln*tech*		0.0236051 * * * （0.0033389）			0.0174054 * * * （0.0033066）
ln*effi*				0.0488891 * * * （0.0100091）	0.0317594 * * * （0.0079427）
R^2	0.8890	0.8077	0.8689	0.7990	0.8302
N	566	566	567	567	565

注：*、**、***分别表示在10%、5%、1%的显著性水平下显著，括号内为标准误，常数项没有包含在报告表格中。

本章认为人力资本积累会通过促进技术创新以及提高劳动生产率对产业结构升级产生显著的正向促进作用，接下来，我们将对这两种中介效应进行检验。表9－3报告了具体的回归结果。

模型（5）给出了技术创新对人力资本水平的回归结果，人力资本的系数（1.2101）显著为正，表明人力资本水平的提高确实会增进技术创新能力。模型（6）中我们同时加入了表示人力资本水平与技术创新的变量，回归结果显示，人力资本与技术创新的系数都显著为正，且人力资本变量的系数 β_2 与基准模型中的 β_1 相比，由0.045下降到了0.016，说明人力资本积累确实会通过提升技术创新能力这一渠道促进产业结构优化升级。随着我国各等级教育入学率的不断提升以及人均受教育年限的不断延长，劳动力的素质在不断改善，知识积累越来越丰富，创新能力不断增强，技术水平有了很大的提升，促进了互联网信息技术、新能源、高端设备制造业以及现代化服务业等现代化产业部分的发展，极大地加快了我国产业结构的升级步伐。

模型（7）报告了有效劳动生产率对人力资本水平的回归结果。发现人力资本的系数（0.4052）在1%的显著性水平下显著为正，说明人力资本水平的提高确实会提高有效劳动生产率。模型（8）中我们同时引入了人力资本水平与有效劳动生产率两个变量，结果显示，人力资本水平与有效劳动生产率系数均显著为正，其中有效劳动生产率的系数约为0.049，人力资本的系数与基准模型相比，下降到0.025，下降了近1/2，这表明人力资本积累水平的提高通过增进劳动生产率从而促进产业结构优化升级的中介效应确实存在。这一机制在现实经济中是很容易观察到的。高素质的劳动与低素质劳动力相比，由于在知识、技能、学习能力甚至经验等方面更具优势，劳动生产率确实要高出很多，尤其是在计算机以及互联网信息技术广泛应用的现代化经济中，劳动力替代型的技术被快速地发明更新与应用，各个行业中自动化机械操作都在大规模地替代人力劳动，这一切都意味着高素质的劳动力更能适应现代社会生产力发展的需要，因而具有更高的生产效率。

模型（9）中我们同时引入了人力资本水平以及所有的中介变量，回归结果显示，人力资本、技术创新以及有效劳动生产率的系数在1%的显著性水平下均显著为正，其中人力资本的系数为0.01067，与基准模型相比下降了很多，这说明人力资本积累确实会通过技术创新以及有效劳动生产率效应对产业结构升级产生显著的正向促进作用，与本章最开始提出的预期相一致。此外，技术创新与有效劳动生产率的系数分别为 0.0174 和 0.0318，说明人力资本积累在促进产业结构升级的过程中，劳动生产率效应的贡献大于技术创新。

9.5 结论与政策建议

本章选用我国 1996—2015 年的省际面板建立计量模型进行回归，对我国人力资本积累水平与产业结构升级之间的关系进行了研究，结果显示，我国人力资本水平与产业结构升级之间存在明显的正相关关系，人力资本水平的提高是促进我国产业结构优化升级的重要因素。本章还通过选取技术创新与劳动生产率作为中介变量，对人力资本积累如何促进产业结构升级的机制进行了研究，结果发现，人力资本对产业结构升级存在显著的技术创新效应与劳动生产率效应，即人力资本积累水平的提高可以通过提升技术创新水平与劳动生产率来促进产业升级。本章还发现，在我国当前背景下，人力资本水平提升的劳动生产率效应大于技术创新效应。

近年来，我国经济发展进入新时代，经济发展的主要矛盾已由总量问题转变为结构性问题，经济发展的关键在于提升质量而不是增加数量，进一步深化供给侧改革、加快转变产业结构与经济发展方式、着力解决结构性问题、培育经济发展新动能，成为实现未来经济持续高质量发展的发展。基于以上观点，本章提出以下几点政策建议。

（1）进一步加大人才培养力度，继续深化教育结构改革，提升人力资本积累水平。世界经济发展进入新常态，知识经济成为未来世界各国进一步提升经济发展水平、增强国际竞争力的关键所在。新时代背景下，进一步深化供给侧改革、解决我国经济发展过程中的结构失衡问题、促进经济高质量可持续增长、实现由“中国制造”向“中国智造”转变的关键在于人才培养。我国的人才培养机制与教育体制目前存在的问题，一方面是结构失衡，过于注重知识型人才的教育而忽视了技能型人才的培养，导致大量高校毕业生就业困难的同时又存在大量高技能型技术工人的职位空缺，人才培养与经济发展实际需要之间的耦合度不高，是我国结构性失业的重要原因之一。另一方面，我国目前的教育体制培养的人才普遍创新能力不足也是一个不争的事实，数十年来，高校在不断扩招的同时，人才培养的质量却没能同数量同步上升，导致我国技术进步仍然以模仿学习为主，自主创新能力不足，经济发展与产业升级所需的关键技术仍依赖于从国外引进，严重制约了我国产业结构升级的速度以及经济发展潜力的提升。因此，我国应在进一步加大教育投入、扩大基础教育覆盖范围的同时，深化教育结构改革，从经济发展的实际需要出发，加大高技能技术工人的培养力度，高等教育应当向精英教育发展，注重自主创新能力的培养。

（2）深化户籍制度改革，进一步促进劳动力向第二、第三产业转移，提高劳动生产率，促进产业结构优化升级。“人口红利”是改革开放近40年来国经济增长奇迹的重要原因，但随着“刘易斯拐点”的逼近，我国的劳动数量，不仅是劳动年龄人口，甚至是经济活动人口都在不断减少，农村剩余劳动力进一步转移的潜力不断缩小，“人口红利”基本消失殆尽。新时代背景下，第二次人口红利的获取成为引起学术界广泛关注的问题之一。以蔡昉为代表的众多学者认为，第二次人口红利的获取主要来源于制度改革与质量提升两方面，其中户籍制度改革是关键环节之一。深化户籍改革，通过给予农民工与城市市民基本均等的医疗卫生等基础公共服务，可以有效推迟农民工的返乡年龄，延长他们在城务工时间。另外，也能够刺激农村转移动力较低的劳动力向城市现代部门的转移，进一步促进劳动力资源的合理配置，是提高劳动参与率与全要素生产率、促进产业结构优化升级的重要举措。

（3）坚持“一带一路”倡议，进一步提升对外开放水平。在之前的改革开放过程中，我国主要是通过承接发达经济体的产业转移以及初级加工产品的出口来促进劳动力以及资本密集型产业的发展，拉动经济增长，但随着我国经济发展进入新时代，在各类要素价格不断攀升以及国际需求持续疲软的情况下，这种传统的经济增长逐渐难以为继。新时代背景下，我国在进一步提升对外开放水平的过程中，应当更加注重国际先进水平的科学技术，提升我国自主创新能力，瞄准国际先进水平大力发展互联网、新能源以及节能环保等高新技术产业，促进产业结构优化升级。此外，还应坚持“一带一路”倡议，加强与亚洲国家间的经济联系，促进我国不再具有比较优势的各类产业向西转移，消耗过剩产能，为新兴产业与高科技产业的发展腾出资源与空间，促进产业结构的进一步升级。

参考文献

[1]蔡昉．人力资本水平决定中国未来发展[J]．今日中国论坛，2014(Z1)．

[2]李德煌，夏恩君．人力资本对中国经济增长的影响[J]．中国人口·资源与环境，2013(8)．

[3]刘伟．人力资本跨部门流动对经济增长与社会福利的影响[J]．经济学，2014(2)．

[4]朱承亮，师萍，岳宏志，韩先锋．人力资本·人力资本结构与区域经济增长效率[J]．中国软科学，2011(2)．

[5]黄文正．人力资本积累与产业结构升级的关系[J]．经济问题探索，2011(3)．

[6]孔进，孔宪香．人力资本积累与产业结构可持续调整间的关系研究[J]．东岳论丛，2007(2)．

[7]代谦，别朝霞．人力资本、动态比较优势与发展中国家产业结构升级[J]．世界经济，2006(11)．

[8]林春艳，孙凡超，孟祥艳．人力资本对产业结构转型升级的空间效应研究[J]．区域经济研究，2017(6)．

[9]靳卫东．人力资本与产业结构转化的动态匹配效应[J]．经济评论，2010(6)．

[10]赵芳，杨晓峰．产业结构、人力资本分布结构与收入差距[J]．华东经济管理，2015(1)．

[11]张阳，姜学民．人力资本对产业结构优化升级的影响[J]．财经问题研究，2016(2)．

[12]张桂文，张亚南．人力资本与产业结构演进耦合关系的实证研究[J]．中国人口科学，2014(5)．

[13]周海银．人力资本与产业结构优化升级——基于升级面板数据的检验[J]．东岳论丛，2014(9)．

[14]刘忠璐，刘瑜．人力资本的空间溢出效应对产业结构的影响研究[J]．西南民族大学学报，2015(8)．

[15]张国强，温军，汤向俊．中国人力资本、人力资本结构与产业结构升级[J]．中国人口·资源与环境，2011(10)．

[16]蔡昉．提高人力资本,以适应经济结构调整需要[N].21世纪经济报道,2013-01-03:6.

[17]刘秉廉,武鹏,刘玉海．交通基础设施与中国全要素生产率增长——基于省域数据的空间面板计量分析[J].经济学季刊,2013(4).

[18]崔志坤,李菁菁.财政分权、政府竞争与产业结构升级[J].财政研究,2015(12).

10 新时代的中国经济增长质量：绿色发展效率

10.1 引　言

党的十九大提出了“加快生态文明体制改革，建设美丽中国”，并强调“推进绿色发展”，需要在促进经济持续增长、经济效率不断提高的同时，实行最严格的生态环境保护制度，形成绿色发展方式和生活方式。强调实现生产发展、生活富裕、生态良好的发展共赢，就需要在实现“绿色发展”的同时促进经济效率的提高，即需要实现绿色发展效率的不断提升。绿色发展效率是在经济增长中考虑资源环境约束，对经济效率的测算中加入资源投入与环境污染产出，在节约资源、保护环境的同时，实现经济又好又快发展。我国地域辽阔，省域间资源禀赋差异较大，同时地方经济发展是国民经济发展的关键所在，因此，要实现全国层面的绿色发展效率提升，就需要从我国省域层面进行分析。

因此，本章通过测算省域绿色发展效率，对省域效率水平进行划分，一方面，通过对环境全要素生产率的测算，分析绿色发展效率出现差异的动态因素；另一方面，从空间角度研究影响绿色发展效率的因素，为不同类型省域绿色发展效率提升提供政策建议。

10.2 文献回顾与评价

近年来，越来越多的学者将环境因素纳入经济效率的分析框架中对中国经济进行实证分析（胡鞍钢等，2008；王兵等，2010；张伟等，2011；杨龙、胡晓珍，2010；刘瑞翔、安同良，2012；朱承亮等，2012；钱争鸣、刘晓晨，2013；常建新、姚慧琴，2011）。胡鞍钢等（2008）在1999—2005年中国省级数据的基础上，在考虑环境因素的情况下对省级技术效率进行了重新排名。王兵等（2010）测度了考虑资源环境因素下中国30个省份1998—2007年的环境效率、环境全要素生产率及其成分，并对影响环境效率和环境全要素生产率增长的因素进行了实证研究。这些研究开辟了对环境效率研究的视角，但不能长期、全面地了解资源环境约束下我国经济效率的动态演变情况。

刘瑞翔、安同良（2012）利用1995—2010年省际投入产出数据，分析研究资源环境约束下中国经济增长绩效的区域差异及动态演化过程，研究发现能源消耗和污染排放导致了我国整体环境的无效率，在分析期间，我国环境无效率呈现出中间低、两端高的特点。钱争鸣、刘晓晨（2013）对1996—2010年我国各省域环境效率进行了测算，分析了东部、中部和西部环境效率的区域差异。朱承亮等（2012）对节能减排约束下我国西部地区经济增长效率及其影响因素进行了研究。以上文献基于SBM方法对环境效率进行了测算，优化了传统DEA方法不能同时从多角度对效率进行测度的缺陷，提高了环境效率测度的准确性。但这个方法仍然存在不足：当存在多个有效决策单元时，无法进一步对此进行比较。

钱争鸣等（2014）运用超效率SBM模型，通过对我国各省域绿色经济效率静态水平和动态变动进行测度，深入分析省域差异、收敛性以及影响因素。其中刘瑞翔、安同良（2012），朱承亮等（2012），钱争鸣等（2013，2014）主要是从东、中、西部区域来分析环境效率的不同，均得出环境效率存在东、中、西部差异，呈现出中间低、两端高的特点。

综合以上文献研究，本章将对现有研究作以下几点扩展：①主要研究省域绿色发展效率，主要运用超效率SBM模型测度中国30个省份2000—2014年的绿色发展效率，并对绿色发展效率相近省份进行划分；②利用Malmquist－Luenberger指数测度中国30个省份2001—2014年环境全要素生产率以及技术进步与技术效率，分析不同类型省域效率变动的动态因素；③对不同省域影响绿色发展效率增长的因素进行实证分析，给出影响各个类型省域的因素，为不同类型省域绿色发展效率提升政策的制定提供依据。

10.3 研究方法

10.3.1 超效率 SBM

在测算方法的选取上，由于数据包络分析（Data Envelopment Analysis, DEA）具有不需要假设函数形式、可以对生产率进行分解等优点，胡鞍钢等（2008）、陈诗一（2010）、涂正革（2008）等均采用 DEA 方法计算方向性距离函数。然而 Tone（2001）指出这种方法没有考虑投入松弛变量，会导致输入值减少不会增加超效率这一缺陷，即当存在投入过度或产出不足，即存在投入或产出的非零松弛（Slack）时，DEA 效率测度会高估评价对象的效率。

为了解决投入要素的松弛问题，Tone（2001）提出了一种非径向的 DEA 模型——基于松弛变量的 SBM 模型（Slacks - based Measure），该模型直接将松弛变量加入目标函数，其结果不再仅仅是效益比例的最大化，而是实际利润的最大化。这种方法与传统 DEA 在对决策单元的相对效率进行评价时，其效率值在（0，1）区间分布，有效的决策单元其效率值为 1，因此，当存在多个有效的决策单元时，无法作出进一步比较。

为了实现效率值为 1 的有效单元之间的比较，Tone（2002）提出了超效率 SBM 模型，弥补了这方面的缺陷，超效率 SBM 模型不仅可以更恰当地处理非期望产出，而且可以在有效的决策单元中进一步作出比较，因而更加准确、严谨。

假设每个省域是一个生产决策单元（DMU），每个省域都有 m 种投入要素（包括“好”投入和“坏”投入）、S_1种期望产出和 S_2种非期望产出，用向量可表示成 $x \in R^m$，$y^g \in R^{s_1}$，及 $y^b \in R^{s_2}$。定义矩阵 $X = [x_1, \cdots, x_2] \in R^{m+n}$，$Y^g = [y_1^g, \cdots, y_n^g] \in R^{s_1 \times n}$，$Y^b = [y_1^b, \cdots, y_n^b] \in R^{s_2 \times n}$，其中，$x_i > 0$，$y_i^g > 0$，$y_i^b > 0$。将非期望产出放入超效率 SBM 模型（Tone，2002）中得到生产可能性集合，即环境技术集合为

$$\bar{P} = P/(0, y_0) =$$

$$\left\{(\bar{x}, \bar{y}^g, \bar{y}^b) \mid \bar{x} \geqslant \sum_{j=1,\neq 0}^{n} \lambda_j x_j, \bar{y}^g \leqslant \sum_{j=1,\neq 0}^{n} \lambda_j y_j^g, \bar{y}^b \geqslant \sum_{j=1,\neq 0}^{n} \lambda_j y_j^b, \bar{y}^g \geqslant 0, \lambda \geqslant 0\right\}$$

其中，λ 是权重向量，若其和为 1，表示生产技术为规模报酬可变的

(VRS)，否则表示规模报酬不变的（CRS）。

构造非期望产出超效率 SBM，可以通过 Charnes 和 Cooper（1978）的方法将非线性规划问题转换成线性规划问题。结合 Tone（2002，2004）提出的方法，考虑非期望产出的超效率 SBM 模型可写成

$$\delta^* = \min \frac{\frac{1}{m}\sum_{i-1}^{m}\frac{\bar{x}_i}{x_{i0}}}{\frac{1}{s_1+s_2}\left(\sum_{r=1}^{s_1}\frac{\bar{y}_r^g}{y_{r0}^g}+\sum_{r=1}^{s_2}\frac{\bar{y}_r^b}{y_{r0}^b}\right)}$$

$$\text{s. t.}\begin{cases}\bar{x} \geqslant \sum_{j=1,\neq 0}^{n}\lambda_j x_j \\ \bar{y}^g \leqslant \sum_{j=1,\neq 0}^{n}\lambda_j y_j^g \\ \bar{y}^b \geqslant \sum_{j=1,\neq 0}^{n}\lambda_j y_j^b \\ \bar{x} \geqslant x_0, \bar{y}^g \leqslant y_0^g, \bar{y}^b \geqslant y_0^b, \lambda \geqslant 0\end{cases}$$

其中，λ 是权重向量。目标函数 δ^* 的值一定不小于 1，且 δ^* 越大表明该单元越有效率。

10.3.2 Malmquist－Luenberger 指数

Chung et al.（1997）定义融入非期望产出的全要素生产率指数（Malmquist－Luenberger Index，ML 指数）为

$$ML_t^{t+1} = \left[\frac{(1+\vec{D}_0^t(x^t,y^t,b^t,-b^t))}{(1+\vec{D}_0^t(x^{t+1},y^{t+1},b^{t+1};y^{t+1},-b^{t+1}))}\frac{(1+\vec{D}_0^{t+1}(x^t,y^t,b^t;y^t,-b^t)}{(1+\vec{D}_0^{t+1}(x^{t+1},y^{t+1},b^{t+1};y^{t+1},-b^{t+1}))}\right]^{1/2}$$

ML 指数进一步分解为技术效率变化指数 MLEFFCH 和技术进步指数 MLTECH 两部分，如下所示

$$MLEFFCH_t^{t+1} = \frac{1+\vec{D}_0^t(x^t,y^t,b^t,-b^t)}{1+\vec{D}_0^{t+1}(x^{t+1},y^{t+1},b^{t+1};y^{t+1},-b^{t+1})}$$

$$MLTECH_t^{t+1} = \left\{\frac{[1+\vec{D}_0^{t+1}(x^t,y^t,b^t,-b^t)]}{[1+\vec{D}_0^t(x^t,y^t,b^t,-b^t)]}\frac{[1+\vec{D}_0^{t+1}(x^{t+1},y^{t+1},b^{t+1};y^{t+1},-b^{t+1})]}{[1+\vec{D}_0^t(x^{t+1},y^{t+1},b^{t+1};y^{t+1},-b^{t+1})]}\right\}^{1/2}$$

$$ML_t^{t+1} = MLEFFCH_t^{t+1} MLTECH_t^{t+1}$$

ML 指数、MLEFFCH 指数和 MLTECH 指数大于（小于）1 分别表示全要素生产率增长（下降）、技术效率改善（恶化）、技术进步（退步）。

10.4 中国绿色发展效率省域差异与动态分析

10.4.1 数据来源

根据本章研究的需要，我们使用 2000—2014 年我国 30 个省份的“好”产出、“坏”产出以及相应的“好”投入与“坏投入”数据（缺西藏和港澳台地区数据），所有数据均来自历年的《中国统计年鉴》《中国环境统计年鉴》和《中国能源统计年鉴》。

（1）“好”产出。本章以各省份实际地区生产总值（GDP）作为产出，实际 GDP 以 2000 年不变价格为基期进行换算。

（2）“坏”产出。“坏”产出即非期望产出，指经济发展中产生的环境污染物。本章选取单位产出废水排放量、单位产出二氧化硫排放量、单位产出固体废弃物排放量，即“三废”指标度量“坏”产出。

（3）资本投入。资本投入采用永续盘存法并以 2000 年不变价为基期核算 30 个省份的资本存量数值。经济折旧率 δ 运用单豪杰（2008）测算的结果 10.96%。

（4）劳动投入。考虑到人力资源状况而进行相应调整，通过各地区就业人员受教育结构数据对就业人数进行调整，得到各地区有效劳动力数据作为劳动投入。

（5）“坏”投入。“坏”投入并不是不好的投入，而是在考虑环境因素时对“坏”产出相应的投入，环境污染物主要来自于资源的投入。因此，本章用能源消费总量考量“坏”投入。

10.4.2 省域绿色发展效率分析

运用第三部分介绍的方法以及得到的数据，本章构造了资源环境约束下每一年各省份的绿色发展效率，并通过分析各个省份的环境全要素生产率的动态变化，以寻求绿色发展效率差异的源泉。

（1）绿色发展效率省域差距分析

绿色发展效率采用 MaxDEA 6.16 软件，利用非期望超效率 SBM 模型，对我国30个省份2000—2014年的绿色发展效率进行测度。各省份的绿色发展效率水平值越大，表示考虑环境代价与资源约束下的经济效率水平越高。当效率值小于1时，表明该省域经济缺乏绿色发展效率，存在继续改进的空间；当效率值大于等于1时，表明该省域在全国范围内是相对有效的，即该省域处于全国的生产前沿面上，不存在资源投入过多、污染物排放过度以及好产出生产不足的情况，而此时的效率值越大则表示与所有相对有效率的省份相比，该省份仍具有较高的效率水平。

各个省份的绿色发展效率表现出显著的区域差异性，对其效率均值进行排序（见图10-1），按照绿色发展效率均值，可将30个省份大致分为四类：绿色发展效率较高的省份包含两种类型，其中北京、上海、天津、广东4个经济较发达省份为一类；“国际旅游岛”海南以及青海、宁夏、内蒙古等人口密度低、环境压力较小的省域为第二类。这类省份在传统效率指标测算中属于低效率类型，可见传统效率指标忽略了地区的自然资源禀赋与所具备的自然地理条件（钱争鸣、刘晓晨，2014），从而忽视了资源利用和环境质量对经济效率的积极作用。第三类是绿色发展效率中等的省份，包括江苏、福建、江西、浙江、吉林、重庆、辽宁、甘肃、广西、黑龙江、山东等11个省份，这些省份主要集中在沿海地区，其绿色发展效率均值的分布区间为（0.48，0.65），除江苏省近年来绿色发展效率达到1以外，其他省份历年绿色发展效率呈现出大幅增长的趋势，且2014年绿色发展效率均超过0.62，表明这些城市具有很大的绿色发展效率提升潜力，属于较易取得绿色发展效率成果的省份。第四类是绿色发展效率较差的省份，其中包括安徽、新疆、陕西、湖南、河南、贵州、山西、湖北、云南、四川、河北等11个中西部省份，其中湖南、山西、湖北、四川等省份绿色发展效率明显低于传统效率值，说明在综合考虑资源、环境因素后，这些省份的经济效率水平反而更低（钱争鸣、刘晓晨，2014）。同时，这11个省份历年绿色发展效率均处于较低水平，应重视资源利用与环境保护，在政策指导和资金支持下加大力度提高绿色发展效率。

通过对各个省份绿色发展效率的分析，本章根据均值的差距将全国30个省份划分为四大类（见图10-2）：第一类包括北京、天津、上海、广东四大绿色发展效率较高且经济发达省份，命名为高效率类型；第二类为海南、青海、宁夏、内蒙古等四大绿色发展效率较高、经济发展水平较低的

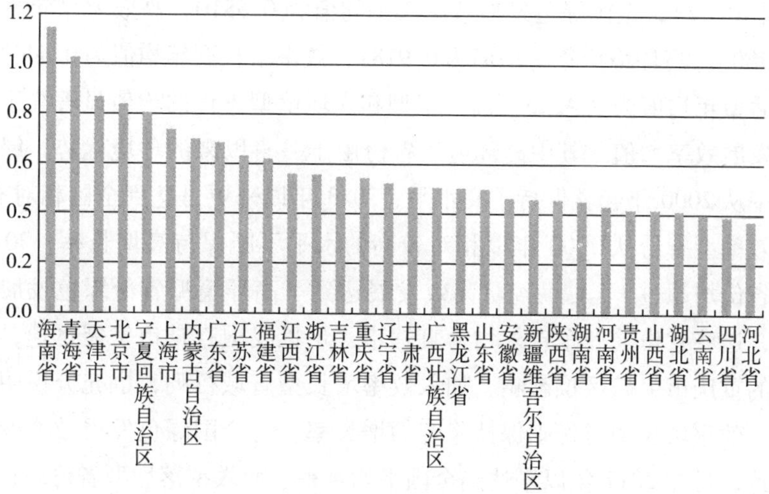

图 10－1　2000—2014 年各省份绿色发展效率均值

省份，命名为高环境类型；第三类包括江苏、福建、江西、浙江、吉林、重庆、辽宁、甘肃、广西、黑龙江、山东 11 个绿色发展效率持续增长的省份，命名为效率增长类型；第四类包括安徽、新疆、陕西、湖南、河南、贵州、山西、湖北、云南、四川、河北 11 个绿色发展效率较低的省份，命名为效率落后类型。

高效率型省份中包含我国经济发展水平龙头的城市，为我国综合实力最强的省份，其中“北上广”为我国综合性门户省份，这些省份经济发达、物质丰富、市场化程度高、对外开放程度高，绿色发展效率领先于其他省域。高环境型省份除海南省外均分布于我国西北部地区，这些省份投入少、产出效率高，并且环境污染少，因此绿色发展效率突出，并提升了西部地区的绿色发展效率表现。效率增长型省份大部分为沿海城市，凭借区位优势，利用国际市场扩大出口、引进外资，通过国际市场的技术与资本输入带动当地经济发展，提高资源配置效率。效率落后型省份集中于我国中西部地区，这些省份主要以资源型省域为主，资源浪费、环境污染、产业结构不合理等因素严重影响了绿色发展效率。根据各省份所处地理位置的不同，笔者发现四大类型在区位上有很强的关联性，本章以此分类为依据展开分析，解答省份之间绿色发展效率差异产生的原因。

观察全国及各类型绿色发展效率历年均值（见表 10－1）与变化趋势

(见图 10－2)，全国绿色发展效率年平均值为 0.5810，高效率型年平均值为 0.7805，高环境型年平均值为 0.9182，效率增长型年均值为 0.5442，效率落后型年均值为 0.4225。高效率型和高环境型省份的均值显著高于全国绿色发展效率均值。其中高环境型省份由于一直以来的环境优势，绿色发展效率从 2000 年起就保持了高水平，2013 年以来更是达到全国相对有效。而高效率型省份从 2000 年以相对较高的水平不断保持高增长率，2014 年所有省份均超过 1，借助经济高效发展达到了高环境型省份绿色发展效率水平，这些省份除广东省外均为直辖市，足见我国直辖市发展迅速，直辖市中的重庆市突破区位影响，加入效率增长型省域行列，也充分说明了这一点。效率增长型省份则保持稳定的增长率，与全国绿色发展效率变动保持一致，且在 2011 年以来达到全国平均水平。而效率落后型省份绿色发展效率值明显落后于其他省份，且绿色发展效率增长缓慢，与其他省份的效率差距在不断拉大。

表 10－1　2000—2014 年全国及各类型省份绿色发展效率平均值

年份	全国	高效率型	高环境型	效率增长型	效率落后型
2000	0.4804	0.5534	0.8918	0.4251	0.3595
2001	0.4918	0.5721	0.9048	0.4433	0.3608
2002	0.4837	0.5872	0.8614	0.4349	0.3576
2003	0.4826	0.6144	0.8217	0.4376	0.3562
2004	0.4903	0.6340	0.8403	0.4434	0.3576
2005	0.4921	0.6467	0.7986	0.4529	0.3636
2006	0.5136	0.7211	0.7986	0.4743	0.3738
2007	0.5432	0.7925	0.8187	0.5017	0.3939
2008	0.5952	0.8560	0.9878	0.5293	0.4236
2009	0.6048	0.8617	0.9465	0.5604	0.4315
2010	0.6626	0.8982	1.1486	0.6130	0.4499
2011	0.6640	0.9343	0.9120	0.6599	0.4797
2012	0.6911	0.9701	0.9520	0.6805	0.5054
2013	0.7351	0.9762	1.0015	0.7326	0.5530
2014	0.7840	1.0901	1.0883	0.7749	0.5713
平均值	0.5810	0.7805	0.9182	0.5442	0.4225

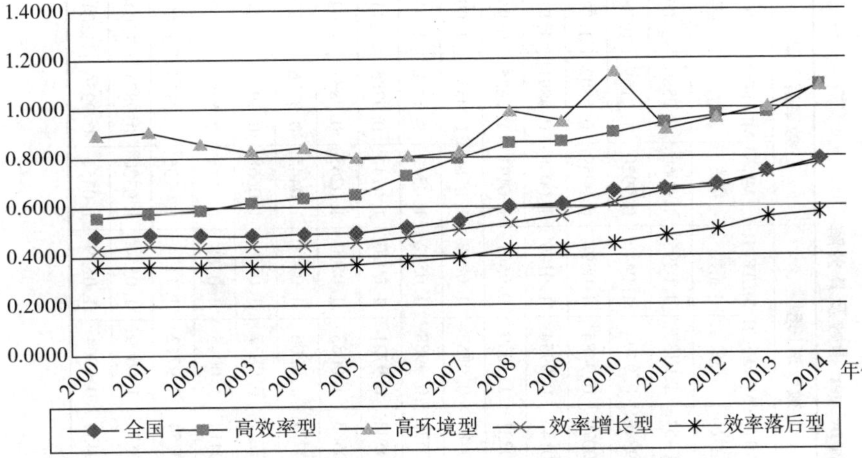

图 10－2 2000—2014 年全国及各类型省份绿色发展效率年平均值变化趋势

（2）省份绿色发展效率差异原因的动态分析

绿色发展效率测度了既定时期各省份与生产边界的相对关系，是一种静态分析。Malmquist－Luenberger 指数是一种动态分析，它可以分析每个省份与生产边界的相对位置变化（效率变化）以及生产边界的移动（技术进步）（王兵等[2]，2010）。本章采用 MaxDEA 6.16 软件测算我国 30 个省份 2000—2014 年的环境全要素生产率指数 ML、环境技术效率变化指数 MLEFFCH 以及环境技术进步指数 MLTECH。表 10－2 是 2000—2014 年全国及各类型环境全要素生产率指数及其分解的历年均值。

从表 10－2 中可以看出，我国的环境全要素生产率只在 2001—2002 年有所下降（ML 指数小于 1），其余年份的环境全要素生产率均呈增长态势（ML 指数大于 1），特别是在 2007—2008 年，环境全要素生产率的增长幅度达到峰值 8.97%，其中 13.29% 的贡献源于技术进步。总体而言，2000—2014 年环境全要素生产率的增长率达到 4.07%，其中主要贡献源于技术进步，技术效率不但没有做出贡献，反而起了负向作用。

对不同类型省份环境全要素生产率进行测算以及分解，进一步了解各个类型省份绿色发展效率差异的作用机理。2000—2014 年 4 种类型省份的环境全要素生产率均呈增长态势，增长率由高到低分别为高效率型、效率增长型、效率落后型以及高环境型。历年均值中高效率型省份各个年份均保持增长趋势，效率增长型省份仅在 2001—2002 年出现下降，效率落后型

表 10－2　2000—2014 年我国全国及各类型省份 Malmquist－Luenberger 指数及其分解

年度	全国			高效率型			高环境型			效率增长型			效率落后型		
	ML 指数	MLEFFCH 指数	MLTECH 指数	ML 指数	MLEFFCH 指数	MLTECH 指数	ML 指数	MLEFFCH 指数	MLTECH 指数	ML 指数	MLEFFCH 指数	MLTECH 指数	ML 指数	MLEFFCH 指数	MLTECH 指数
2000—2001	1.0249	0.9784	1.1214	1.0343	0.8084	1.6852	1.0107	1.1087	0.9401	1.0454	1.0133	1.0396	1.0060	0.9580	1.0639
2001—2002	0.9899	0.9951	1.0063	1.0270	1.0708	0.9745	0.9617	0.9875	0.9801	0.9846	0.9496	1.0446	0.9920	1.0159	0.9891
2002—2003	1.0025	0.9603	1.0838	1.0462	0.8434	1.4792	0.9622	1.0552	0.9150	1.0079	0.9484	1.0694	0.9959	0.9802	1.0159
2003—2004	1.0139	0.9847	1.0309	1.0318	0.9918	1.0413	1.0201	0.9360	1.0951	1.0143	0.9954	1.0189	1.0048	0.9891	1.0158
2004—2005	1.0140	1.0636	0.9923	1.0210	0.9947	1.0270	0.9680	0.8513	1.1891	1.0231	1.1069	0.9501	1.0191	1.1225	0.9504
2005—2006	1.0438	0.9877	1.0686	1.1102	1.0099	1.0988	1.0061	1.0892	0.9279	1.0483	0.9752	1.0847	1.0289	0.9552	1.0925
2006—2007	1.0579	0.9923	1.0674	1.0963	0.9704	1.1307	1.0297	0.9975	1.0376	1.0578	0.9988	1.0592	1.0542	0.9918	1.0633
2007—2008	1.0897	0.9789	1.1329	1.0767	0.9909	1.0871	1.2405	0.9866	1.3304	1.0548	0.9721	1.0970	1.0744	0.9785	1.1137
2008—2009	1.0293	0.9965	1.0326	1.0156	1.0129	1.0050	0.9712	0.9848	0.9834	1.0583	1.0083	1.0500	1.0263	0.9831	1.0432
2009—2010	1.0833	0.9843	1.1039	1.0458	0.9926	1.0540	1.1873	0.9085	1.3015	1.0979	1.0206	1.0741	1.0445	0.9726	1.0799
2010—2011	1.0449	1.0131	1.0355	1.0443	1.0278	1.0200	0.9087	1.1298	0.8055	1.0727	0.9837	1.0879	1.0668	0.9946	1.0724
2011—2012	1.0472	1.0014	1.0461	1.0422	0.9936	1.0489	1.0513	1.0089	1.0437	1.0414	1.0046	1.0368	1.0534	0.9982	1.0551
2012—2013	1.0699	0.9959	1.0784	1.0090	1.0176	0.9923	1.0506	0.9995	1.0536	1.0754	0.9712	1.1154	1.0936	1.0114	1.0818
2013—2014	1.0584	0.9941	1.0651	1.1176	0.9772	1.1434	1.0805	1.0111	1.0694	1.0553	1.0009	1.0554	1.0320	0.9871	1.0448
平均值	1.0407	0.9947	1.0618	1.0513	0.9787	1.1277	1.0320	1.0039	1.0480	1.0455	0.9964	1.0559	1.0351	0.9956	1.0487

省份在2001—2003连续两年出现下降，高环境型省份有5年都存在下降趋势，下降年份比例与增长率高低排序一致，但与绿色发展效率表现存在差异。

环境全要素生产率可进一步分解为环境技术效率指数MLEFFCH和环境技术进步指数MLTECH。从表10－2中可知，各类型省份技术进步的贡献明显高于技术效率。15年间4种类型省域技术进步均呈增长趋势，增长率的高低与环境全要素生产率高低一致，但差距明显高于环境全要素生产率，其中高效率型省份技术进步平均增长率达到12.77%，比效率增长型高出7.18个百分点，效率落后型、高环境型与效率增长型差距较小，技术进步历年均值中的最高值就来自高效率型省份——2000—2001年环境技术进步增长率达到68.52%。

技术效率在总均值中对环境全要素生产率有负向作用，各个类型省份中也只有高环境型省份呈增长趋势，增长率达到0.39%，其余3种类型省份的技术效率均有所下降，指数由高到低分别为效率增长型、效率落后型与高效率型，其中效率增长型与效率落后型的差距较小且接近有效水平。技术效率历年均值中的最高值来自高环境型省份——2010—2011年环境技术效率增长率达到12.98%。

环境技术效率指数反映了环境管理方法和管理结构的优劣，以及环境决策的正确与否等问题，而环境技术进步指数则反映了环境改善技术的进步情况。由此判断，15年来各个类型省份环境改善技术均有不同程度的进步，其中高效率型省份比较突出，这些省份经济发展水平高、国际化程度强，更加密切接触新兴科技，因此，比其他城市技术进步水平高。高环境型与效率落后型省份主要位于我国的中西部地区，区位劣势以及区域竞争造成这些地区对新兴技术的吸引力不足，拉大了与高效率型省份的差距。在环境管理与环境决策方面，高环境型省份由于其本身的环境优势，在绿色发展效率方面明显超越了其他类型省份，而高效率型省份绿色发展效率的下降也主要由于环境管理方法的不足、管理结构的不合理以及环境决策的失误。

10.5 中国省域绿色发展效率差异因素分析

绿色发展效率的高低将全国30个省份划分成了4类，是什么作用造成了省份间绿色发展效率差异？本章通过分类型具体分析影响绿色发展效率的因素，说明形成绿色发展效率省域差异的原因，并为不同类型省份提升绿色发展效率提供相应的政策建议。

10.5.1 数据选取与描述性统计

本章使用全国2000—2014年的省域数据分析绿色发展效率的影响因素，根据绿色发展效率相关的决定理论、前人的研究以及自己的思考确定因素选取。为了检验绿色发展效率与影响因素的关系，本章利用面板数据模型进行回归。

影响因素包括：①发展水平：Grossman和Krueger（1991）研究发现，人均GDP和环境污染指标间呈倒"U"形关系，本章用不变价格人均GDP的对数以及人均GDP对数的平方，考察绿色发展效率和人均GDP之间的二次型关系。②产业结构：已有研究发现产业结构对绿色发展效率有显著的影响（王兵等，2010；朱承亮，2012），因此本章用工业增加值占GDP比重表示产业结构，分析各类型省份产业结构对绿色发展效率的影响。③能源结构：我国当前大力提倡"节能减排"工作，其中以煤炭为主体的能源结构优化也是各地方政府实现"节能减排"工作的措施之一（朱承亮，2012），本章用折合标准煤的煤炭消费量占能源消费量比重表示能源结构，考察地区能源结构对绿色发展效率的影响。④外资依存度：中国加入WTO以来，外资引进不断增长，同时引入的先进技术与管理经验都对经济增长形成了巨大的拉动作用，而这些作用对当地环境污染是正向改进作用还是存在负向——"污染天堂"假说（Copeland和Taylor，1994）？本章用实际利用外资占GDP比重表示外资依存度，以检验外资增长对环境的影响作用。⑤环境管理能力：中国经济发展过程中伴随有巨大的环境代价，因此需要重视环境管理，环境管理主要来自于政府与企业，对这两者的研究有利于认清两者在环境治理中的作用，本章用排污费收入占工业增加值比重表示政府的环境管理能力，用工业二氧化硫去除率表示企业的环境管理能力。⑥环境水平：环境水平作为外部因素对绿色发展效率有直接影响，为了防止内生性，本章选取与生活、生产息息相关，同时与经济效率无关的空气质量指标，考虑到数据可得性，最终选取省会城市PM10作为省域环境水平的代表。

本章数据来源于2001—2015年《中国统计年鉴》《中国环境统计年

鉴》《中国能源统计年鉴》，以及各省份历年统计年鉴。具体变量统计描述如表 10 – 3 所示。

表 10 – 3 各变量统计描述

变量名	变量含义	具体计算方法	均值	标准差	最小值	最大值
lnpgdp	地区人均 GDP 对数值	地区实际人均 GDP 取对数值	9.8556	0.7924	7.9226	11.5639
plnpgdp	地区人均 GDP 对数平方	地区实际人均 GDP 取对数值平方	97.7600	15.6107	62.7680	133.7241
industry	产业结构	工业增加值/地区 GDP	39.4294	7.9659	13.3746	53.0361
fdi	外资依存度	实际利用外资/地区 GDP	36.0286	30.4846	1.0569	176.9565
energy	能源结构	折合标准煤的煤炭消费量/能源消费量	95.7595	33.9134	25.4215	199.3838
govern	政府环境管理能力	排污费收入/工业增加值	14.1051	9.8291	0.8821	88.1201
company	企业环境管理能力	工业 SO_2 去除量/（去除量 + 排放量）	42.9069	22.6532	3.5955	86.0943
environment	环境水平	省会城市 PM10	108.7444	32.5353	30	305

10.5.2 结果分析

本章运用面板数据回归，分别从全国层面以及 4 种类别省份进行回归，分析不同层面绿色发展效率的影响因素，由此可知绿色发展效率差异的形成原因，便于为改进绿色发展效率提出有针对性的政策指导，具体估计结果如表 10 – 4 所示。

（1）绿色发展效率与经济增长存在明显的“U”形曲线，并且现阶段经济增长对绿色发展效率具有明显的抑制作用。全国层面与四大类型省域对人均 GDP 的回归结果均显著为负，对人均 GDP 平方的回归结果均显著为负。“库兹涅茨倒 U 形曲线”表示环境污染指标与人均 GDP 的关系，不同于污染指标绿色发展效率为正向指标。因此，本章的“U”形曲线恰好能够证明“环境库兹涅茨曲线”假说。说明现阶段经济增长还是以绿色发展效率降低为代价，一旦达到拐点，经济增长将有利于绿色发展效率的提高。

（2）产业结构对高效率型省份的绿色发展效率具有促进作用，对其他省份以及全国层面具有抑制作用。这表明节能减排约束下的产业结构调整能够显著提高绿色发展效率。2000年以来，高效率型省份工业产业占比呈明显下降趋势，高环境型、效率增长型与效率落后型省份在2010年以前呈上升趋势，之后出现小幅下降。截至2014年，高效率型省份工业产业占比明显低于其他省份。可见我国各省份仍需加大对产业结构的调整力度。

（3）外资依存度在高效率型省份对绿色发展效率具有显著的促进作用，在其他省份则并不显著。"污染天堂"假说认为，发达国家的环境规制水平严格高于发展中国家，因此存在大量FDI集中到发展中国家的污染密集型部门；但也有一些学者认为，FDI的投入主要受东道国经济、政治以及法律的影响，环境规制政策几乎没有影响。本章的研究结果发现，FDI对绿色发展效率具有显著的正向作用，这与王兵等（2010）的结论相一致。同时，这个正向影响主要作用于高效率型省份，这些省份的外贸依存度显著高于其他省份，外国投资的增加会带来更多先进的技术与管理理念，可以有效促进绿色发展效率的提升。由此可见，高效率型省份较高的绿色发展效率水平与外贸依存度的优越性不无关系。

表10-4 不同类型省域绿色发展效率影响因素

	(1) 全国	(2) 高效率型	(3) 高环境型	(4) 效率增长型	(5) 效率落后型
ln*pgdp*	-1.2967***	-2.1153***	-1.0494***	-1.6241***	-1.0685***
	(-9.24)	(-5.29)	(-3.37)	(-3.88)	(-7.28)
pln*pgdp*	0.0732***	0.1115***	0.0612***	0.0900***	0.0618***
	(10.22)	(5.38)	(3.93)	(4.30)	(8.20)
industry	-0.1215***	0.2610*	-0.1791**	-0.2502***	-0.1720***
	(-2.93)	(1.97)	(-2.17)	(-2.99)	(-3.55)
fdi	0.0066	0.0599**	0.0020	0.0210	0.0016
	(0.82)	(2.70)	(0.15)	(1.04)	(0.17)
energy	-0.0383	0.0465	-0.1692**	-0.0403	-0.0157
	(-1.24)	(0.81)	(-2.56)	(-0.63)	(-0.42)
govern	-0.0224*	-0.0961***	-0.0357	0.0080	-0.0305**
	(-1.94)	(-2.86)	(-1.07)	(0.29)	(-2.27)

续表

	(1) 全国	(2) 高效率型	(3) 高环境型	(4) 效率增长型	(5) 效率落后型
company	0.0158* (1.70)	-0.0197 (-0.83)	-0.0141 (-0.47)	0.0553*** (2.98)	0.0019 (0.16)
environment	-0.0052 (-0.22)	-0.1999** (-2.42)	0.0043** (2.23)	-0.0077 (-0.16)	-0.0510* (-1.87)
cons	6.8181*** (10.82)	10.4204*** (5.98)	6.4485*** (4.35)	8.6419*** (4.32)	6.058*** (9.47)
N	450	60	60	165	165
F/Wald	969.52***	19.27***	275.74***	230.87***	639.42***
Within R^2	0.7005	0.8751	0.9121	0.6274	0.8290
hausman	9.50	19.27	8.90	15.42	4.77
备注	随机效应	固定效应	随机效应	随机效应	随机效应

注：括号中为 t 值检验值，*、**、***代表显著性水平分别为 10%、5%、1%。

（4）能源结构对绿色发展效率的影响在高环境型省份中具有显著的影响，在其他省份中作用不显著。在这类型省份中，内蒙古与宁夏的煤炭消费结构突出。因此，这两个省份需要大力发展新型能源，改善以煤炭为主的能源结构，提高节能减排效果，保持本地区的高绿色发展效率发展。

（5）政府环境管理能力与绿色发展效率负相关，其中在全国层面、高效率型以及效率落后型省份影响显著。说明政府对环境污染的管理急需改进，需要对现有排污费政策进行重新设计和改革。其中效率增长型省份中政府环境管理能力对绿色发展效率有促进作用但不显著，以浙江、福建、广西为代表，政府加大环境污染治理力度，对绿色发展效率提高将产生积极效果。可见，加大政府的环境治理强度对绿色发展效率提高具有重要意义。

（6）企业环境管理能力对绿色发展效率有促进作用，在全国层面与效率增长型省份中影响显著。这意味着企业的管理能力对绿色发展效率有显著影响，相较于政府环境管理能力的负向影响，企业的环境管理作用是至关重要的。因此，在今后的节能减排中，各地区应该大力发挥企业环境管理的积极性。

(7) 环境水平对绿色发展效率的作用不同，主要呈负向作用，其中高效率型和效率落后型省份作用显著，仅高环境型省份对绿色发展效率有显著的促进作用，这个结果与高环境型省份绿色发展效率突出有直接关系。2013年以来，"雾霾"一词进入国人视野。有报告显示，中国500个大、中型城市中，只有不到1%的城市达到了世界卫生组织推荐的空气质量标准，与此同时，世界上污染最严重的10个城市有7个在中国，因此，空气质量的提高迫在眉睫。

10.6 中国省域绿色发展效率空间差异因素分析

在对中国30个省份的分类中，效率增长型与效率落后型有显著的空间关联性，因此，本章运用空间杜宾面板模型分析这两类省域绿色发展效率空间差异。本章采用2000—2014年面板数据，建立静态空间与动态空间杜宾面板模型，分别考察全国层面、效率增长型与效率落后型省份的发展水平、产业结构、外贸依存度、能源结构、政府与企业的环境管理能力以及环境水平对绿色发展效率的作用机制。

10.6.1 模型构建与变量选取

静态分析，采用空间杜宾面板模型

$$\mathrm{SBM}_{it} = \beta X_{it} + \delta W X_{it} + \alpha_i + v_t + \varepsilon_{it}$$

J. PaulElhorst (2015) 指出，动态空间模型中空间和时间上滞后的误差模型无短期效应与间接效应，动态空间误差模型无间接效应，动态空间杜宾模型则都包含。因此，本章采用动态空间杜宾面板模型

$$\mathrm{SBM}_{it} = \gamma SBM_{it-1} + \beta X_{it} + \delta W X_{it} + \alpha_i + v_t + \varepsilon_{it}$$

其中，i 表示省份；t 表示时间；α_i 为个体固定效应；v_t 为时间固定效应；误差项 ε_{it} 服从 N $(0, \sigma^2)$ 分布；W 为空间权重矩阵。选取空间距离权重矩阵 $\omega_{ij} = \begin{cases} 1/d^2 & i \neq j \\ 0 & i = j \end{cases}$，其中，$d$ 为两地区地理中心位置之间的球面距离；SBM_{it} 与 SBM_{it-1} 表示当期与滞后一期的绿色发展效率值；X_{it} 表示研究的影响因素，与第五部分相一致。

10.6.2 空间自相关性检验

表10-5给出了2000—2014年历年绿色发展效率（SBM）的莫兰指数

（Moran's I）检验结果。结果显示，2000—2014 年省域绿色发展效率的 Moran's I 值均为正值且均通过了显著性检验，这意味着省份之间的绿色发展效率存在非常显著的空间相关性，说明考虑地理距离差异来分析绿色发展效率尤为重要。

表 10－5　SBM 空间自相关性检验

	Moran's I	z		Moran's I	z
2000	0.383＊＊＊	3.049	2008	0.301＊＊＊	2.566
2001	0.207＊＊	1.854	2009	0.276＊＊＊	2.375
2002	0.277＊＊＊	2.378	2010	0.105＊	1.372
2003	0.297＊＊＊	2.462	2011	0.243＊＊	2.099
2004	0.254＊＊	2.127	2012	0.226＊＊	1.963
2005	0.140＊	1.391	2013	0.180＊	1.629
2006	0.264＊＊	2.335	2014	0.164＊	1.511
2007	0.348＊＊＊	2.98			

注：＊、＊＊、＊＊＊分别表示通过了 10%、5%、1% 水平下的显著性检验。

10.6.3　空间估计结果与分析

本章通过空间静态与动态面板模型研究绿色发展效率的空间影响因素，分别对全国层面、效率增长型省份以及效率落后型省份的绿色发展效率进行分析。如表 10－6 所示，静态与动态空间面板模型的估计结果——系数符号与显著性方面基本相似，这说明考虑地理距离和空间溢出效应对绿色发展效率因素分析是有必要的。需要说明的是，静态空间面板模型中的空间溢出系数 ρ 显著高于动态空间面板的空间溢出系数，尤其是在考虑绿色发展效率一阶滞后变量后，滞后一阶在 3 个模型中均通过了 10% 水平下的显著性检验且都为正值。这说明静态空间面板模型忽视了绿色发展效率本身的影响效果，原因在于绿色发展效率的一阶滞后项能影响绿色发展效率的因素从空间结构因素的影响中分离出来，从而使静态空间面板模型带来的偏差得以矫正，也反映了各个省份绿色发展效率的动态性、连续性特征。因此，本章着重解释动态空间面板模型。

如表 10－6 所示，空间回归与非空间回归结果影响效果基本一致，考虑空间因素后，影响因素的显著性更高。其中，外资依存度的作用方向与非空间回归结果相反，非空间回归中高效率省份的外资依存度对绿色发展效率有显著的促进作用，空间回归中效率增长型省份与高效率型省份结果一致，然而效率落后型省份的外资依存度对绿色发展效率存在显著的负向作用。3 种省份的影响差距，说明国外投资的产业选取随着省份之间的经济发展水平、产业发展阶段等因素差异而有所区别。因此，在经济发展水平相对落后、产业结构发展不合理的省份依旧存在“污染天堂”假说，国外投资在高污染产业集中，导致绿色发展效率降低。

表 10－6　空间杜宾面板模型估计结果

SBM	全国		效率增长型		效率落后型	
	静态	动态	静态	动态	静态	动态
SBM_{-1}		0.2282**		0.3567*		1.4581**
		(2.08)		(1.70)		(2.61)
ln*pgdp*	-1.0203***	-1.1848***	-1.3055***	-0.9752***	-0.4389*	-0.5757***
	(-5.57)	(-5.86)	(-8.45)	(-4.84)	(-1.72)	(3.03)
pln*pgdp*	0.0590***	0.0676***	0.0737***	0.0555***	0.027*	0.0327***
	(6.39)	(6.47)	(10.34)	(5.41)	(-1.72)	(-3.03)
industry	-0.1024**	-0.1828***	-0.1269***	-0.1283**	-0.01723	-0.1301***
	(-2.08)	(-3.73)	(-2.79)	(-2.21)	(-0.35)	(3.18)
fdi	0.0015	0.0097	0.0281***	0.0169***	-0.0055	-0.0223***
	(0.18)	(1.01)	(-2.73)	(-2.69)	(-0.92)	(-3.22)
energy	-0.0355	-0.034	0.002	0.0381	-0.0221	-0.0564**
	(-1.14)	(-0.96)	(0.06)	(1.05)	(0.92)	(-2.40)
govern	-0.0461***	-0.042***	-0.0005	-0.0538***	-0.0173*	-0.0239**
	(-3.77)	(-2.78)	(-0.05)	(-3.51)	(1.77)	(-2.20)
company	0.0382***	0.0504***	0.0294**	0.0289**	0.0047	0.0099
	(3.78)	(4.17)	(2.03)	(2.61)	(0.71)	(1.23)
environment	-0.0533*	-0.0282	-0.0068	-0.0572***	-0.0324**	-0.0694***
	(-1.89)	(-0.98)	(-0.34)	(-3.03)	(2.06)	(3.73)
W×ln*pgdp*	-0.6183*	-833.1295*	-0.7296**	-21482.08***	-1.5794*	-29271.9***
	(-1.77)	(1.89)	(-2.00)	(4.59)	(-1.72)	(-5.18)
W×pln*pgdp*	0.0306*	27.7538*	0.0398**	1094.90***	0.0905*	1551.265***
	(1.74)	(-1.71)	(2.14)	(-4.29)	(1.69)	(5.46)
W×*industry*	-0.0081	-2755.17*	-0.1013	-7839.41**	-0.2341	-1788.69**
	(0.07)	(-1.74)	(-1.09)	(-2.07)	(-0.57)	(-2.28)

续表

SBM	全国		效率增长型		效率落后型	
	静态	动态	静态	动态	静态	动态
$W \times fdi$	0.0450**	291.4156	0.0350*	2403.8***	-0.0064	-112.2844
	(2.08)	(0.71)	(1.87)	(-3.04)	(-0.42)	(0.39)
$W \times energy$	-0.0257	-850.642	-0.0023	-11662.9	-0.1112*	-365.111***
	(-0.29)	(0.67)	(-0.04)	(-0.29)	(-1.81)	(-4.29)
$W \times govern$	-0.0931***	-635.328**	-0.086**	-5545.19***	-0.0098	-923.873**
	(-3.76)	(-2.25)	(-2.32)	(-3.18)	(-0.52)	(-2.11)
$W \times company$	0.0349	28.4895	0.0503*	2051.222**	0.0113	683.844
	(1.49)	(-0.08)	(1.81)	(2.41)	(0.49)	(-1.43)
$W \times environment$	0.1099**	198.7960	0.0982*	3322.447**	0.0614**	279.171
	(2.49)	(-0.03)	(1.91)	(2.48)	(-2.29)	(0.59)
ρ	0.3732***	5.53e-07***	0.3411***	4.52e-07***	0.2841***	4.49e-07***
	(5.32)	(7.05)	(3.74)	(5.83)	(2.90)	(-3.82)
$AdjR^2$	0.7071	0.7080	0.8449	0.8864	0.8597	0.8702
logL	516.2100	559.6278	294.8744	327.3855	208.3736	326.6676
观测值	450	450	165	165	165	165

注：*、**、***分别表示通过10%、5%、1%水平下的显著性检验；括号内为t统计量。

空间权重的加入有利于考察地区之间的影响：①相邻省份的人均GDP对本地区绿色发展效率影响显著，且支持“环境库兹涅茨曲线”假说，即相邻省份的人均GDP与本地区绿色发展效率呈“U”形曲线，非空间回归中同样证明人均GDP与绿色发展效率满足“环境库兹涅茨曲线”假说，因此说明地区间绿色发展效率存在正向促进作用。②相邻省份的产业结构对本地区绿色发展效率有显著的负向影响，环境污染在地区间传播，相邻地区工业发展带来的环境污染会影响到本地区环境状况，但工业发展带来的效率提升并不便于传播，因此，相邻地区产业不断发展，本地区绿色发展效率下降。③相邻省份的外资依存度对本地区绿色发展效率有显著的影响，其中在全国层面与效率增长型省份有促进作用，对绿色发展效率的促进作用大于其他区域对绿色发展效率的抑制作用，效率增长型省份存在显著的抑制作用，由于国外投资作用于产业结构，与产业结构变动带来的影响一致，效率落后型省份的影响并不显著，这是由于效率落后型省份拥有较低的外资依存度。④在效率落后型省份中，相邻省份能源结构对本地区绿色发展效率有显著的抑制作用，由于其中大部分省份拥有丰富的能源存储，能源开采对环境极易造成损害，环境污染物的传播性，造成它们对临近省域绿色发展效率的显著影响。⑤相邻省份政府环境管理能力对本地区绿色发展效率有显著的抑制作用，全国各地政府决策的相似性，造成了空间效果与非空间效果的一致性。⑥在效率增长型省份中，相邻省份企业环境管理能力对本地区绿色发展效率有显著的促进作用，这些省份凭借较强的发展潜力，吸引了较多优秀企业入驻，不断促进本地区绿色发展效率的提升，同时，技术、环境的跨区域传播，使临近地区绿色发展效率也同步提升。⑦相邻省域的环境水平对本地区绿色发展效率有显著的促进作用，空气环境特殊的传播性，更易于影响绿色发展效率的高低。

10.7 结论与政策建议

本章运用非期望超效率 SBM 模型对我国 30 个省份 2000—2014 年的绿色发展效率进行了测算，根据绿色发展效率均值由高到低将 30 个省份划分为高环境型（海南、青海、宁夏、内蒙古）、高效率型（北京、天津、上海、广州）、效率增长型（江苏、福建、江西、浙江、吉林、重庆、辽宁、甘肃、广西、黑龙江、山东）、效率落后型（安徽、新疆、陕西、湖南、河南、贵州、山西、湖北、云南、四川、河北）4 类省份，通过测算 Malmquist - Luenberger 指数及其分解，分析这 4 类省份绿色发展效率出现差异的原因，最后运用非空间面板回归、静态与动态空间杜宾面板模型，考察了各个不同类型省份的发展水平、产业结构、能源结构、外资依存度、环境管理能力等因素对绿色发展效率的影响。

不同类型省份的研究结果：①高效率型省份以直辖市为主，政策的优先发展带来绿色发展效率高速增长，在 2014 年均达到生产前沿面，对绿色发展效率的推动主要来源于技术进步。这些省份的产业结构、外资依存度对绿色发展效率具有促进作用，政府环境管理能力与环境水平对绿色发展效率具有显著的抑制作用。②高环境型省份凭借优异的环境水平，促使绿色发展效率一直以来保持高水平发展，不同于其他类型省份，该类型省份技术进步不足，绿色发展效率的提高主要来源于技术效率。这些省份只有环境水平对绿色发展效率有促进作用，产业结构与能源结构对绿色发展效率存在显著的抑制作用。③效率增长型省份主要分布在沿海地区，凭借地理优势，吸引外资带动技术进步，助力绿色发展效率以高增长率不断提升。这些省份的外资依存度、企业环境管理能力对绿色发展效率具有促进作用，产业结构、政府环境管理能力与环境水平对绿色发展效率具有显著的抑制作用，环境水平在地区间有促进作用。④效率落后型省份分布于中西部地区，由于沿海地区对环境保护的重视，高能耗、高污染产业逐渐向中西部地区转移，加大了这些区域的环境压力，促使绿色发展效率增长缓慢。这些地区的产业结构、外资依存度、能源结构、政府环境管理能力以及环境水平对绿色发展效率都有显著的抑制作用。

为了提高不同地区的绿色发展效率，实现地区生态环境与经济增长效率的协调发展，对不同地区提出以下建议：

（1）北京、天津、上海、广州作为高效率型省份，一是应保持技术进步、产业结构优化、外资依存度高带来的经济快速发展；二是凭借自身区位优势，带动周边地区绿色发展效率同步提高，北京、天津带动京津冀地区，上海带动长三角地区，广州带动珠三角地区，扩大高效率型省份的范围。但是，当前高效率型省份正面临严重的空气污染问题，并且政府对环境污染治理不够。因此，需要提高政府环境治理的能力，政府需要对现有的排污费政策进行重新设计和改革，并且强化民众的环境保护意识，促进环境改善。

（2）海南、青海、宁夏、内蒙古作为高环境型省份，首要任务是保护当地环境现状，这些省份应以环境保护为重，经济发展以“增绿”“护蓝”为基础，为子孙后代留下可持续发展的“绿色银行”；其次，大力发展第三产业，并规范第三产业发展，在带动经济增长的同时加大环境保护力度，协调好经济发展与环境保护的关系；最后，宁夏与内蒙古应减少资源开采，优化资源使用结构，减少污染排放。

（3）主要分布在沿海地区的效率增长型省份，一是利用地理资源优势，吸引扩大外资流入，合理、有效地提高外资利用率，结合当地外资投入，优化地区产业结构，使环境质量得到有效提升；二是转变政府职能，为企业发展提供便利，并鼓励企业提高环境保护投入，重视企业在节能减排中的作用，加强对企业污染物排放的管制，提高企业管理污染物排放的能力。

（4）位于中西部地区的效率落后型省份，一是重视产业结构调整，加快产业结构升级，促进第三产业发展，同时，工业化省份应强化实施新型工业化道路，发展先进制造业，降低工业化对绿色发展效率的影响；二是重视资源环境代价问题，以节能减排为重点，注重对能源的保护以及对能源的集中利用，在提高能源使用效率的同时，大力发展新型能源，减少对煤炭资源的利用，以实现能源结构的优化，达到节能减排的目标；三是政府应加强对国外投资的筛选与管理，不应盲目吸引国外投资，而应更加注重国外投资与产业政策调整、市场资源配置等因素的相互促进。

参考文献

[1] A. Charnes, W. W. Cooper, E. Rhodes. Measuring the Efficiency of Decision Making Units [J]. *European Journal of Operational Research*, 1978 (2): 331 - 332.

[2] Brian R. Copeland, M. Scott Taylor. The Quarterly Journal of Economics" [J]. *North - South Trade and the Environment*, 1994 Vol. 109, NO. , 3: 755 - 787.

[3] Grossman, G. M. , Krueger, A. B. Environmental Impacts of A North American Free Trade Agreement [R]. *NBER Working Papers*, 1991, No. W3914.

[4] Kaoru Tone. A Slacks - based Measure of Efficiency in Data Envelopment Analysis [J]. *European Journal of Operational Research*, 2001, 130 (3): 498 - 509.

[5] Kaoru Tone. A Slacks - based Measure of Super - efficiency in Data Envelopment Analysis" [J]. *European Journal of Operational Research*, 2002, 143 (1): 32 - 41.

[6] KaoruTone. Dealing with Undesirable Outputs in DEA: A Slacks - based Measure (SBM) Approach [R]. 日本オペレーションズ・リサーチ学会春季研究発表会アブストラクト集, 2004.

[7] Y. H. Chung, R. Fäåre, S. Grosskopf. Productivity and Undesirable Outputs: A Directional Distance Function Approach [J]. *Journal of Environmental Management*, 1997 (51): 229 - 240.

[8] 常建新，姚慧琴．西部地区环境—经济效率实证研究——基于非期

望产出的 SBM 模型分析[J]. 内蒙古农业大学学报(社会科学版),2011(5):83-86.

[9]陈诗一. 中国的绿色工业革命:基于环境全要素生产率视角的解释(1980—2008)[J]. 经济研究,2010(11):21-34.

[10]胡鞍钢,郑京海,高宇宁,等. 考虑环境因素的省级技术效率排名(1999—2005)[J]. 经济学(季刊),2008(4):933-960.

[11]J. PaulElhorst,著. 空间计量经济学——从横截面数据到空间面板[M]. 肖光恩,译. 北京:中国人民大学出版社,2015:134-139.

[12]刘瑞翔,安同良. 资源环境约束下中国经济增长绩效变化趋势与因素分析——基于一种新型生产率指数构建与分解方法的研究[J]. 经济研究,2012(11):34-47.

[13]钱争鸣,刘晓晨. 中国绿色经济效率的区域差异与影响因素分析[J]. 中国人口·资源与环境,2013(7):104-109.

[14]钱争鸣,刘晓晨. 我国绿色经济效率的区域差异及收敛性研究[J]. 厦门大学学报(哲学社会科学版),2014(1):110-118.

[15]单豪杰. 中国资本存量 K 的再估算:1952—2006 年[J]. 数量经济技术经济研究,2008(10):17-31.

[16]涂正革. 环境、资源与工业增长的协调性[J]. 经济研究,2008(2):93-105.

[17]王兵,吴延瑞,颜鹏飞. 中国区域环境效率与环境全要素生产率增长[J]. 经济研究,2010(5):95-109.

[18]杨龙,胡晓珍. 基于 DEA 的中国绿色经济效率地区差异与收敛分析[J]. 经济学家,2010(2)46-54.

[19]张军,吴桂英,张吉鹏. 中国省际物质资本存量估算:1952—2000[J]. 经济研究,2004(10)35-44.

[20]张伟,吴文元. 基于环境绩效的长三角都市圈全要素能源效率研究[J]. 经济研究,2011(10):95-109.

[21]朱承亮,安立仁,师萍,岳宏志. 节能减排约束下我国经济增长效率及其影响因素——基于西部地区和非期望产出模型的分析[J]. 中国软科学,2012(4):106-116.

11 新时代的中国经济增长质量：实体经济和虚拟经济

11.1 引　言

20 世纪 80 年代以来，随着金融创新中金融衍生品的快速发展，虚拟经济的投入产出比不断增高直至超过实体经济，市场开始大肆追捧虚拟经济，将其视作投资者的天堂。2008 年，美国最先爆发次贷危机，而后金融危机席卷世界，全球金融资产缩水 27 万亿美元。经济领域的巨变带来了人们心理上的改变，使我们开始反思虚拟经济与实体经济之间的关系，并且重新意识到了只有处理好这两种经济的关系才能发挥出其联动作用，共同促进经济增长。而我国当前经济运行面临不少的困难和挑战，下行压力较大，结构调整阵痛显现，在这种情况下，推动虚拟经济与实体经济的和谐发展就显得尤为重要。伴随着新时代下经济的不断发展演进，我国逐步认识到经济发展模式的转轨和经济发展模式的转变在当下变得异常关键，政策层面上开始强调大力发展实体经济，强化社会物质基础，并做好对虚拟经济的监督与管束。而党的十九大报告也提出建设现代化经济体系，必须把发展经济的着力点放在实体经济上。同时，虚拟经济产生于实体经济，要在发展中继续把握好虚拟经济服务于实体经济的大原则。

实体经济是国民经济的根基，对一国实现经济持续增长、改善人民生活、提供就业岗位、提升国际竞争力具有重要意义。振兴实体经济是推进供给侧结构性改革的重要内容。实体经济是一个相对于虚拟经济的概念，是指人们通过思想使用工具在地球上创造的经济，包括物质的、精神的产品和服务的生产、流通等经济活动，其涵盖了农业、工业、交通通信业、商业服务业、建筑业、文化产业等物质生产和服务部门，也包括教育、文化、知识、信息、艺术、体育等精神产品的生产和服务部门。虚拟经济则是相对于实体经济而言的概念，它是经济虚拟化的必然产物，抽象来讲，它是以资本化定价方式为基础的一套特定的价格体系。当前，伴随着经济的不断发展，虚拟经济已经成长为一个相对独立的经济系统。而本章就是在参考过去研究的基础上，以新常态下的中国经济增长质量为背景，对实体经济与虚拟经济之间的联动效应进行探索。

11.2 文献综述

当前国内对实体经济与虚拟经济关系的研究较多。在理论研究层面，主要有几个大的方向，究其原因也是由于学者们对这两个经济系统的定义不同造成的。自 2008 年金融危机爆发伊始，美联储开始频繁使用实体经济这一概念，并将其定义为经济体中除去金融与房地产的部分，而这一划分标准也被学界普遍接受并应用在后续的研究之中。但在虚拟经济概念的侧重上，不同学者产生了分歧。娄文龙、田大瑜（2015）认为房地产体现了实体经济与虚拟经济的二重性，因此将房地产价格因素作为衡量虚拟经济和实体经济均衡发展的落脚点。胡晓（2015）以金融系统为依托，研究了虚拟经济对服务业和制造业的影响。许家银、倪乐央、包婷婷（2014）则将金融市场和房地产市场都作为衡量虚拟经济的指标，来测算其与实体经济之间的联动效应。也正是由于这样的差异，导致了之后实证研究的不同。

如上所言，学界对实体经济和虚拟经济的实证研究也大致分为这几个思路，即以房地产作为虚拟经济的代表、以金融市场作为虚拟经济的代表及以金融市场和房地产市场共同作为虚拟经济的研究内容进行实证分析。其中李巍、张志超（2011）建立了 DSEG 模型，分析了不同的房地产价格对实体经济的影响，并得出了房地产价格的适当回落将有利于实体经济健康稳定发展的结论。同时，何怡瑶（2017）也建立了 DSGE 模型，用于研究当前实体经济的低迷与房地产繁荣同时出现的原因，并试图从房地产税的角度探讨如何走出这一困境。张亦春、王国强（2015）采用 1992—2012 年我国各省份的面板数据，通过对金融偏离度进行测度和建立双门槛回归模型来论述金融发展与实体经济之间的非均衡关系 。周莹莹、刘传哲则通过协整检验和因果关系检验等方法对基于资本市场和金融衍生品市场的虚拟经济与实体经济的联动效应进行测算。而许家银、倪乐央、包婷婷（2014）运用2006—2014 年的季度数据，通过格兰杰因果检验和线性计量方法测算了温州市的房地产市场和金融市场与地方经济之间的关联关系。

而本章将在借鉴前人观点的基础上，侧重于从金融市场的视角出发，站在一个较为宏观的角度，对虚拟经济与实体经济之间的联动关系展开研究。在方法选取上，将建立 VAR 模型，并运用协整检验、因果关系检验以及脉冲响应和预测方差分析，来对两个系统不同时期的冲击响应进行具体分析。

11.3 理论模型

在展开具体的实证分析前，首先介绍本章中实体经济与虚拟经济关系的理论模型机理。本章借鉴了王爱俭（2007）建立的虚拟经济与实体经济系统的总量关系模型，并以此来进一步阐述二者间的主要作用因素。在这一模型中，我们首先假设整个经济系统是由实体经济和虚拟经济两个部门构成的，虚拟资本和实体资本分别是其投入要素，而经济的产出水平则取决于投入和全要素生产率水平。基于此，生产函数可以写作

$$Y = A \times F(K_r, K_f) \qquad (11-1)$$

其中，Y 为产出；K_r 为虚拟资本存量；K_f 为虚拟资本存量；A 为全要素生产率。该生产函数满足新古典模型的假设。由此可进一步假设资本是同质的，则生产函数可以改写为

$$Y = AK_r \times F(1, K_f/K_r) \qquad (11-2)$$

即

$$Y/AK_r = f(K_f/K_r) \qquad (11-3)$$

令 $y = Y/AK_r$ 表示产出与全要素生产率和实体资本存量乘积的比率，$k = K_f/K_r$ 表示虚拟资本存量乘积的比率，则生产函数可以进一步变化为

$$y = f(k) \qquad (11-4)$$

则

$$Y = AK_r, y = AK_r \times f(k) \qquad (11-5)$$

对式（11-5）中的 K_r, K_f 分别求偏导，可得到

$$\frac{\partial Y}{\partial K_r} = A \times [f(k) - k\dot{f}(k)] \tag{11-6}$$

$$\frac{\partial Y}{\partial K_f} = A \times \dot{f}(k) \tag{11-7}$$

对式（11－4）的对数形式求微分，则

$$\dot{\ln y} = \dot{\ln f}\ (k) \tag{11-8}$$

$$\frac{\dot{y}}{y} = \frac{k \times \dot{f}(k)}{f(k)} = \frac{k}{k} \times \frac{k \times f'(k)}{f(k)} = \frac{k \times f'(k)}{f(k)} \times \frac{\dot{k}}{k} \tag{11-9}$$

令 $\partial_{K_f}(K) = \dfrac{k \times f'(k)}{f(k)}$ 为虚拟资本存量的产出弹性，那么

$$\frac{\dot{y}}{y} = \partial_{K_f}(K) \times \frac{\dot{k}}{k} \tag{11-10}$$

又因

$$\frac{\dot{y}}{y} = \frac{\dot{Y}}{Y} - \frac{\dot{A}}{A} - \frac{\dot{K}_r}{K_r} \tag{11-11}$$

$$\frac{\dot{k}}{k} = \frac{\dot{K}_f}{K_f} - \frac{\dot{K}_r}{K_r} \tag{11-12}$$

由式（11－10）、式（11－11）、式（11－12）可以得出

$$\frac{\dot{y}}{y} = \frac{\dot{Y}}{Y} - \frac{\dot{A}}{A} - \frac{\dot{K}_r}{K_r} = \partial_{K_f}(K) \times \frac{\dot{k}}{k} = \partial_{K_f}(K) \times \left(\frac{\dot{K}_f}{K_f} - \frac{\dot{K}_r}{K_r}\right) \tag{11-13}$$

令 $\dfrac{\dot{K}_f}{K_f} = g$ 表示虚拟基本存量的增长率，$\dfrac{\dot{K}_r}{K_r} = n$ 表示实体资本存量的增长率，$\dfrac{\dot{A}}{A} = a$ 表示全要素生产率的增长率，那么

$$\frac{\dot{Y}}{Y} - a - n = \partial_{K_f}(K) \times (g - n) \tag{11-14}$$

即

$$\frac{\dot{Y}}{Y} = \partial_{K_f}(K) \times g + [1 - \partial_{K_f}(K)] \times n + a \tag{11-15}$$

式（11－15）显示了虚拟资本存量的增长率 g、实体资本存量的增长率 n 与产出增长率之间的关系。其中，虚拟资本存量的产出弹性为 $\partial_{K_f}(K)$；实体资本存量的产出弹性为 $1 - \partial_{K_f}(K)$ 。

假设 $\dot{K}_f = bY$，则式（11－12）可以表示为

$$\dot{k} = k \times \left(\frac{bY}{K_f} - n\right) = b \times \frac{Y}{K_f} \times \frac{K_f}{K_r} - nK = Ab \times f(k) - nk \qquad (11-16)$$

其中，b 是虚拟资本存量的变化与产出之比。

令 $m = Ab$，那么

$$\dot{k} = m \times f(k) - nk \qquad (11-17)$$

由此可知，在 $\dot{k} = 0$ 时，相应的 k 值表示为 k^*。在 k^* 处相对应的产出为 y^*。即（k^*,y^*）处，虚拟经济和实体经济达到稳态，我们可以将这一点定义为虚拟经济和实体经济协同发展的最佳状态。k^* 满足以下条件

$$mf(k^*) = nK^* \qquad (11-18)$$

当虚拟资本存量与实体资本存量达到稳态比率 k^* 时，产出值为 $y^* = f(k^*)$。那么可以推出，稳态中的产出增长率等于全要素生产率增长率 a 与实体资本存量增长率 n 之和。

同时可推出

$$K^* = K^*(m,n) \qquad (11-19)$$

即稳态下的 k^* 可以表示为全要素生产率增长率和实体资本存量增长率的函数。

在上述实体经济与虚拟经济关系的模型中，影响稳态下 K^* 的因素有全要素生产率、虚拟资本的变化和产出的比率以及实体资本存量的增长率。这些变量共同对 K^* 产生了影响，导致其偏离均衡发展的路径。因此，要继续探究实体经济与虚拟经济之间的联动效应，就需要进一步分析这两种经济系统中代表要素之间的相互影响作用。

11.4 实证分析

要分析实体经济与虚拟经济在我国社会主义市场经济体系中的作用，并依据两者之间的关系模型进行分析，就要选取能够代表两种经济形态的指标。在实体经济方面，本章选取国内生产总值 GDP 作为衡量指标。而在虚拟经济层面，则考虑股票成交额 GP、期货成交额 QH、证券投资基金成交额 ZQ 和国债成交额 GZ 作为衡量指标。样本区间选自 2000 年第一季度至 2017 年第三季度的季度数据。下述实证分析中，全部数据资料均来自中经网产业数据库及中国资讯行数据库。

由于所选数据均为季节数据，要先对数据进行季节性调整，本章选取了

X12 法进行季节性调整，并将调整后的变量分别记作 GDP_ SA，GP_ SA，QH_ SA，ZQ_ SA，GZ_ SA。同时，为了消除数据的异方差，对变量进行自然对数处理，取自然对数后的变量国内生产总值、股票成交额、期货成交额、证券投资基金成交额和国债成交额分别记作 lnGDP，lnGP，lnQH，lnZQ，lnGZ，应用软件为 Eviews 7.2。

11.4.1 数据平稳性检验

由于时间序列经常会存在非平稳现象，在建立模型之前为了确定所选数据是否存在随机趋势或确定趋势，我们需要对样本区间进行平稳性检验。本章选取了 ADF 单位根检验方法对数据的平稳性进行检测，检验结果如表 11 - 1 所示。

表 11 - 1 数据的平稳性检验结果

变量	ADF 值	5%临界值	P 值
lnGDP	-1.220383	-2.904198	0.6612
D(lnGDP)	-3.856084	-2.904198	0.0039
lnGP	-0.739020	-2.903566	0.8295
D(lnGP)	-8.249649	-2.904198	0.0000
lnQH	-1.937237	-2.906210	0.3136
D(lnQH)	-8.470598	-2.906210	0.0000
lnZQ	-1.379792	-2.903566	0.5874
D(lnZQ)	-9.201993	-2.904198	0.0000
lnGZ	-1.314843	-3.527045	0.6184
D(lnGZ)	-5.606762	-2.904198	0.0000

从表 11 - 1 中可以看出，取自然对数后的原序列 lnGDP，lnGP，lnQH，lnZQ，lnGZ 的平稳性检验 P 值均大于 0.05，均未通过检验，说明序列 lnGDP，lnGP，lnQH，lnZQ，lnGZ 非平稳。基于此，我们需要对该序列进行一阶差分，并对一阶差分后的序列进行进一步的平稳性检验。表 11 - 1 中的结果显示，一阶差分后的序列 lnGDP，lnGP，lnQH，lnZQ，lnGZ 的平稳性检验 P 值均小于 0.05，全部通过了检验。

11.4.2 协整关系检验

由此可知，一阶差分后的序列均通过了平稳性检验，因此可以继续进行序列间的协整关系检验。对变量 lnGDP，lnGP，lnQH，lnZQ，lnGZ 建立

VAR（1）模型后，需要选择协整检验的最优滞后期，最后滞后期选择判断表如表 11－2 所示。依据表 11－2 的显示结果及 SC 准则，我们选取进行协整检验的最后滞后期为 1 期，所建立的 VAR（1）模型如表 11－3 所示。

表 11－2　协整检验最优滞后阶数选择

滞后期	logL	LR	FPE	AIC	SC	HQ
0	－428.9081	NA	0.290284	12.95248	13.11701	13.01758
1	－26.95972	731.9059	3.78e－06	1.700290	2.687466*	2.090918
2	6.064274	55.20430	3.01e－06	1.460768	3.270590	2.176919
3	48.14462	64.06261*	1.87e－06*	0.950907	3.583376	1.99258*
4	71.09224	31.51017	2.11e－06	1.012172	4.467287	2.379370

从表 11－3 中可以看出，对自然对数后的变量 lnGDP 与 lnGP，lnQH，lnZQ，lnGZ 之间的 VAR（1）模型虽有个别滞后变量的系数不明显，但总体表现较好。在这个方程中，我们重点考察的是 lnGDP 与其他变量之间的关系。可以看出，它们的系数均是合理的。由此可知，我们所建立的 VAR（1）模型是合理的。

表 11－3　lnGDP 与 lnGP，lnQH，lnZQ，lnGZ 之间的 VAR（1）模型

	lnGDP	lnGP	lnQH	lnZQ	lnGZ
lnGDP（－1）	1.531683	－1.530702	－10.23672	9.432198	－7.708048
	(0.10955)	(3.77315)	(9.50200)	(8.06326)	(7.11707)
	[13.9812]	[－0.40568]	[－1.07732]	[1.16977]	[－1.08304]
lnGP（－1）	0.008029	0.877288	0.133563	0.142422	－0.030223
	(0.00395)	(0.13608)	(0.34268)	(0.29080)	(0.25667)
	[2.03218]	[6.44704]	[0.38976]	[0.48977]	[－0.11775]
lnQH（－1）	－0.001270	－0.040288	1.113254	－0.017755	0.225642
	(0.00210)	(0.07220)	(0.18183)	(0.15430)	(0.13619)
	[－0.60559]	[－0.55799]	[6.12258]	[－0.11507]	[1.65681]
lnZQ（－1）	0.000678	0.051380	－0.147279	0.683431	－0.011298
	(0.00182)	(0.06266)	(0.15781)	(0.13391)	(0.11820)
	[0.37264]	[0.81994]	[－0.93329]	[5.10358]	[－0.09558]
lnGZ（－1）	－0.010690	－0.140156	－0.160883	－0.202998	0.734811
	(0.00344)	(0.11831)	(0.29795)	(0.25283)	(0.22316)
	[－3.11205]	[－1.18463]	[－0.53997]	[－0.80289]	[3.29269]

续表

	lnGDP	lnGP	lnQH	lnZQ	lnGZ
C	0.066918	-1.906520	6.201998	-10.46530	0.317240
	(0.06392)	(2.20158)	(5.54429)	(4.70480)	(4.15271)
	[1.04686]	[-0.86598]	[1.11863]	[-2.22439]	[0.07639]
R^2	0.999812	0.952077	0.902817	0.820965	0.595815
调整后的 R^2	0.999780	0.943814	0.790097	0.886061	0.526128
F 统计量	30845.11	115.2264	26.59599	53.88132	8.549859
AIC	1.373478				
SC	3.154288				

在 VAR（1）模型的基础上，我们需要进一步确定变量间的长期协整关系。因此，我们要确定协整检验中截距项和趋势项等信息，通过比较 AIC，SC 和 log*L* 的结果并结合实际情况，我们选择检验类型为有截距项和无趋势项的协整检验，表 11－4 为 Johansen 协整检验结果。

表 11－4　Johansen 协整检验结果

滞后：1～2 期				
Unrestricted Cointegration Rank Test（Trace）				
假设	**特征根**	**迹统计量**	**5%临界值**	**P 值**
None *	0.581018	93.58378	69.81889	0.0002
At most 1	0.232719	34.42874	47.85613	0.4785
At most 2	0.134987	16.41535	29.79707	0.6828
At most 3	0.089739	6.554582	15.49471	0.6299
Unrestricted Cointegration Rank Test（Maximum Eigenvalue）				
假设	特征根	迹统计量	5%临界值	P 值
None *	0.581018	59.15503	33.87687	0.0000
At most 1	0.232719	18.01339	27.58434	0.4940
At most 2	0.134987	9.860769	21.13162	0.7576
At most 3	0.089739	6.393642	14.26460	0.5632

从表 11－4 的 Johansen 协整检验结果来看，当特征值为 0.581018 时，迹检验统计量值为 59.15503，大于 5% 显著水平下的临界值 33.87687；但当特征根为 0.232719 时，迹检验统计量值为 18.01339，小于 5% 显著水平下的临界值 27.58434。因此，接受原假设。我们可以由此认为实体经济与

虚拟经济的发展之间至多存在一个协整关系。基于此，本章继续对协整检验的残差 *U* 进行平稳性检验，并依据表 11-5 所示结果可以看出残差 U 序列是平稳的，这进一步验证了各代表变量之间存在协整关系，即可以认为这两个经济系统之间存在联动效应。

表 11-5　协整检验残差 *U* 的平稳性检验结果

残差序列	ADF 值	1%临界值	5%临界值	10%临界值	P 值
U	-5.483968	-3.534868	-2.906923	-2.591006	0.0000

根据协整检验的结果，变量 lnGDP 与 lnGP，lnQH，lnZQ，lnGZ 之间的协整关系如表 11-6 所示。

表 11-6　各变量间协整关系

指标	lnGP	lnQH	lnZQ	lnGZ
系数	0.150555	0.103881	0.093406	0.055805
t 值	0.20609	0.01927	0.20075	0.07137

从表 11-6 中可以看出，在其他变量保持不变的情况下，股票成交额每增加1%，实体经济总量 GDP 将会上涨0.15%；期货成交额每增加1%，实体经济总量 GDP 将会上涨0.103%；证券基金成交额每增加1%，实体经济总量 GDP 将会上涨0.093%；国债成交额每增加1%，实体经济总量 GDP 将会上涨0.056%。同时，Johansen 协整检验结果表明，实体经济与虚拟经济的代表变量之间存在长期协整关系，其中股票成交额对 GDP 的长期作用强度要大于其他虚拟经济变量对实体经济的影响程度，这也与我国实际情况相吻合，即伴随着股票成交额的扩大，股票市场融资对实体经济发展的影响力将随之扩大。另外，以商品期货市场为代表的期货成交额对实体经济的影响力大于证券基金市场，而证券基金市场对实体经济的影响力又大于国债对实体经济的影响强度。

上述协整方程描述了变量间的长期作用关系，为了进一步考察变量间的短期作用程度，还需进一步建立短期动态方程。根据 AIC 及 SC 准则，我们确定最优滞后期为 1，表 11-7 将展示 ECM 误差修正模型的相关信息。

表 11－7 各变量间的误差修正模型

变量	系数	标准误	T 统计量	P 值
EC（－1）	－0.030332	0.021723	－3.238970	(0.00117)
DlnGDP（－1）	－0.310823	0.020012	－2.313941	0.00348
DlnGP（－1）	0.083508	0.030114	－2.032394	0.04258
DlnQH（－1）	0.025302	0.031029	1.278934	0.07511
DlnZQ（－1）	0.009487	0.041231	2.374026	0.07072
DlnGZ（－1）	0.006170	0.043297	4.286492	0.09763
R^2	0.437468			
调整后的 R^2	0.324961			
SC 值	－5.907631			

根据表 11－7 的信息，可以得到变量之间的短期动态方程。由表 11－7可知，各变量间的误差修正模型中误差修正项为－0.31＜0，误差修正为负反馈机制，同时由 P 值可看出其在统计意义上显著，符合修正的意义。

表 11－8 修正后各变量间协整关系

指标	$DlnGDP_{t-1}$	$DlnGP_{t-1}$	$DlnQH_{t-1}$	$DlnZQ_{t-1}$	$DlnGZ_{t-1}$	EC_{t-1}
系数	－0.311	0.084	0.025	0.009	0.006	－0.030
t 值	－0.01031	－0.00908	－0.00480	－0.00343	2.12312	－3.07011

从短期来看，作为虚拟经济代表变量的股票成交额、期货成交额、证券基金成交额和国债成交额都会对实体经济的发展产生影响，并以 31% 的速度对下一期 DlnGDP 值发生作用，而在进行短期误差修正滞后，最终会实现长期均衡。短期来看，在其他变量保持不变的情况下，股票成交额每增加 1%，实体经济总量 GDP 将会上涨 0.083%；期货成交额每增加 1%，实体经济总量 GDP 将会上涨 0.025%；证券基金成交额每增加 1%，实体经济总量 GDP 将会上涨 0.009%；国债成交额每增加 1%，实体经济总量 GDP 将会上涨 0.006%。股票市场融资对实体经济发展的影响力随着股票成交额的扩大而扩大，呈正相关关系。另外，商品期货市场对实体经济的影响力大于证券基金市场，而证券基金市场对实体经济的影响力又大于国债市场对实体经济的作用强度。

11.4.3 格兰杰因果检验

虚拟经济系统中的部分资本市场及金融衍生工具市场与实体经济的发展之间存在协整关系，但并不能确定变量之间是否存在因果关系。为了检验代表变量之间的因果关系，我们需要进一步进行因果关系检验。我国虚拟经济与实体经济发展的格兰杰因果关系检验结果如表 11 -9 所示。

表 11 -9 格兰杰因果关系检验结果

原假设	F 统计量	P 值
lnGDP 不是 lnGP 的格兰杰原因	2.07806	0.0480
lnGP 不是 lnGDP 的格兰杰原因	1.07490	0.3474
lnGDP 不是 lnQH 的格兰杰原因	2.24366	0.0143
lnQH 不是 lnGDP 的格兰杰原因	0.37904	0.6860
lnGDP 不是 lnZQ 的格兰杰原因	2.11503	0.0148
lnZQ 不是 lnGDP 的格兰杰原因	0.26232	0.7701
lnGDP 不是 lnGZ 的格兰杰原因	3.68390	0.0306
lnGZ 不是 lnGDP 的格兰杰原因	0.96000	0.3883

从表 11 -9 中可以看出，实体经济是股票交易额的格兰杰原因，而股票交易额不是实体经济的格兰杰原因；实体经济是期货交易额的格兰杰原因，而期货交易额不是实体经济的格兰杰原因；实体经济是证券投资基金交易额的格兰杰原因，而证券投资基金交易额不是实体经济的格兰杰原因；实体经济是国债交易额的格兰杰原因，而国债交易额不是实体经济的格兰杰原因。可见，实体经济与虚拟经济的代表变量之间存在格兰杰成因，这进一步证明了前述协整关系检验的结果。

11.4.4 脉冲响应与预测方差分解

在上述基础上，我们进一步对虚拟经济系统的代表变量进行了脉冲响应及预测方差分解分析。对于由 lnGDP 与 lnGP，lnQH，lnZQ，lnGZ 建立的 VAR（1）模型进行的平稳性检验结果，如图 11 -1 所示：VAR（1）模型特征方程的根并未全部落在单位圆内，说明该模型是非平稳的，需要对变量进行差分后再做进一步检验。

依据 SC 准则，我们确定了最优滞后期为 1 期，并据此建立了一阶差分后的变量 DlnGDP 与 DlnGP，DlnQH，DlnZQ，DlnGZ 之间的 VAR（2）

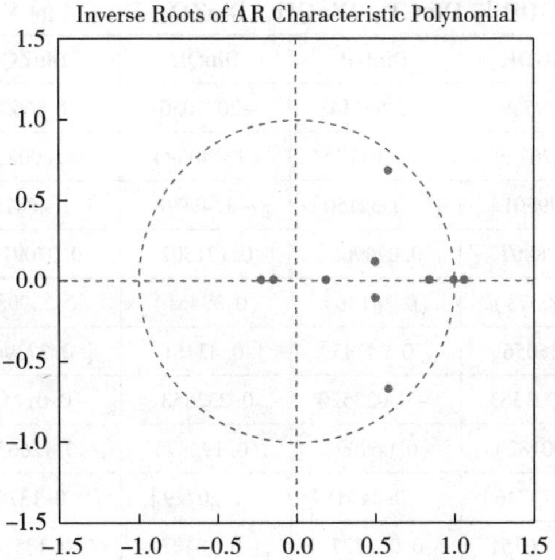

图 11－1　VAR（1）模型的平稳性检验单位圆

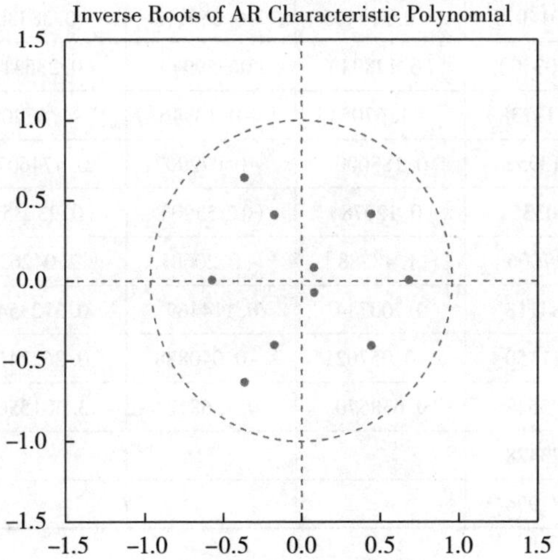

图 11－2　VAR（2）模型的平稳性检验单位圆

模型（见表 11－10）。对 VAR（2）模型进行平稳性检验的结果如图 11－2 所示，可以看出，模型中特征方程的根全部落在单位圆内，说明这一模型是平稳的。本章利用 VAR（2）模型进行了脉冲响应和预测方差分解分析，脉冲响应的结果如图 11－3 所示。

表 11-10　DlnGDP 与 DlnGP，DlnQH，DlnZQ，DlnGZ 的 VAR（2）模型

	DlnGDP	DlnGP	DlnQH	DlnZQ	DlnGZ
DlnGDP（-1）	0.379539	-2.504143	-20.10301	21.86668	-15.93709
	(0.12672)	(4.80177)	(13.4039)	(8.80022)	(10.2388)
	[2.99501]	[-0.52150]	[-1.49978]	[2.48479]	[-1.55653]
DlnGP（-1）	0.008807	0.034966	0.171502	0.070979	-0.117248
	(0.00373)	(0.14136)	(0.39461)	(0.25908)	(0.30143)
	[2.36056]	[0.24735]	[0.43461]	[0.27396]	[-0.38897]
DlnQH（-1）	-0.001363	-0.023520	0.232853	-0.017459	0.192985
	(0.00182)	(0.06909)	(0.19287)	(0.12663)	(0.14733)
	[-0.74746]	[-0.34041]	[1.20729]	[-0.13788]	[1.30988]
lnZQ（-1）	-0.000151	0.063727	-0.184077	-0.135743	-0.034895
	(0.00163)	(0.06184)	(0.17263)	(0.11334)	(0.13186)
	[-0.09262]	[1.03051]	[-1.06634]	[-1.19771]	[-0.26463]
DlnGZ（-1）	-0.014079	-0.215405	-0.050198	-0.383302	-0.372586
	(0.00340)	(0.12894)	(0.35994)	(0.23631)	(0.27495)
	[-4.13738]	[-1.67054]	[-0.13946]	[-1.62200]	[-1.35512]
C	0.013952	0.188000	-0.072907	0.474607	0.360079
	(0.00335)	(0.12678)	(0.35390)	(0.23235)	(0.27033)
	[4.17006]	[1.48288]	[-0.20601]	[2.04263]	[1.33198]
R^2	0.584113	0.100744	0.114469	0.372354	0.129113
调整后的 R^2	0.511150	-0.057021	-0.040888	0.262241	-0.023674
F 统计量	8.005642	0.638570	0.736812	3.381556	0.845050
AIC	1.373478				
SC	3.381994				

在实际应用中，由于 VAR 模型是一种纯理论模型，它无须对变量做任何先验性约束，因此，我们需要通过脉冲响应来分析模型受到某种冲击时对系统的动态影响，这也正是进行脉冲响应的意义所在。从图 11-3 中可以看出，实体经济对证券基金成交额的冲击在前三期均为负向，但随着时间的推进从第四期开始趋于 0，其上下波动幅度较小。同时，实体经济对期货成交额的冲击在前五期均为负向，且存在小幅度波动，而从第七期开始其趋于 0。实体经济对国债成交额的冲击在这 4 种金融产品中波动最大，且在前六期呈现负向冲击，直到第七期开始其波动趋于 0。实体经济对股

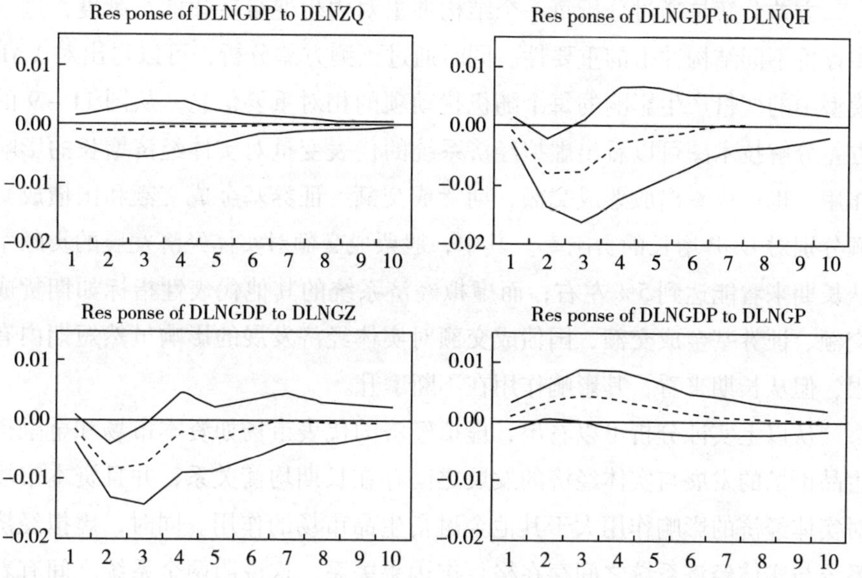

图 11-3　脉冲响应结果

票成交额的冲击在前七期表现为正向，自第四期开始逐步减弱并自第八期开始趋于0。可见，股票市场和金融衍生品市场的发展对实体经济的发展均有显著影响。但由于市场发展的不成熟及多种因素下的共同作用，短期内虚拟经济对实体经济的发展会带来负面冲击；但从长期来看，虚拟经济能够带动实体经济的发展。

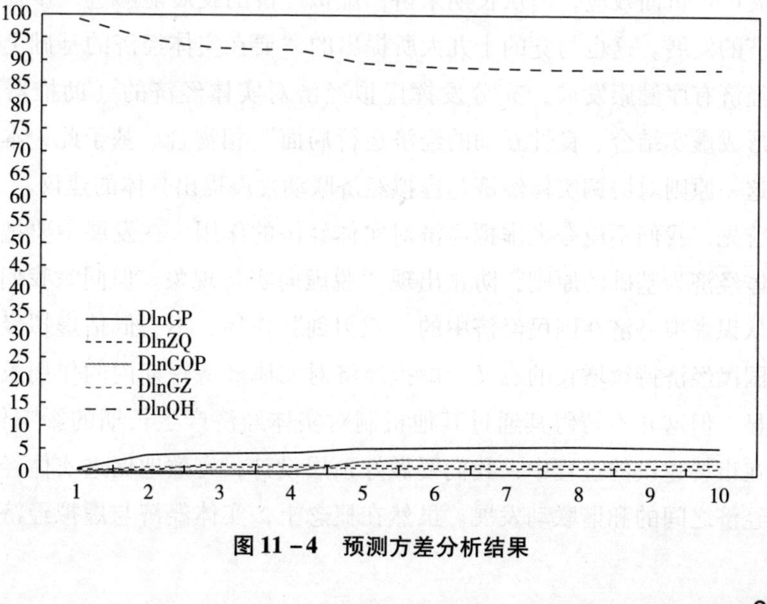

图 11-4　预测方差分析结果

方差分解是通过分析每一个结构冲击对内生变量变化的贡献度，进一步评价不同结构冲击的重要性。同时通过预测方差分析，可以得出对 VAR 模型中的变量产生影响的每个随机扰动项的相对重要信息。从图 11-9 的方差分解技术图可以看出虚拟经济系统的代表变量对实体经济增长的影响作用，也可以看出股票成交额、期货成交额、证券基金成交额和国债成交额分别对 GDP 增长的贡献率。其中，股票成交额对实体经济发展的贡献率从长期来看能达到5%左右；而虚拟经济系统的其他代表性指标如期货成交额、证券基金成交额、国债成交额对实体经济发展的影响虽然短期内有限，但从长期来看，其影响作用在不断攀升。

从以上实证分析可以看出，虚拟经济的代表市场如资本市场和金融衍生品市场的发展与实体经济的发展之间存在长期均衡关系，并且资本市场对实体经济的影响作用大于其他金融衍生品市场的作用。同时，虚拟经济系统与实体经济系统之间存在格兰杰因果关系，这说明两个系统之间有着格兰杰效应。同时，实体经济对虚拟经济代表变量的冲击总体响应较为明显。

11.5　实体经济与虚拟经济联动发展的路径

通过前文中对实体经济与虚拟经济所作出的一系列实证分析可以看出，两个系统之间存在联动效应，短期来看，虚拟经济可能会对实体经济的发展产生负面效应，但从长期来讲，虚拟经济的发展能够进一步促进实体经济的发展。这也与党的十九大所提出的“要在实体经济的基础上引导虚拟经济有序健康发展，充分发挥虚拟经济对实体经济的（助推器）作用，形成虚实结合、良性互动的经济运行局面”相吻合。基于此，本章将根据这一原则对协调实体经济与虚拟经济联动发展提出具体的建议。

首先，我们不应夸大虚拟经济对实体经济的作用。在发展中要把握好以实体经济为基础的原则，防止出现“脱虚向实”现象。但同时我们还要正确认识虚拟经济在国民经济中的“双刃剑”作用，不去低估虚拟经济对我国国民经济持续增长的意义。虚拟经济对实体经济短期内的作用虽然不甚明显，但这并不妨碍其通过其他机制对实体经济产生长期的影响作用。因而在市场建设的过程中，我们要做好顶层设计，有效地促进实体经济和虚拟经济之间的和谐联动发展。虽然在概念上，实体经济与虚拟经济是相互对立的存在，实体经济强调物产品与精神产品的生产、服务和销售，而虚拟经济则是侧重与虚拟资本循环运动相关的经济活动。但二者又互为标本、相互制约、相互作用。实体经济为虚拟经济的发展打下了基础，而虚拟经济也无法脱离实体经济。在实体经济建设上，我们要注重培育和支持产品市场并做好创新及产业结构升级，为虚拟经济的发展打好基础。而在虚拟经济的建设过程中，要规范好金融市场，尽量减少因虚拟经济的短期波动而造成的对实体经济的负效应。总之，无论是发展哪一个，都不应以打压另一种经济系统为前提。

其次，我们要均衡虚拟经济的杠杆率，对虚拟经济进行有效的监督和约束，使其回归到生产性功能上来。我们知道，短期内虚拟经济的发展，并不必然会促进实体经济的增长。我们除了要把握好虚拟经济服务于实体经济的大方向，还必须承认客观上虚拟经济体系和实体经济体系也在为了自身利益最大化而沿着各自的路径不断发展。但在这一过程中，由于两种经济体系的发展要素和制度结构的需求存在差别，使得虚拟经济的发展水平和实体经济出现短期的不匹配现象。伴随着资本市场的不断发展，可能会衍生出虚拟经济的非理性繁荣，因此需要加大监管和约束，高度警惕经济泡沫的产生，尽可能地缩小控制虚拟经济与实体经济之间的偏离度，使虚拟经济的发展水平客观上与实体经济相匹配。

最后，我们要努力发展实体经济，坚持以实体经济为本，为虚拟经济的发展打下良好的物质基础，实现两者的协同发展。通过政府大生产、大市场的建立，来打造产品市场容纳创新。同时不能一味地追求“三产”的提高，要将实体经济的发展回归到制造业上来，并进一步落实我国“制造2025”计划。此外，通过降成本，强化实体经济吸引力，即通过政策上的简政放权及税收补偿等，降低实体经济的成本；同时，去产能，增强制造业发展“健康力”，即通过产业结构的不断升级，淘汰和重组落后产能。与此同时，还应建设开放型经济新体制，加强对外合作。只有在实体经济繁荣发展的基础上，才能更好地带动虚拟经济的进步。

参考文献

[1]高铁梅．计量经济分析方法与建模[M]．北京：清华大学出版社，2009.

[2]张思成. 再论金融与实体经济:经济金融化视角[J]. 经济学动态,2015(6).

[3]张亦春,王国强. 金融发展与实体经济增长非均衡关系研究——基于双门槛回归实证分析[J]. 当代财经,2015(6).

[4]文春晖,任国良. 虚拟经济与实体经济分离发展研究——来自中国上市公司2006—2013年的证据[J]. 中国工业经济,2015(12).

[5]周莹莹,刘传哲. 我国虚拟经济与实体经济的联动效应——基于资本市场、金融衍生品市场与实体经济数据的实证研究[J]. 国民经济管理,2011(5).

[6]郑尚植,王怡颖. 去杠杆背景下实体经济与虚拟经济的协调发展研究[J]. 当代经济管理,2017(11).

[7]胡晓. 虚拟经济发展对实体经济的影响:增长抑或结构调整[J]. 财经科学,2015(2).

[8]罗能生,罗富正. 改革开放以来我国实体经济演变趋势及其影响因素研究[J]. 科技与经济,2012(8).

12 我国制造业出口产品质量的提升与经济增长质量

12.1 引 言

改革开放近40年来，我国经济发展取得了举世瞩目的成就，经济规模稳居世界第2位，社会生产力水平得到显著提高，各类产品和服务极大丰富，人民的物质生活需要得到了前所未有的充分满足。然而，与可观的数量形成鲜明对比的是，我国产品在质量上与发达国家之间仍存在较大差距。此外，我国经济在过去的近40年间主要依靠传统的增长方式，即通过大量的资本、劳动投入而获得经济的高速增长，方式较为粗放，效率比较低下。党的十九大明确指出，我国经济已由高速增长阶段转向高质量发展阶段，正处在转变发展方式、优化经济结构、转换增长动力的攻关期。在此背景下，要提升我国的产品质量，按照党的十九大的要求和部署，提高供给体系的质量是主攻方向，增强经济的质量优势是重点，加快建设制造强国是最终目标。党的十九大对贯彻新发展理念、端正发展观念、转变发展方式、提升发展的质量和效益提出了诸多新要求。

产品质量是经济增长质量的微观体现，而出口产品质量也是对外贸易质量的集中体现。因此，转变经济发展方式的一个重要途径就是通过提高产品和服务的质量来提升本国产品在世界市场的竞争力，以出口产品质量提高对外贸易质量，从而促进整体经济高质量、可持续地增长。习近平总书记强调，推动高质量发展是新时代条件下遵循经济规律、保持我国经济持续健康发展的必然要求，是适应我国社会主要矛盾变化和全面建成小康社会、全面建设社会主义现代化国家的必然要求，也是当前和今后一个时期确定发展思路、制定经济政策、实施宏观调控的根本要求。要使我国真正由制造大国向制造强国迈进，必须从根本上有效提升我国整体的产品质量，尤其是出口产品的质量，从而有力地促进我国出口产品的竞争优势由数量型向质量型转变。

作为衡量企业外贸出口核心能力的一项重要标志，产品质量是一家企业参与国际市场竞争的核心素质。其内涵的演变大致可以分为 3 个阶段（程虹，2009）：一是符合性质量阶段，即根据固有的标准对产品是否合格作出判断；二是适用性质量阶段，该阶段是从顾客的要求是否被满足这一角度来评价产品质量；三是满意性质量阶段，这一阶段以顾客满意与否和满意的程度作为评价产品质量的依据。产品质量这一概念的演变过程有两个明显的特点：一是在产品质量的评价过程中，产品“满足消费者需求的能力”越发受到关注，其占有的分量也越来越重；二是产品质量所涵盖的范围不断拓展，不再局限于传统的消费产品领域，而是逐渐向环境质量、服务质量等领域延伸。产品质量概念的变化也能够反映出在经济发展进入新时代后，我国社会的主要矛盾已经转变为人民日益增长的美好生活需要和不平衡不充分的发展之间的矛盾。在基本物质文化需求已经得到充分满足的基础上，人民群众对物质文化产品及服务的需求呈现出更多样化、更高层次、更高质量的特点，对美好的高质量生活日益向往。而现阶段存在的发展不平衡不充分问题严重制约了人民美好生活需要的满足，表明我国的发展潜力尚未得到充分激发，发展质量有待进一步提升。发展不平衡说明我国经济存在结构性失衡，在产品质量领域就表现为各类产品的质量在产业间、行业间、城乡地域间存在较大的差别，不平衡问题突出；而发展不充分是发展不平衡产生的根源和基础，这一问题在产品质量上就体现为：产品质量提升的源动力还存在不足，通过创新活动可以提高社会总体生产效率，从而激发产品质量提升的不竭动力。

由于用来出口的产品大多数是国内产品中质量较高的那部分产品，出口产品质量的提升能够相对集中反映本国产品质量在某个阶段大体的变化趋势。另外，提高出口产品的质量作为全面提升产品质量的一个重要方面，对总体产品质量的提高具有显著的促进作用。产品质量的提高并不是依靠传统意义上大量资源的投入就能实现的，产品质量的提高需要以大量科技研发的投入为支撑，而科技研发的增加也能够有效提高经济效率，优化经济结构。因此，制造业不同行业出口产品质量水平的提高对于整个行业乃至整体经济的增长质量提升都具有显著的促进作用。2018 年中央经济工作会议提出要促进贸易平衡，更加注重提升出口的质量和附加值。一方面，通过技术创新提高产品附加值，能够增强整个行业的竞争力，有效促进我国出口产品质量的提升，以质量赢取竞争优势，在日益激烈的国际竞争中占据有利位置；另一方面，出口产品质量的提升能够有效促进整体产品质量的提升，而作为经济增长质量的微观基础，产品质量的提升对经济增长质量水平的提高也具有重要的促进作用。

本章旨在研究近年来以制造业产品为主体的我国各行业出口产品是否实现了质量的升级，不同类型行业的增长效应之间存在怎样的差异，以及出口产品质量提升对行业乃至整体的经济增长质量提升存在怎样的作用机理。

12.2 关于产品质量与经济增长质量的文献综述

由于在理论上未能建立起坚实的微观基础，对经济增长质量的研究长期以来主要集中于要素投入效率和经济结构调整等宏观层面。一方面，经济增长最终会表现为向社会提供的产品服务的数量持续增加，产品的质量不断提升。相应地，经济增长质量的提高自然也会最终表现在产品质量水平的提升上。另一方面，产品质量不仅关系到经济增长的数量效果，而且会对经济增长的质量产生影响。因此，在研究我国制造业出口产品质量与经济增长质量的关系之前，必须首先从产品质量本身入手。从已有的研究来看，很多学者都从产品质量这一微观层面对经济增长质量进行研究。

12.2.1 产品质量与经济增长质量的关系研究

殷荣伍（1996）较早地论述了经济增长质量与产品质量的关系问题。我国当时正处在市场经济改革的探索阶段，针对利益驱使下大量假冒伪劣产品充斥市场的现象，殷荣伍认为这些产品质量问题从根本上制约着我国经济增长质量的提升。随着生产力的发展、居民收入水平的上升，现有的产品质量水平与居民日益提高的需求层次严重不协调。因此，提高产品质量，减少质量的损失，在相同的投入下取得“更多的、具有更大效用”的产出，实现一种“内涵的、集约型的”经济增长，对于有效提高我国经济增长质量、改善人民物质文化生活有着重要意义。

黄晖和常小东（2014）从理论上分别对产品质量和经济增长质量的内涵进行了解释，并提出产品质量是经济增长质量的一个重要方面，要提高经济增长质量就必须把好质量关。程虹和李丹丹（2014）提出宏观经济增长质量是经济中具体的微观产品，即三次产业中具体的产品和服务的加总。他们试图以微观产品质量为基础，构建了包含经济增长、经济结构、投入产出效率、社会福利和产品标准能力5个方面维度的经济增长质量模型。通过实证分析发现，产品质量同以上5个指标均存在显著的正相关关系。因此，他们认为微观产品质量是宏观经济增长质量的基础，提升经济增长质量应以激励企业创新、提高产品质量为核心。

表12－1　宏观经济增长质量的一般理论：两种不同思路的比较

	已有的一般理论	关于微观产品质量的一般理论
基本概念	经济的可持续增长、结构的不断优化、居民幸福感提高的经济增长结果	一国所生产的产品和服务的加总在增长的可持续性、结构的优化、投入产出效率、社会福利提升以及达到国际标准等方面为社会所满足的程度
动力机制	外在的政府宏观调控与结构调整行为	内在于市场中的微观主体的质量改进行为
政策建议	以需求管理为主，如加强政府对经济结构失衡、收入分配不平等、生态环境恶化等问题的政策干预	以供给管理为主，如实施有利于企业产品创新的政策改革，建立激发企业承担质量主体责任的市场机制，培育企业建立以产品质量为中心的发展战略

资料来源：程虹，李丹丹，罗连发．通过提高微观产品质量提升宏观经济增长质量［N］．深圳特区报，2014－09－02.

对产品质量与经济增长质量关系的研究表明，产品质量的发展状况应当被纳入区域经济发展总体的考核指标。在对宏观经济增长质量进行测度时，通过引入产品质量这一微观指标，从而建立微观产品质量促进宏观经济增长质量的引导机制。

12.2.2　产品质量对经济增长质量影响的内在机理研究

程虹（2014）通过对李克强总理在我国质量（北京）大会上提出的要实现宏观经济整体和微观产品服务质量的“双提升”这一观点分别进行理论与实践上的解读，解释了经济增长质量虽长期受到重视，但却未能有效提高的根本原因——宏观的经济增长质量与微观的产品质量相脱节，经济增长质量的目标与手段相混淆。他以德国与瑞士两国为例，佐证了坚实的微观产品质量对提高经济增长质量的重要性。程虹进一步指出，在新常态下，“双提高”的实质是将微观产品服务质量作为宏观经济增长质量的核心动力，通过改革这一根本途径，释放制度创新的活力，作出更加科学、合理的制度安排，以期实现宏观经济增长质量与微观产品质量的协调统一。罗英（2014）以制度经济学的视角，从宏观和微观两个层面对产品质量的政府规制进行了制度功能的分析。依据资源配置、秩序供给、行为激励与利益协调4个方面的功能，探讨了产品质量规制影响经济增长质量的内在机理，并运用“德国制造”的现实案例，对以上产品质量影响经济增长质量的机制进行了验证。结论表明，合理优化的产品质量规制能够有效地促进市场的自由竞争，保证多元主体的参与，从而实现经济增长质量的提升。任坤秀（2013）利用实证分析研究了国家标准、产品质量水平以及国民经济增长三者间相互作用的机制。结论认为：国家标准的提升对提高产品质量有显著的正向作用，而二者均是经济增长的重要动因。提升经济增长质量，国家标准是基础保障，而产品质量则是核心所在。新常态下，要促成国家标准、产品质量和经济增长质量相互促进，共同提升的良性互动。

12.2.3 产品质量对经济增长质量制约机制的破解路径研究

李酣（2015）通过对以“顺丰”为代表的我国快递企业的研究，找到了微观产品质量促进经济增长质量提升的现实路径：①经济增长动力由要素投资向消费的转变。高质量的产品创造出新的需求，将潜在的需求转化为现实需求，形成稳定的消费环境，保证经济长期可持续增长；推动城乡消费快速增长，削弱了国内贸易的空间壁垒，促进了城乡间产品和消费的双向流动，在缩小城乡差距的同时刺激了社会整体消费水平的提高。②以产业结构和市场竞争结构为核心的宏观经济结构实现了优化调整。快递产业等第三产业的产品服务质量提升推动了其上游制造业的创新发展和转型升级，促进了我国产业结构的优化；民营企业的蓬勃发展促进了市场的充分竞争，其重要的动力来源也是产品服务质量的提升。③社会福利水平得到改善。人们对质量的需求日益个性化和多元化，在保证质量的前提下，更具有个性化的产品（服务）才能带来更高的附加值。企业为提高和保证产品（服务）质量，产生对技术型创新型劳动力这一不可替代要素的需求。所以就要求建立一套公平、合理的收入分配制度，来激发劳动力的工作积极性和创新潜能，促进劳动力队伍的稳定成长。劳动报酬在收入分配中的比重上升，有助于形成更加公平的收入分配格局，实现社会整体福利的提升。

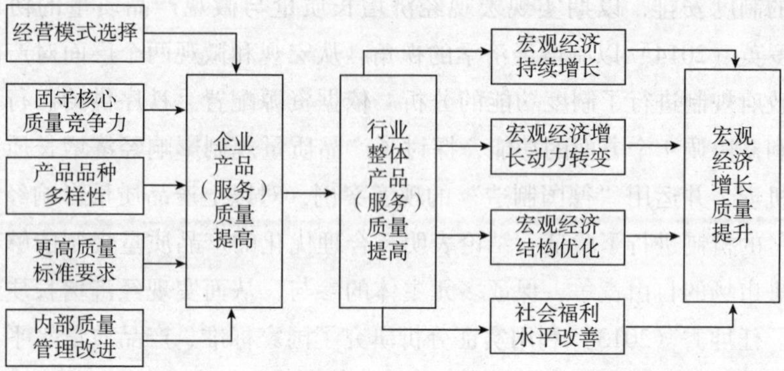

图 12－1　微观产品（服务）提高驱动宏观经济增长质量提升的路径

罗连发（2014）从自然资源禀赋、劳动力资源和宏观经济政策三大方面，将德国和瑞士两国的山区同我国山区的经济增长质量进行比较，并从产品质量的角度来论证我国山区经济增长质量同德、瑞两国间的差距及形成原因。结论认为：我国山区增长质量水平长期较低的原因在于，我国山区缺乏对微观产品质量的重视（缺乏中小企业生存的土壤，实用技术创新不足，加之对职业技术教育的支持力度不够）；相关扶贫开发政策缺乏对产品质量的有力支撑，山区的自生发展能力仍然比较弱。换言之，政策并没有致力于建立起符合山区资源特色的产品质量基础（政府主导不利于建立本地方的产品质量特色，扶贫政策设计对微观主体的质量发展激励不足，也缺乏对企业这一创新主体的培育）。因而围绕微观产品质量的改善，进行相应的制度安排和政策设计，是我国山区摆脱贫困的根本途径，也是提升我国整体经济增长质量的重要路径。

任保平（2011）认为大生产与小市场是我国城乡一体化中的主要矛盾，制约着经济的持续健康发展。主要表现为生产和流通发展的不协调和城乡市场的分割状态。解决这一矛盾的关键在于建立城乡双向流通的商贸流通体系，实现城乡之间各自分割和封闭的单向商贸流通体系向城乡之间互动融合的双向流通体系转变。建立功能分类的双向流通的城乡商贸流通模式，实现我国商流、物流、价值流和信息流在城乡之间的双向流动。

在我国社会主要矛盾已经发生变化，人们对产品服务的需求日趋多样化、高层次化的背景下，我国的产品供给不平衡、不充分、低质量问题依然突出。因此，必须通过供给侧结构性改革，保证中高端供给，不断提高产品质量，处理好产品（服务）存在的供求矛盾，以产品质量的提升促进经济增长质量的提高，更好地满足人民的美好生活需要。

12.3 产品质量的测度及分析

12.3.1 产品质量测算的数据说明与模型设定

本章的研究对象是 2008—2015 年我国制造业 HS 八分位编码出口产品，最主要的变量是质量指标（*Quality*），用来计算质量指标的贸易数据来源于 CEPII 的 BACI 数据库，从中提取我国 2008—2015 年 HS 六分位产品出口数据，共计 8 年。该数据库主要包含进口国、出口国、HS 八分位编码的出口产品、贸易价值量、贸易数量五大信息。不同于其他的海关贸易数据库，BACI 数据库最大的优点是统计数据清晰，口径一致，贸易价值单位统一为千美元，贸易数量单位统一换算为吨，因此，不存在由于度量单位差异而引起的误差、稳健性问题。按照国际标准产业分类 ISIC Rev. 3 的分类标准，仅保留制造业样本的数据即 ISIC 编码前两位为 15—37 的产业，剔除那些样本数量小于 100 的产品。

数据进行初步筛选之后，共保留 2360 个 HS 编码细分产品对 180 个国家出口的 992909 条样本数据，从中提取每个 HS 编码产品 i 在 t 年对 m 国市场出口的出口价值量 a 及出口数量 q，计算出产品的单位价值量 p。在 Hallak 和 Schott（2011）研究的基础上，采取事后反推法对出口产品质量进行测算。事后反推法的基本思路是：在价格相同的情况下，市场绩效更好的产品意味着消费者的认同度高，从而产品的质量更高。因此，可以利用产品的价格、数量等信息估计出产品的消费需求函数，然后借此反推出产品质量信息。

消费者的效用水平不仅取决于产品数量，同时也受到产品质量的影响。消费者的决策不仅考虑到产品的价格，也考虑到产品的质量，决定消费者消费的是产品价格与产品质量的比值，即单位质量的价格。因此，在消费者效用函数中引入质量因素，假设消费者效用函数为如下形式

$$U = \left[\sum_j (Q_j q_j)^{\frac{b-1}{b}} \right]^{\frac{b}{b-1}} \tag{12-1}$$

其中，Q_j 和 q_j 分别代表产品的质量和数量，$t>1$ 表示产品种类之间的替代弹性。这一效用函数对应的价格指数为

$$P = \sum_j p_j^{1-b} Q_j^{b-1} \tag{12-2}$$

种类 j 产品对应的消费需求函数

$$q_j = p_j^{-b} Q_j^{b-1} \frac{C}{P} \tag{12-3}$$

其中，C 为消费者总支出，式（12－3）表明在垂直差异化产品市场中，对产品的消费量同时取决于产品的质量 Q 和产品的价格 p，即性价比。

根据 HS 编码下的产品，式（12－3）变为

$$q_{imj} = p_{imj}^{-b} Q_{imj}^{b-1} \frac{C_{mj}}{P_{mj}} \tag{12-4}$$

表示对于单个 HS 编码产品 i 在 t 年对 m 国出口的数量，取对数后整理得到计量回归方程为

$$\ln q_{imt} = \ln C_{mt} - \ln P_{mt} - b \ln p_{imt} + \varepsilon_{imt} \tag{12-5}$$

其中，前两项包含随进口国和时间变化的变量信息，如国家人均 GDP、制度变革等，我们使用国家虚拟变量和年份虚拟变量来表示，控制国家和时间固定效应。残差 $\varepsilon_{imt} = (b-1)\ln Q_{imt}$，其中包含 t 年对 m 国出口产品 i 的质量信息，因此，可以反推出产品质量为

$$quality_{imt} = \ln \hat{Q}_{imt} = \frac{\hat{\varepsilon}_{imt}}{\hat{b}-1} = \frac{\ln \hat{q}_{imt} + \hat{b} \ln p_{imt}}{\hat{b}-1} \tag{12-6}$$

式（12－6）可以测算出每年出口到每个市场的产品 i 的质量，再把每个产品的质量加总到整体层面，就得到了总的 HS 编码产品质量的数据。

为了便于比较，进一步对每个 HS 编码下的产品质量指标 $quality_{imt}$ 进行标准化处理，然后按照每个产品每年对各目的国出口的份额比重进行加权汇总，就得到了产品质量的总体层面指标

$$quality_{mt} = \sum_m \frac{a_{imt}}{\sum_m a_{imt}} quality_{imt} \tag{12-7}$$

12.3.2　制造业产品质量测算结果的描述性分析

对筛选的数据分别针对 2360 个 HS 编码产品做 2360 次 OLS 回归，分

别提取回归的价格系数和残差，进行计算和标准化处理后加权得到每一个HS编码产品在每年 t 的总的质量指标。主要变量的描述性统计结果如表12－2所示。

表12－2 产品质量的描述性统计结果

分类	*Quality*	样本量	样本占比	均值	标准差	最大值	最小值
	全样本	**14315**	**1**	**0.4162**	**11.6754**	**0.6076**	**0.1145**
目标出口国收入水平	高收入国家	3579	0.250	0.4737	3.6122	0.6076	0.2512
	中高收入国家	4223	0.295	0.3163	1.9897	0.4567	0.1145
	中低收入国家	5411	0.378	0.3076	4.3787	0.4147	0.1356
	低收入国家	1431	0.100	0.2930	13.4892	0.3879	0.1176
产品技术含量水平	高技术产品	1995	0.138	0.3467	1.9746	0.4245	0.2547
	中高技术产品	3764	0.249	0.3165	1.1284	0.6076	0.1987
	中低技术产品	3406	0.231	0.3786	6.8972	0.5567	0.1145
	低技术产品	5479	0.380	0.4072	3.3442	0.4766	0.1878

（1）年度总质量指标分析

对我国2008—2015年的年度总产品质量均值做图，由图12－2和表12－2可知，标准化的质量指标取值范围是0～1，各年度质量指标在0.4～0.5，表明当前我国出口产品总体质量水平不高，仍有很大的提升空间。但从动态趋势看，我国出口产品的质量呈逐年上升趋势，总体均值为0.4162，从2008年的0.3836上升到2015年的0.5343，净增0.1507，平均增长率为4.9%。这说明随着我国对外贸易的规模发展结构调整，我国出口产品的质量水平总体有较大提升，2013年以来正处于平稳提高阶段。

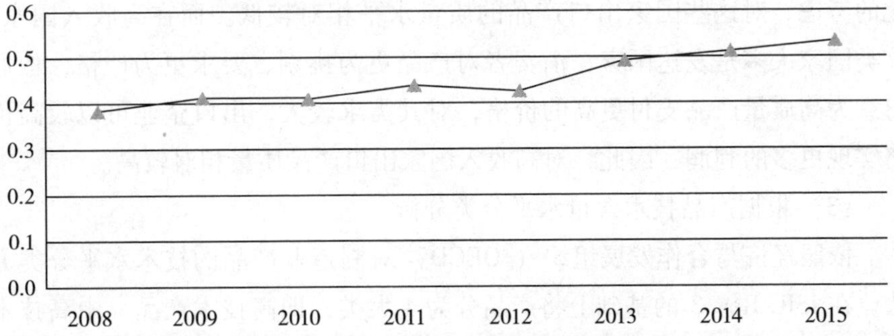

图12－2 年度总产品质量指标变化趋势

(2) 根据目标出口国收入水平分类分析

根据世界银行标准，依照每个国家的人均年收入水平，将世界各国分为高收入国家、中高收入国家、中低收入国家、低收入国家，将观测样本的 180 个出口国家分为 4 类，考察出口目的国收入差异与产品质量之间的关系。从图 12-3 和表 12-2 中可以看出，样本中占比较高的为中高收入国家和中低收入国家，其次为高收入国家，说明这 3 类国家是我国对外出口的主要对象，但对高收入国家出口产品的平均质量为 0.4737，要显著于其他类型国家，尤其是低收入国家，要高出接近 0.1 个单位。

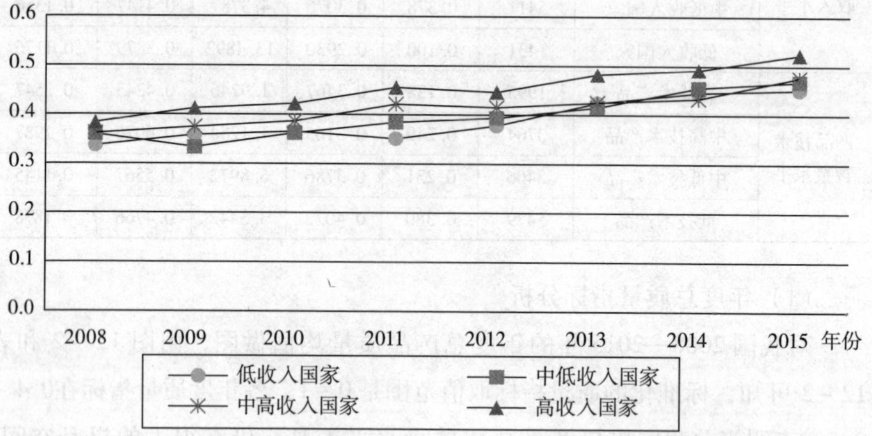

图 12-3 不同目标出口国收入水平下的产品质量指标变化趋势

上述分析表明出口目的国的收入越高，对其出口的产品质量也越高。这不难理解，在低收入国家，该市场上的消费者对高质量产品的需求不大，为高质量产品支付高价格的意愿较低，所以，出口企业出于利润最大化的考虑，对这些国家出口产品的质量水平相对较低。而在高收入国家，该类国家大多是发达国家，消费者对产品更为挑剔、要求更为严格，他们愿意为高质量产品支付更高的价格，对其需求较大，出口企业可以较高价格实现更多的利润，因此，对高收入国家出口产品质量相对较高。

(3) 根据产品技术含量水平分类分析

依照经济与合作发展组织（OECD）对制造业产品的技术水平分类方法，在 ISIC Rev. 3 的基础上将产品分为 4 大类，即高技术产品、中高技术产品、中低技术产品、低技术产品。其中，我国主要的出口产品纺织品、服装类属于低技术产品，无线电、电视和通信设备以及装置产品属于高技术产品。由图 12 - 4 和表 12 - 2 可知，低技术产品的观测值为 5479（38%），中低技术产品的观测值为 3406（31%），中高技术产品的观测值为 3764（24.9%），高技术产品的观测值为 1995（13.8%）。这说明我国出口产品低技术和中低技术产品的细分产品种类较多，该类产品是我国具有传统比较优势的产品；而在高技术产品的出口上，垂直差异化细分产品的种类较少，产品质量分化空间较大。并且，高技术产品的质量均值为 0.3467，小于中低技术产品和低技术产品的质量均值 0.231 和 0.38，一般认为，出口产品的技术含量与质量正相关，技术含量越高，质量水平越高。但是，在我们测算出的质量指标之中却表现出相悖的事实，并且从动态趋势来看，我国中低技术和低技术产品质量也相对一直高于高技术产品，但在 2013 年以后，低技术水平产品的这种优势逐渐弱化，这些特征值得我们关注。

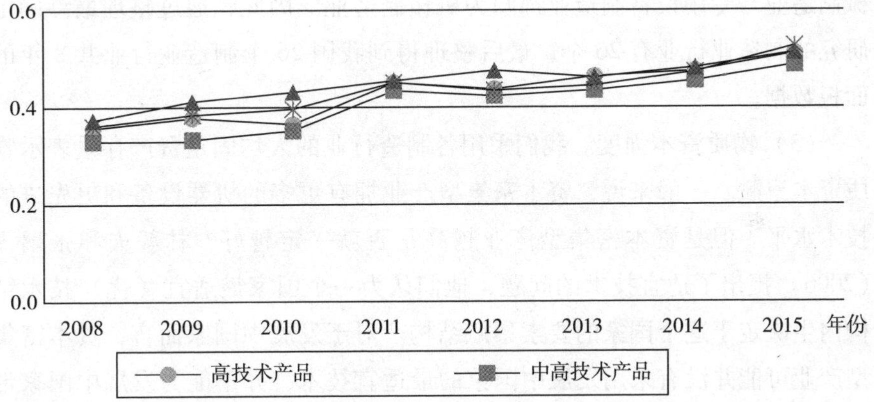

图 12 - 4 不同技术含量水平的产品质量指标变化趋势

12.4 我国制造业出口产品的质量提升效应分析

12.4.1 实证模型及方法

在考虑物质资本强度、人力资本、技术潜力、外贸参与度等变量的基础上，探讨制造业产品质量对行业增长的影响，具体模型如下

$$n\ln Y_{i,t} = \alpha_0 + \beta\, quality_{i,t} + \gamma contr + \eta_i + \mu_t + \varepsilon_{i,t} \qquad (12-8)$$

其中，Y 代表制造业的行业增长；*quality* 代表制造业的产品质量；*contr* 表

示控制变量，包括物质资本强度、人力资本、技术潜力、外贸参与度等因素。η,μ,ε 分别表示反映各制造行业差异的个体效应、随时间变化的时间效应与其他干扰项。

（1）制造业行业增长。本章参考陈勇和李小平（2006）的做法，采用制造业的工业增加值来表示每年的产出。在具体数据形式上，采取用各行业不变价格工业增加值的对数来表示行业增长指标。

（2）制造业产品质量。各行业出口产品质量集中代表了各行业产品质量的优劣水平，同时也衡量了行业在交易实现过程中的能力水平。产品质量越高，意味着可以创造更加稳定的需求和高附加值，使企业投入产出效率提高进而带来生产率的提高，从而推动行业增长。我们首先把产品质量指标加总到单个 HS 编码产品层面，然后按照《国际贸易标准分类》（SITC. REV. 3）重新对我国 28 个制造业部门进行集结。其中，其他制造业由于归类不明确，没有使用其数据；为了统一统计口径，我们把普通机械制造业与专用设备制造业都归为机械制造业。因此，通过整理最终确定研究的制造业行业有 26 个，最后整理得到我国 26 个制造业行业共 8 年的面板数据。

（3）物质资本强度。我们采用各制造行业的人均固定资产存量表示物质资本禀赋。一般来说，资本密集型产业拥有更多的机器设备和更先进的技术水平。但是资本密集型产业越高是否就一定越好？林毅夫和张鹏飞（2006）提出了适宜技术的问题，他们认为一个国家最适宜（优）技术结构内生决定于这个国家的要素禀赋结构。对于发展中国家而言，资本密集型产业可能并没有采用发展中国家的最适宜技术，并不能为发展中国家带来更高的利润水平。我们以不变价固定资产存量与全部职工年平均人数来表示物质资本强度。

（4）人力资本。人力资本是指劳动者的知识水平、个人能力和基本技能等。一般认，为人力资本是经济增长的动力之一；一家企业的人力资本水平越高，意味着该企业效率越高，其竞争力越强。我们参考李小平（2015）的方法，用行业的职工工资水平与各行业的平均工资之比来表示人力资本。

（5）技术潜力。技术是经济发展的动力，也是行业发展的重要驱动力。内生增长理论认为技术进步是经济增长的最终来源（Romer，1990）。

我们以制造业各企业历年内部科研投入与全部职工年平均人数比值的对数作为技术的替代变量，考虑到它影响效果的滞后性，我们称之为“技术潜力”。

（6）外贸参与度。一个行业的竞争力可以用其在国际市场上的表现来表示。一般而言，如果存在持续的出口增长，则表明该行业竞争力比较强，对行业增长具有正效应；反之，则说明该行业国际竞争力较弱。我们用制造业各行业不变出口值占全部制造业出口比重的增长率来表示行业外贸参与度。

本章经验研究部分相关的我国制造业工业增加值、总产值、年末平均职工人数等数据主要来源于历年《中国统计年鉴》和《我国工业统计年鉴》，时间跨度为2008—2015年。行业产品质量数据来源于前文计算，但由于前文依照的《国际贸易标准分类》（SITC. REV. 3）和我国制造业统计标准不同，因此，我们按照《国际贸易标准分类》方法对制造业各部门进行了合并处理，将农副食品加工业与食品制造业数据合并成食品加工制造业；将通用设备制造业与专用设备制造业合并成机械制造业；工艺品及其他制造业以及废弃资源和废旧材料回收加工业由于归类不明确，且统计年度不连续，没有使用其数据，最后得到26个行业的制造业数据。国内所有价格数据均以2008年为基期进行平减处理。

表12－3　主要变量的描述性统计结果

变量	定 义	样本量	均值	标准差	最大值	最小值
ln*Y*	制造业人均增加值的对数	208	1. 5642	5. 3892	3. 7811	0. 0431
quality	制造业产品质量指标	208	0. 4231	3. 2341	0. 6032	0. 0321
ln*K*	人均固定资产存量对数	208	1. 6562	7. 6531	2. 9873	0. 5676
ln*A*	人均研发投入对数	208	7. 4523	1. 2948	9. 3267	4. 3871
Wage	工资相对比率	208	1. 3211	0. 5784	1. 1145	0. 2035
Openg	外贸参与度增长率	208	0. 9876	0. 8274	7. 1123	0. 0452

12.4.2　实证分析结果

基于上述面板数据的回归估计，我们先分别建立固定效应模型（FE）以及随机效应模型（RE）两个模型，并通过Hausman检验进行模型设定检验来判断哪一个更为适用。在对制造业产品质量对行业增长效应的回归检验上，除考虑制造业产品质量指标外，我们在经验分析中还逐步加入了不同控制变量进行回归。

（1）全样本回归结果分析

表 12－3 是对制造业出口产品质量提升与行业增长之间关系的回归估计。模型（1）－模型（5）在核心解释变量的基础上依次加入控制变量进行回归，依据 Hausman 检验结果，模型（2）和模型（5）选择随机效应模型（RE），其他模型均选择固定效应模型（FE）。从回归结果来看，单独行业出口产品质量指标对行业增长指标有 0.054 的促进效应，并且这种促进效应在不断加入其他控制变量后一直保持较高的显著性。因此，可以看出行业出口产品质量对行业增加值存在正效应，说明行业出口产品质量的提高体现出整体行业生产能力水平的提高，带来整个行业经济效益的提升，从而促进行业增加值不断升高。人均固定资产存量对数、工资比率和人均研发投入的对数分别代表物质资本强度、人力资本和技术潜力，这 3 个指标与行业增长显著正相关，说明尽管存在林毅夫和张鹏飞（2006）所提出的适宜技术问题以及技术潜力的滞后问题，但这里的回归结果支撑了传统经济理论认为资本、劳动力与技术能够促进行业增长的结论。外贸参与度与行业增长显著正相关，说明行业外贸参与度越高，其出口贸易竞争力越强，越能够在产品出口和贸易中占据优势，从而促进行业出口的持续性增长，带来行业增长。

表 12－4　总样本模型静态回归结果

解释变量	被解释变量：lnY				
	(1)	(2)	(3)	(4)	(5)
quality	0.054**	0.026**	0.033**	0.047*	0.161**
	(0.57)	(1.79)	(2.51)	(3.82)	(4.34)
ln*K*		5.037***	3.259**	0.066	0.978*
		(4.32)	(3.71)	(10.04)	(5.543)
ln*A*			−10.582	0.616***	1.134*
			(−2.37)	(5.11)	(4.41)
openg				0.210*	0.056**
				(2.78)	(9.87)
wage					3.126*
					(4.12)
constant	0.463*	0.192*	0.391**	−0.288**	−0.045
	(1.90)	(4.24)	(2.12)	(3.09)	(1.13)

续表

解释变量	被解释变量：lnY				
	(1)	(2)	(3)	(4)	(5)
样本数	208	208	208	208	208
模型选择	FE	RE	FE	FE	RE
Hausman 值	11.41***	40.03	22.20***	57.52***	33.09
R - squared	0.3783	0.4338	0.5595	0.6164	0.6632

注：***、**和*分别代表99%、95%和90%的显著性；括号里为系数的Z值。

进一步考虑到可能存在的内生性问题。行业出口产品质量作为技术进步推动下的行业生产能力提高的体现，对于促进行业增长有两方面的路径：一方面，可以促进行业提高投入产出效率带来整体生产率的提升，进而促进行业增长；另一方面，可以通过带来行业整体出口产品声誉的提高，来提升行业出口竞争力，使得行业中的企业扩大生产规模，进而带来行业整体增长。但同时，行业增长也会潜在地影响产品出口质量的提升，行业增长所带来的行业技术投入和规模提升会潜在地提升产品质量。行业产品质量与增加值之间的相互影响使得估计结果的测定可能会存在偏误。为了使检验结论更具稳健性，我们在表12－5的模型（1）－模型(5）中采用工具变量法进行回归。我们采用传统的做法以内生变量或其他变量的滞后项作为工具变量（连玉君等，2008），选择了产品质量指标及贸易参与度变量滞后项作为工具变量，并分别以Crag－Donald Wld F统计值来检验工具变量是否为弱工具变量。表12－4的工具变量都通过了检验，说明所选择的工具变量有效、可靠。

从表12－4所有模型来看，在工具变量设定下，行业出口产品质量指标与行业增长之间仍然保持了正相关，进一步说明行业出口产品质量提升对制造业增长有促进作用，回归结果比较稳健。物质资本强度、人力资本与技术潜力对行业增长的作用仍然均显著为正，但两者标准差比静态模型时有所下降，这说明在使用了工具变量后得到的结果更加准确、合理。回归结果表明，我国行业出口产品质量对于行业增长有0.133的增长正效应，行业出口产品质量每提升1个单位，将促进行业增加值提升13.3%。

表 12－5　总样本模型工具变量回归结果

解释变量	被解释变量：lnY				
	(1)	(2)	(3)	(4)	(5)
quality	0.136**	0.215**	0.142***	0.114**	0.133**
	(1.31)	(2.53)	(6.82)	(2.31)	(2.17)
ln*K*		0.576**	1.187*	1.154**	1.123***
		(1.39)	(3.87)	(5.34)	(3.32)
ln*A*			5.341**	3.131	1.235**
			(2.31)	(5.41)	(5.32)
openg				1.315*	0.834*
				(1.15)	(5.43)
wage					1.176*
					(9.93)
constant	5.143	3.281**	－1.523	－13.34	0.567
	(11.12)	(6.35)	(5.53)	(7.12)	(13.21)
样本数	208	208	208	208	208
Crag－Donald Wald F	11.31	9.87	13.58	12.79	7.93
	(14.91)	(14.91)	(14.91)	(14.91)	(14.91)
R－squared	0.2762	0.3757	0.5332	0.5761	0.6872

注：***、**和*分别代表99%、95%和90%的显著性；括号里为系数的Z值。Crag－Donald Wald F统计值括号里的值为弱工具变量检验的10%水平标准值。

（2）分类样本回归结果分析

以上分析主要针对制造业总体样本。事实上，不同技术类型制造业内在行业特征不同，因此，不同技术类型下的行业增长受到行业出口产品质量的影响可能存在差异。基于前文对我国制造业出口产品质量的测算分析，我们发现不同技术类型的制造业产品质量层次有相对明显的分化，我国中低技术和低技术产品的质量相对高于高技术产品，但长期来看，高技术产品是我国未来实现数量提升和质量升级的发展方向。那么在相应行业增长上，我国当前不同技术类型的行业受产品质量的增长带动效应影响有怎样的差异，高技术产品平均质量相对较低但增长效应如何，都是下文关心且待检验的核心问题。我们依照经济与合作发展组织（OECD）对制造业产品的技术水平分类方法，在ISIC Rev. 3的基础上将产品分为4大类，即高技术产品、中高技术产品、中低技术产品、低技术产品。考虑到各组样本量均衡的问题，我们将经过制造业分类里高技术与中高技术制造业进行了合并，归为新的高技术制造业，中低技术制造业即中技术制造业。最终将制造业按研发密度划分成高技术、中等技术和低技术3个层次。

表 12-6 总样本模型工具变量回归结果

解释变量	被解释变量：lnY					
	高技术	高技术	中等技术	中等技术	低技术	低技术
	FE	IV（2SLS）	FE	IV（2SLS）	RE	IV（2SlS）
quality	0.081*	0.114**	0.052***	0.059**	0.042**	0.038**
	(5.32)	(4.34)	(7.21)	(3.28)	(8.24)	(5.64)
ln*K*	1.275*	-0.532	1.158*	1.332*	0.615	0.978**
	(6.53)	(3.14)	(11.32)	(7.31)	(15.23)	(6.42)
ln*A*	5.124	1.077*	0.032	3.214	1.734*	2.015*
	(11.32)	(5.72)	(6.41)	(3.21)	(6.53)	(1.51)
openg	0.556**	0.774**	0.312**	0.773*	0.675**	1.342
	(4.32)	(3.21)	(1.87)	(0.937)	(5.64)	(2.35)
wage	3.146**	2.237**	1.321**	1.987***	1.134	2.087***
	(8.97)	(6.13)	(9.26)	(3.12)	(14.30)	(6.63)
constant	-1.198	0.192	-0.391**	-0.288	-0.045*	4.024
	(5.53)	(1.97)	(6.41)	(5.31)	(7.23)	(5.13)
样本数	58	58	66	66	84	84
Crag-Donald Wald F		7.62 (14.91)		13.55 (14.91)		12.31 (14.91)
Hausman 值	9.61***		15.77**		11.92**	
R-squared	05734	0.5848	0.6535	0.6129	0.6712	0.6163

注：***、**和*分别代表99%、95%和90%的显著性；括号里为系数的Z值。Crag-Donald Wald F 统计值括号里的值为弱工具变量检验的10%水平标准值。

表12-6是对制造业出口产品质量提升与不同技术类型行业增长之间关系的回归估计，分别报告了FE模型回归和IV模型回归结果作为比较，整体回归结果比较稳健。根据前文，考虑到工具变量回归结果更加准确，下文主要分析工具变量设定下的结果。回归结果表明，我国当前三类技术行业产品质量的提升对行业增长均有正向的促进效应，其中，高技术行业出口产品质量的增长效应最大，出口产品质量每提升1单位能带来14.4%的行业增加值提高。相对而言，中等技术和低技术行业的增长效应要低一

些，平均比高技术行业的增长效应低30%左右。这可能是因为，我国高技术行业虽然平均出口产品质量低于低技术产品，但其在出口中高技术行业由于其较高的技术要求，企业在不断创新的基础上更容易保持出口竞争优势，从而更能促进长期行业的数量增长和质量升级。这与近年来我国高技术行业在创新质量上的提升以及中低技术行业一贯拥有的技术优势情况相符。

在其他控制变量的回归中，高技术行业的物质资本强度对行业增长的促进效应不显著，技术潜力和人力资本对行业增长有较大的促进作用。这可能是因为高技术行业是技术密集型产业，更加集中于研发投入和人力资本，因此，当前在物质资本强度上的促进效应并不明显。中等技术行业的人力资本和物质资本强度对行业增长有显著的正效应，在技术潜力上则不显著。低技术产业在人力资本、物质资本强度和技术潜力上都有明显的增长正效应。在外贸参与度上，除低技术行业外，其他两类行业的外贸参与度提高均对行业增长有较大的促进作用，这体现出未来随着我国制造业出口产品技术水平的提高，外贸参与度在出口中将发挥更大的增长效应。

12.5 结论及政策建议

本章对我国2008—2015年的制造业出口产品质量进行了测算和分析，并且验证了出口产品质量的行业增长效应。研究结果表明，我国制造业出口产品的质量指数维持在0.5左右，近年来呈缓慢上升的趋势。不同技术类型的制造业产品质量层次存在相对明显的分化，具体表现为高技术产品平均水平低于低技术产品，但从出口中获得的行业增长效应高于低技术产品。需要特别说明的是，我国的低技术产品并不一定是低质量产品，因为其在国际市场可能占有巨大的份额，性价比并不低。长期来看，大力发展高新技术产业、提升高技术高附加值产品的比重，是未来我国实现产品的数量增加和质量升级的重要举措，不断提升高技术产品的质量进一步促进应当成为未来我国提升出口质量、建设质量强国的关键。

党的十九大和2018年中央经济工作会议都对新时代历史条件下我国经济的高质量发展做出了重大部署。产品质量作为新时代我国经济增长质量的重要微观体现，一方面能够通过提高生产产品的质量来提升我国产品在世界市场的综合竞争力，从而为实现经济发展方式创造更多机遇；另一方面，由于产品质量与研发、创新等息息相关，产品质量的提升能够促进行业创新点的增长，从而激发经济增长的新动能。因此，要实现出口产品质量的提升，一方面要通过加大研发投入，促进技术创新，不断提升我国整体的产品质量；另一方面更要关注高技术产品质量的提升，促进我国产业和产品不断实现质量升级，带来持续增长效应。最终，要实现以出口产品质量的提升推进中国制造向中国创造的转变、中国速度向中国质量的转变、制造大国向制造强国的转变。

参考文献

[1]Acemoglu D. Directed Technical Change[J]. *Review of Economic Studies*,2002(4):69.

[2]习近平．习近平总书记系列重要讲话读本(2016 年版)[M]．北京：学习出版社,2016.

[3]习近平．决胜全面建成小康社会,夺取新时代中国特色社会主义伟大胜利——在中国共产党第十九次全国代表大会上的报告[N]．人民日报,2017－10－28.

[4]任保平．以质量看待增长:对新中国经济增长质量的评价与反思[M]．北京:中国经济出版社,2009.

[5]任保平．经济增长质量的逻辑[M]．北京:人民出版社,2015.

[6]任保平．超越数量:质量经济学的范式与标准研究[M]．北京:人民出版社,2017.

[7]王永进,施炳展．上游垄断与中国企业产品质量升级[J]．经济研究,2014(4).

[8]张杰,郑文平,翟福昕．中国出口产品质量得到提升了吗[J]．经济研究,2014(10).

[9]李坤旺,王有鑫．FDI 促进了中国出口产品质量升级吗？——基于动态面板系统 GMM 方法的研究[J]．世界经济研究,2013(5).

[10]殷德生．中国入世以来出口产品质量升级的决定因素与变动趋势[J]．财贸研究,2011(11).

[11]程虹．一个关于宏观经济增长质量的一般理论———基于微观产品质量的解释[J]．武汉大学学报(哲学社会科学版),2014(3).

[12]罗英．产品质量规制如何影响经济增长质量——原理与案例的双重诠释[J]．武汉大学学报(哲学社会科学版),2014(5).

[13]罗连发．产品质量如何决定经济增长质量——基于山区的实证研究[J]．武汉大学学报(哲学社会科学版),2014(3).

[14]任保平．城乡发展一体化的新格局:制度、激励、组织和能力视角的分析[J]．西北大学学报(哲学社会科学版),2009 (1).

[15]任保平．建立城乡双向流通商贸流通体系的必要性及战略分析[J]．商业经济与管理,2011(10).

[16]任保平．从制造业大国向制造业强国跃升[N]．河南日报,2015－06－26.

[17]任保平,段雨晨．以信息化促制造业供给侧改革[N]．中国社会科学报,2016－08－05.

[18]李酣．以产品质量驱动经济增长质量提升的机制——基于"顺丰"和快递业的案例研究[J]．宏观质量研究,2015(2).

[19]任坤秀．国家标准与产品质量对我国经济增长贡献的关联实证研究[J]．标准科学,2013(7).

[20]林毅夫,张鹏飞．适宜技术、技术选择和发展中国家的经济增长[J]．经济学(季刊),2006(4).

[21]李小平,周记顺,王树柏．中国制造业出口复杂度的提升和制造业增长[J]．世界经济,2015(2).

[22]亢梅玲,和坤林．出口产品质量测度与干中学效应研究[J]．世界经济研究,2014(7).

索　引

Z

后　记

《中国经济增长质量发展报告（2018）》是西北大学经济管理学院经济增长质量研究团队所完成的经济增长质量报告的第10本，也是教育部哲学社会科学发展报告项目的第5本，是教育部人文社会科学重点研究基地中国西部经济社会发展研究中心、陕西省哲学社会科学重点研究基地——陕西宏观经济与增长质量协同创新中心、陕西省宏观经济研究院、陕西省普通高校优势学科的建设成果，同时也是长江学者研究团队的成果。

2018年度报告的研究适逢党的十九大胜利召开之际，十九大报告作出了我国进入中国特色社会主义新时代的重大判断。因此，本报告的主题是新时代背景下的中国经济增长质量。围绕这一主题，本报告主要研究了新时代转向高质量发展阶段的发展方式创新、新时代要素收入分配视角的中国经济增长质量、中国地方增长质量和数量为什么不一致、经济增长阶段演进中我国经济增长数量与质量互动机制的实证分析、新时代下供给侧结构性改革的绩效评价、新时代下经济政策对中国经济增长质量的影响研究、语言文化转型促进中国经济增长质量的理论与实证分析、新时代下中国经济增长质量的增长质量收敛性研究、新时代下供给侧改革促进中国经济增长质量研究、新时代下提高中国经济增长质量的绿色发展效率研究、新时代下提高中国经济增长质量中实体经济和虚拟经济的联动发展研究、我国制造业出口产品质量的提升与经济增长质量等问题。

《中国经济增长质量发展报告（2018）》与往年报告相比有一些新的变化：一是以问题为导向，不求报告的体系化，选择新时代下的一些重大理论问题进行研究。二是突出实证分析，在问题导向的基础上，采用实证分析方法进行研究。与往年相同的地方在于，继续运用我们团队建立的西北大学经济增长质量指数，对 2015 年中国各省、自治区、直辖市的经济增长质量进行总体排序。

《中国经济增长质量发展报告（2018）》的问题经过我们团队一年一度的务虚会议讨论来进行选择，并经过分工努力而形成。本报告各章的分工如下：2015 年中国各省、自治区、直辖市经济增长质量总体排序由李梦欣完成，第一章：任保平；第二章：钞小静；第三章：李勇；第四章：宋文月；第五章：郭晗；第六章：魏婕、张倩；第七章：刚翠翠；第八章：师博；第九章：刘笑；第十章：王竹君；第十一章：李禹墨；第十二章：付雅梅、王思琛。本报告完成后经过魏婕副教授、郭晗副教授初步通稿，之后由我做了最后的加工润色。

《中国经济增长质量发展报告》至今已经历了 10 年，出版了 10 本。在报告出版的同时，我们今年在经济增长质量的基本理论问题上进行了大量的研究，出版了《经济增长质量的逻辑》《超越数量：质量经济学的范式与标准研究》，在学界产生了较大的反响。本报告的出版得到了我的三位导师洪银兴教授、王忠民教授、白永秀教授的鼓励和支持。西北大学的校领导也给予了大力支持，在此感谢西北大学校长郭立宏教授，副校长贾明德教授、王正斌教授，以及孙国华副书记、常江副校长。同时，学校各处室也给予了积极的支持，感谢社科处原处长刘丰研究员，社科处现任处长吴振磊副教授，副处长刘杰、李丰庆；高层次人才办的李振海主任，教务处的李建利处长，组织部的李鹏部长，宣传部的田明刚部长、史波副部长多年的关注和支持。

陕西省社科界的老师和前辈们多年来一直支持本报告的研究和报告的发布会，感谢陕西省文化厅厅长任宗哲，陕西省政府研究室杨三省主任，西安财经学院胡健教授，西安交通大学经济金融学院冯根福教授、冯涛教授，陕西省委宣传部理论处何军处长，西安市社科院科研处朱利民研究员，西安邮电大学张鸿院长，陕西省社科院《人文杂志》韩海燕副编审，《西北大学学报》卫玲教授的关注和支持。

经济管理学院我的同事们每年参加报告的发布会和讨论会，感谢何爱平教授、茹少峰教授、马莉莉教授、徐璋勇教授、高煜教授、宋宇教授、石高宏副教授的大力支持，经济管理学院党政班子成员多年来关心和支持本报告，感谢杜勇书记、李一凡副院长、师博副院长、李辉副院长，以及院长助理康蓉、岳丽萍、马晓强。

我的团队的学生们10年来和我风雨同舟，持续推进经济增长质量的研究，坚持每周四的讨论，再次感谢钞小静教授、魏婕副教授、郭晗副教授、田洪志副教授、李勇副教授，特别是魏婕和郭晗帮助我推进研究、组织讨论，分担了大量的事务，使我有精力从事研究，做好经济管理学院的管理工作。感谢中国经济出版社霍宏涛副总编以及贺静编辑，帮我们编辑了10多年的报告，每次报告经过他们的亲手编辑，都增色不少。

任保平

2018年2月于西安大学长安校区